高质量发展视域下政产学研协同创新

杨玉桢 著

中国财经出版传媒集团
经济科学出版社
Economic Science Press

图书在版编目（CIP）数据

高质量发展视域下政产学研协同创新/杨玉桢著
．—北京：经济科学出版社，2021.12
ISBN 978-7-5218-3328-7

Ⅰ．①高… Ⅱ．①杨… Ⅲ．①产学研一体化-研究-中国 Ⅳ．①G640

中国版本图书馆 CIP 数据核字（2021）第 265499 号

责任编辑：黄双蓉
责任校对：刘　昕
责任印制：邱　天

高质量发展视域下政产学研协同创新

杨玉桢　著

经济科学出版社出版、发行　新华书店经销
社址：北京市海淀区阜成路甲 28 号　邮编：100142
总编部电话：010-88191217　发行部电话：010-88191522
网址：www.esp.com.cn
电子邮箱：esp@esp.com.cn
天猫网店：经济科学出版社旗舰店
网址：http://jjkxcbs.tmall.com
固安华明印业有限公司印装
710×1000　16 开　15.75 印张　260000 字
2021 年 12 月第 1 版　2021 年 12 月第 1 次印刷
ISBN 978-7-5218-3328-7　定价：56.00 元
（图书出现印装问题，本社负责调换。电话：010-88191510）
（版权所有　侵权必究　打击盗版　举报热线：010-88191661
QQ：2242791300　营销中心电话：010-88191537
电子邮箱：dbts@esp.com.cn）

前　言

抓创新就是抓发展，谋创新就是谋未来。《中华人民共和国国民经济和社会发展第十四个五年规划和2035年远景目标纲要》强调创新在我国现代化建设全局中的核心地位，并提出到2035年进入创新型国家前列的宏伟目标。从全球范围来看，随着新一轮科技革命和产业革命的加速推进，以创新为引领的发展模式已经成为提升国际竞争力、破解当前经济发展中的"卡脖子"问题、促进高质量发展的重要途径。要建设创新型国家，提升国家创新的综合实力，具有中国特色的政产学研协同创新体系在实现国家现代化征程中必将扮演重要角色。而如何破解政产学研协同创新中的创新效率不高、成果转化不顺畅、协同机制不健全等问题，是建设创新型国家和实现高质量发展需要解决的关键问题之一。当前对于如何提升政产学研协同创新效率的探索仍缺乏系统性的深入思考，这限制了我国政产学研协同创新外部效益的最大化，亟待进行深入研究。

本书的研究首先立足于实践探索与已有研究成果，梳理政产学研协同创新发展的历史脉络；其次，在总结政产学研协同创新理论演进历程的基础上，基于共生视角分析政产学研协同创新的运行机理；再次，借鉴生态学领域中的共生模型构建政产学研共生演化系统，剖析政产学研在协同创新中的动态过程；最后，通过对政产学研协同创新效应的评估，剖析存在的现实问题并提出助推政产学研协同创新发展的对策建议。拟解决的关键问题包括：基于时间维度梳理政产学研协同创新实践与理论的发展脉络；探索采用共生模型对政产学研协同创新过程进行动态演化；综合政策、知识、技术三个方面评估政产学研协同创新效应。创新之处在于通过研究为破解政产学研协同创新的困境提供理论分析框架；为综合评估政产学研协同创新效应水平提供新的思路；为促进高质量发展提供可行的实践路径；为提升政产学研协同创新效率及效益提供良好实践范式。在研究视角上，创新地采用共生视角分析政产学研协同创新的运作机理；在研究方法上，借鉴共生模型对政产学研协同创新过程进行动态演化；在研究内容上，基于宏观、中观与微观层面构建高质量发展下政产学研协同创新的总体分析框架。

目 录

第1章 导论 ··· 1
    1.1 问题的提出与背景 ·· 1
    1.2 政产学研协同创新研究现状 ·································· 7
    1.3 文献述评 ··· 14
    1.4 研究内容与结构安排 ·· 15
    1.5 主要研究方法 ·· 17
    1.6 主要创新之处 ·· 18
    1.7 研究的技术路线 ·· 19

第2章 政产学研协同创新的基本逻辑 ································· 21
    2.1 政产学研协同创新发展的理论逻辑 ···························· 21
    2.2 政产学研协同创新发展的历史演变逻辑 ························ 39
    2.3 政产学研协同创新模式的中国特色发展逻辑 ···················· 56
    2.4 本章小结 ··· 58

第3章 政产学研协同创新的生成机制 ································· 60
    3.1 政产学研协同创新的主体结构 ································ 60
    3.2 政产学研协同创新网络的形成动因 ···························· 63
    3.3 政产学研协同创新的发展模式 ································ 74
    3.4 政产学研协同创新的运作机制 ································ 84
    3.5 本章小结 ··· 95

第4章 政产学研协同创新的动态演化 ················ 97

4.1 政产学研协同创新机理——基于共生理论的分析 ········ 97
4.2 政产学研协同创新系统共生演化模型 ·············· 102
4.3 政产学研协同创新系统共生度测算 ················ 118
4.4 本章小结 ···································· 147

第5章 政产学研协同创新的效应评估 ················ 148

5.1 政产学研协同创新政策供给效应评估 ·············· 148
5.2 政产学研协同创新知识溢出效应评估 ·············· 150
5.3 政产学研协同创新技术溢出效应评估 ·············· 176
5.4 本章小结 ···································· 199

第6章 政产学研协同效应提升的建议 ················ 200

6.1 强化主体协调关系 ···························· 201
6.2 搭建资源共享平台 ···························· 205
6.3 畅通成果转化渠道 ···························· 210
6.4 健全绩效评估制度 ···························· 214
6.5 营造良好的创新生态环境 ······················ 220
6.6 本章小结 ···································· 227

第7章 结论与展望 ································ 229

参考文献 ·· 231
后记 ·· 243

第1章 导　　论

在人类演进的历史长河中，创新始终贯穿着社会发展的全过程，每一次人类文明的巨大变革都是由创新推动的。创新或者守旧，决定了国家的兴衰。英国因第一次工业革命而取得巨大发展，对世界格局产生了深远的影响，奠定了其老牌工业强国的地位。而中华民族在历史中虽然曾经创造出了光辉神奇的文化，但是到清朝却实行闭关锁国的政策，导致我国的生产力发展滞后，沦落到半殖民地、半封建社会的危机当中。随着当今经济全球化和工业革命的不断深化，创新这一概念已深入国家建设和人民生活的各个方面。作为经济社会发展的重要驱动，创新成为衡量国家经济发展的重要指标。

1.1　问题的提出与背景

创新是一个国家和民族进步的灵魂。在政产学研协同创新中"政"代表"政府"；"产"代表"企业"；"学"代表"学校"；"研"代表"科研院所"。政产学研协同创新即政府、企业、学校、科研机构等高度融合，把政产学研中各主体特点进行融汇，更好地发挥各自优势，形成强大的研究、开发、生产一体化的先进系统，并在运行过程中体现出综合优势。协同创新的首要任务是形成以企业、科研机构为核心，以政府部门、金融机构等中介组织为支撑要素的多元协同互动创新模式。通过政产学研深入交叉融合协同，使创新主体与知识创新深度融合，产生"1+1+1>3"的非线性效果。协同创新的理论范式是通过国家意志引导和一系列政治安排，促进企业、科研院所、金融机构等发挥优势和特长，通过各自特点，大范围整合各方资源，实现优势互补,加速知识产品市场化转移,协作开展产业技术创新和科技成果产业化的活动。

1.1.1 政产学研协同创新产生的背景

世界各国都早已意识到政产学研协同创新的可行性,早在2003年美国学者切斯布鲁夫(Chesbrough)根据美国企业在创新发展中整合各类资源的动机及运作过程,提出了"开放式创新"概念。他认为产学研协同创新因国际人才联合培养和知识系统网络化趋势而大有发展。埃茨科威兹(Etzkowita,1998)在所著的《国家创新模式》中重点提到大学的作用,他认为大学有能力和有必要成为产学研协同创新的主体,应该探寻大学创新的主体地位。《国家创新模式》通过研究大学、产业和政府三方的互动作用,得出三者良好的创新协同发展能够有效地提高国家创新系统的整体绩效。虽说西方国家一直倡导"自由主义"经济,但是以美国为首的资本主义国家近年来也不断加强政府对于市场的掌控能力。对于政产学研协同创新问题,西方国家一直坚持以市场为导向,坚持科研成果市场化,学者们对于此类研究也层出不穷。亨(Hen,2010)研究了政产学研协同创新中知识传播的问题,提出企业可以通过在线平台促进创新知识传播的形式,降低创新成本和新知识开发带来的风险。沃尔什(Walsh,2016)研究了企业和大学协同创新机制,提出企业和大学协同创新,可以对专利商业化起到明显推动作用。金间(Kanama,2017)研究了企业人员与研发机构人员交流互动问题,通过调研走访日本一千多家公司得出企业和研究机构人员良好的交流和技术互动能有效解决技术和市场方面障碍的结论。

我国产学研协作模式,最早出现在20世纪五六十年代"两弹一星"军工研制试验,80年代随着改革开放而更加引起人们的关注。产学研协作提出的目的是解决科技和经济发展"两层皮"的问题。1985年,党中央提出增强企业的研发能力,促进产业界与学术界合作。改革开放后,国家进行了一系列的改革,经济、教育和科技领域活力明显增强。改革开放以来,我国科技创新战略和政策发生过四次重大改革。第一次改革是在改革开放初期提出的"科学技术是第一生产力"阶段,当时我国还没有系统完整的科技创新战略,科技创新的主要任务是重建科技创新体系和机制,重新确立科技在国家发展中的应有地位,解放科技人员的创新生产力。第二次改革是在20世纪90年代中期实行的"科教兴国战略"阶段,首次把科教兴国提升到基本国策的高度,但在该阶段科技与经济脱节、高校科研机构与企业脱节的问题仍然严重,所以科技创新政策的重要导向是发挥科技创新对经济发展的支撑作用。第三次改革是在"自主创新建设创新型国家"阶段,以2006年国家提出的创新型国家建设战略为标志,该阶段特别强调以市场为导向、产学研相结合的创新体系建设,高度重视其在市场经济条件下发挥科技创新的战略性引领作用,并瞄准建设国家创新体系的目标。第四次改革是在党的十八大提出的"创新驱动发展战略"阶段,该阶段要求发挥市场决定性作用,高校、科研机构要与企业形成在创新链、产业链、资金链、价值链整合上的协同创新,围绕国家、区域和产业发展的重大需求来开展科技创新活动,创新驱动发展战略是在科技创新重大引领作用日渐突出的背景下提出的,面向未来发展、立足民族伟大复兴的国家战略。陈昭锋(2008)提出政产学研协同创新的模型,他将政府作为产学研合作的一方主体,构建了官产学研合作模型,在此模型中,他认为政府主要起推动、引导和监督作用,通过加强政府之间、科研院所内部、高校及产业界之间的协同合作关系,不仅可以促进科技成果转化率,而且可增加产业盈利能力,更能不断增强国家综合实力。吕海萍(2004)建议政府应成为产学研合作创新的驱动力,运用政策导向和引导机制,降低产学研合作的壁垒。丁荣贵(2008)认为政府在产学研合作中也发挥着重要的监管作用,不同的利益相关者、不同的协同创新阶段和不同的产业背景应采取不同的政策解决方案。陈武(2010)认为产学研合作是高校、相关科研院所、企业本着风险共担、利益共享、互利共赢、共同发展的原则,通过项目合作形式开展的项目。张钦朋(2014)强调产学研联合创新存在协同效应低、动力不足、机制不完善等问题。为促进产学研协同创新,政府要发挥协调者和服务管理者的重要作用,最好能全程参与创新过程。朱桂龙(2015)等指出,20世纪90年代开始中国政府积极推动产学研合作的发展,激发了国内学术界对产学研合作的研究兴趣。张永凯(2019)认为,从"八五"到"十三五"期间,技术进步与经济建设相互促进成为科技政策的主线,产学研模式形成了一种新型的技术创新体系,同时再过渡为政产学研用一体创新网络和跨区域创新网络结构。

而随着信息技术发展和知识经济的到来,面向知识经济的创新2.0形态凸显了政府在开放创新平台搭建和政策引导中的作用,以及用户在创新进程中的主体地位,"政"和"用"的地位更得到重视,推动科技创新从"产学研"向"政产学研用"协同发展的转变。当今时代我国面临着前所未有的机遇和挑战,一方面中美贸易摩擦不断加剧,我国的对外贸易增幅减小。美国单方面挑起的一系列贸易摩擦,使得中美贸易争端一直不断。中美两国进入前所未有的贸易摩擦时期,并且随着中美政治关系的发展和国际形势的变化而发生变化。近年来,一个日益显著的趋势是,随着资本和技术的积累,"中国制造"开始向技术密集型的高端制造迈进。在全球市场,尤其是发展中国家市场,"中国制造"的竞争力越来越强。对于拥有14亿人口的中国来说,能否成功升级到最先进的产业链,能否突破中等收入陷阱,是实现经济持续增长、完成复兴大业的关键钥匙。因此,美国欲将中国从全球产业链上剥离,以阻断中国产业升级、遏制中国发展。另一方面,我国对于核心技术的掌握和制作较发达国家仍有较大差距。虽说我国科研研发经费支出已经位列世界第二,科研人员的数量也已位列世界第一,科研基础设施和科研条件持续优化,但我国高端顶尖创新人才依旧匮乏,对于科研人员的激励政策尚不完善,协同创新的合作机制还不完善,科技创新支撑高质量发展的能力仍然不够。

1.1.2 政产学研协同创新是中国高质量发展必由之路

我国经济经过自1987年改革开放以来的超高速发展,目前已经进入"新时代",人口红利逐年递减,生态环境压力巨大,我国的发展已经进行进入转型期,以往"高投入、高消耗、高污染、低质量、低效益"的发展模式势必要进行深度改革,经济结构要不断进行优化升级,要从要素驱动、投资驱动转向创新与服务驱动。随着科技的发展,创新在社会经济发展中的地位日益凸显,因此我国已将创新提到前所未有的高度。党的十八大对加快完善社会主义市场经济体制和加快转变经济方式提出明确目标,要坚持走中国特色自主创新道路,实施创新驱动发展该战略是通过政府的引导,企业、科研院所和高校参与的协同创新战略,在我国高质量发展的背景下,使科技共同体成为科技创新的中坚力量,政产学研协同创新成为实现高质量发展的关键因素。实施创新驱动发展战略,要把创新放在发展的首要地位,要持久创新,形成创新体制,确保发挥创新引领发展的优势。2013年4月,国务院在高等教育系统又一项体现国家意志的重大战略举措——"2011计划"开展实施,北京大学、南京大学等14所高校通过审批,建立并被认定为协同创新中心,协同创新中心分为面向科学前沿、面向文化传承创新、面向行业产业和面向区域发展四种类型。这些分布在全国的协同创新中心与相关领域的科研院所、大型企业进行了合作创新,为地方经济的发展起到了重要的推动作用。2016年习近平总书记在"中国科协第九次全国代表大会"发表的重要讲话,确立了要把我国建成世界科技强国的"三步走"路线图,即到2020年时使我国进入创新型国家行列,到2035年时使我国进入创新型国家前列,到新中国成立100年时使我国成为世界科技强国。2016年2月18日,国务院办公厅印发《关于加快众创空间发展服务实体经济转型升级的指导意见》,促进众创空间专业化发展,强调重点在电子信息、生物技术、现代农业、高端装备制造、新能源、新材料、节能环保、医药卫生、文化创意和现代服务业等产业领域加快建设一批众创空间。2016年5月9日,国务院办公厅印发《促进科技成果转移转化行动方案》,围绕激发创新主体积极性、构建支撑服务体系、完善创新要素配置等,部署了8个方面、26项重点任务。要求要强化技术、资本、人才、服务等创新资源的深度融合与优化配置,强化中央和地方协同推动科技成果转移转化,建立符合科技创新规律和市场经济规律的科技成果转移转化体系,促进科技成果资本化、产业化,形成经济持续稳定增长新动力。政府作为政产学研合作主体的一部分,在其中主要还是起推动、引导和监督作用。通过加强科研院所、高校与高科技产业界以及政府之间的协同合作关系,不仅可以促进科技成果转化,增强企业盈利能力,还可以提高国家的经济竞争力。2016年9月20日,国务院印发的《关于促进创业投资持续健康发展的若干意见》提出,进一步深化简政放权、放管结合、优化服务改革,不断完善体制机制,健全政策措施,加快形成有利于创业投资发展的良好氛围和"创业、创新+创投"的协同互动发展格局,进一步扩大创业投资规模,促进创业投资做大做强做优。2020年10月党的十九届五中全会明确提出,要坚持创新在中国现代化建设全局中的核心地位,把科技自立自强作为国家发展的战略支撑。2021年中央经济工作会议再次强调,要把"强化国家战略科技力量"放到重点任务的首要位置。中国科技创新的进步直接关系到"两个一百年"奋斗目标的实现。

1.1.3 京津冀地区协同创新现状分析

2014 年，京津冀协同发展战略上升为国家战略，在政府的积极推动下，京津冀区域已经成为我国创新活动最为活跃的地区之一。企业、高等院校、科研机构是创新网络中最重要的创新主体，产学研协同创新网络是区域创新网络的重要组成部分。中共中央政治局 2015 年 4 月 30 日召开会议，审议通过了《京津冀协同发展规划纲要》，这是推动京津冀协同发展是一项重大国家战略。战略的核心是有序疏解北京非首都功能，调整经济结构和空间结构，走出一条内涵集约发展的新路子，探索出一种人口经济密集地区优化开发的模式，促进区域协调发展，形成新增长极，保障京津冀人民能够共享经济发展成果，在交通一体化、生态保护、资源节约、产业升级上做出重点突破。这就要求在打造协同创新共同体时要实现四个"协同"，即重大创新政策规划和决策协同、创新政策的协同、创新要素市场的协同、区域创新体系协同。京津冀协同发展需要创新，也离不开协同发展，如何做好三地协同发展成为重要课题。

京津冀地区创新协同发展具有显著的优势。首先，京津冀地区高校及研究院所众多，共有高校 217 所，研发机构 514 所，涉及从业人员 14 万余人，随着京津冀协同发展战略的实施，京津冀地区协同进一步加强，为京津冀协同创新提供了肥沃的土壤。其次，科技创新投入和产出进一步加强，根据《京津冀蓝皮书：京津冀发展报告（2020）》显示，京津冀地区的研发投入水平在全国处于领先地位。近年来，京津冀地区研发经费规模和强度都有明显增长。从研发经费占国内生产总值比重来看，2017 年京津冀地区的研发强度为 3.09%，明显高于江浙沪地区的 2.81% 和广东省的 2.61%，其中，北京市研发强度高达 5.61%，远高于江浙沪地区和广东省。从研发经费内部支出来看，2011～2017 年京津冀地区的研发经费内部支出从 1435.74 亿元增长到 2490.41 亿元，增长了 73.46%。最后，区域协同能力较为强劲，2016～2020 年京津冀地区协同发展指数从 75.6492 稳步上升至 99.0296，说明创新要素在京津冀区域的集聚态势不断增强；协同行动指数从 13.9253 跃升至 81.7518，说明三地创新主体流动和合作日益密切，协同创新进展显著；协同成效指数从 38.2992 跃升至

98.8907，说明协同创新成果激增，对经济增长的支撑作用显著；协同环境指数从26.6820跃升至98.8838，说明京津冀地区形成了较好的创新氛围，创新环境不断优化。

1.1.4 政产学研协同创新存在的问题

我国的政产学研协同创新构建主要以政府为主导、企业为主体、高校和科研院所为后方技术基地，强调以市场为导向建设。政府通过建立产学研创新示范基地、建设产学研协同创新平台等方式推动经济高质量发展，其中京津冀地区，由于其高校众多、资源丰富，人才聚集程度高，成为研究的核心，产学研基地在京津冀地区经过多年的探索和发展已经取得了不少成果和优异成绩。通过产学研协同创新，企业提升了自主创新能力，科研院所和高校也提高了自身科研能力并进一步向市场化靠拢。但是，随着我国经济已经从过去的"高速"发展转变为现在的"高质量"发展，而与此相对的政产学研协同创新后劲明显不足，暴露出的问题也越来越多。首先是形成机制不健全，某些协同创新项目本身潜力不足，但是在政府的引导下，强行"相亲"，结果导致政产学研项目的成功率不高。二是运行效率低下，导致协同创新项目形式大于项目本身，实际效果不显著。三是政府引导不足，现阶段缺乏对产学研协同创新的运行机制和发展模式的系统研究，导致创新项目被搁浅的现象屡见不鲜。四是知识溢出能力和市场化能力偏弱，某些协同创新基地闭门造车，对于知识成果的使用和创新成果市场化的能力不足，使得创新成果的使用远远不能达到市场需要。基于以上存在的问题，本书通过实证分析，把政府作为产学研创新关键一环，强调政府的引导作用和服务功能以改善产学研协同创新的绩效。

1.2 政产学研协同创新研究现状

协同创新这一主题在二十几年的发展历程中受到众多专家学者的青睐，成为研究热点。仅在知网刊载的围绕协同创新的全国各领域各方面的专家撰写的论文就有近四万篇，本节将从协同创新运行机制、效率提升、技术外溢和京津冀地区的研究现状四个环节进行梳理总结。

1.2.1 政产学研协同创新运行机制研究成果

协同创新已经成为创新型国家提高自主创新能力的全新组织模式。所谓协同创新是以知识增值为核心，以企业、高校、科研院所、政府和教育主管部门为创新主体的价值创造过程。维罗妮卡·萨拉诺（Veronica Serrano，2007）、杜恩（Duin，2008）等从不同维度来分析协同创新，把协同创新定义为一个沟通—协调—合作—协同的过程。唐文献（2005）指出，只有科研人员的设计思路和技术创新有效结合，才能称为合理的协同创新，而协同创新也是一个不断技术优化和新产品改进的过程。何郁冰（2012）指出，产学研协同创新理念体现了系统思维与科技创新方式由封闭向发展转变密切相关，它丰富和深化了自主创新内涵，体现当前科技新趋势。王进富（2013）以协同学、生态学等相关交叉学科为理论依据，提出在产学研协同创新中，创新是内嵌于政产学研创新循环关键因素中，因此要抓住动力协同、路径协同、知识管理协同三个关键环节，构建政产学研协同创新机制。周正等（2013）认为，产学研协同创新是企业与研究机构通过交流、协同创造形成知识互补和共享的过程。李涛（2015）运用 Lotka – Volterra 模型指出，协同创新分为成长、竞争、合作、共生四个阶段。在成长期要在政策、法规和补贴等方面保障创新协调机制的运转，保持成长期长期互惠合作关系。在成熟期可以考虑建立"政产学研资介"协同创新新型委员会，确保产学研长期高效稳定发展，在共生阶段需要建立完善的政策支持和法律保障体系，做好科技信息交流平台，组织好政产学研内部战略协同、知识协同、组织协同、创新协同的逻辑关系。潘琳（2015）和饶敏等基于委托—代理理论，提出政产学研协同创新激励的关键是使协同单位与实际管理者的激励相适应。特别是通过物质激励和精神激励相结合，可以加强协同创新管理者的激励和约束，增加违约成本，消除"搭便车"现象，消除协同单位的机会主义倾向，提高协同创新的整体发展效益。施海燕（2017）借鉴演化博弈论与数值仿真方法，指出协同创新中心是在重大创新需求下，以产、学、研三方或产、学、研、政四方联合，最终解决重大创新问题，形成创新共生。此外，协同创新中心成长周期需要一个具有生命周期的长期过程，不同阶段熵增呈现不同特点。臧欣昱（2018）通过演化博弈模型，分别对市场机制下和政府参与下的多元主体协同创新主体行为决策进行了研究，构建了由合作模式选择决策机制、合作过程决策机制、利益分配决策机制和激励决策机制，指出多元主体间不同的资源势差和利益需求促成了区域创新系统多元主体协同创新驱动的实现。王海军等（2019）认为产学研协同创新是以产、学、研作为创新主体，中介机构、政府机构、金融机构等其他服务组织作为辅助主体，在创新过程中进行知识资源整合和深度合作，以实现系统效用的非线性叠加和知识价值的创造。张梦迪（2020）运用耦合协同度分析得出，粤港澳大湾区政产学研协同创新生态系统子系统协同度较高，但价值共创水平较低。李林（2020）基于结构方程模型和多元回归研究政府干预对产学研协同创新项目成功的影响，对问卷数据进行实证分析，从政府干预与产学研运行机制的关系考虑影响协同创新的关键因素和成功路径。李云（2021）运用MatlabR2018b软件，构建"共生—协同"发展测度模型，分析了长江经济带沿岸城市创新能力，指出长江经济带高技术产业发展基础良好，但高技术产业创新生态系统整体协同度上升缓慢，需加强共生单元内创新联合体的建设。以上研究大多体现了政府引导产学研协同创新可能性，为研究政产学研协同创新提供了理论基础和现实考量。

1.2.2 政产学研协同创新效率提升研究现状

国内外学者对于政产学研协同创新多采用实证分析。对于实证分析层面，博纳科西和皮卡卢家（Bonaccorsi and Piccaluga，1994）最早尝试构建了综合评价产学研协同创新效率的模型，从产学研协同创新的过程，即知识的产生、传递与衍生来构建指标对产学研协同创新进行评价研究。劳森（Laursen，2004）提出企业加大研发投资和采取开放式战略，有利于提高和改进科研机构的原始技术，通过打破企业自身研发边界，提高创新效率。莫托哈西（Motohashi，2005）在研究日本企业产学研合作的经验时指出，中小企业比大型企业更能有效地参与产学研合作创新。珍妮特（Janet，2007）认为，创业和企业发展战略是企业基于产学研合作参与创新的两个基本条件，她还发现企业研究机构数量越多，探索性研究的投资数额就会越高。拉克（Lacka，2015）在比较了产学研合作创新效率的评价方法后，建议评价指标的选择应兼顾微观和宏观的学术因素，以及技术转移过程和技术溢出的影响。尼维斯（Nieves，2016）指出，在产学研协同创新中加入组合管理和协同人力资源优化，可以进一步提高产学研协同创新的效率。我国学者在评价过程中使用了不同的评价方法以及不同的评价维度，对产学研协同创新的效率主要以创新主体整体的投入和产出为研究对象来进行评价。刘民婷（2011）通过对陕西省十大制造业产学研合作效率实证分析指出，陕西省10个制造业中有6个通过产学合作提高效率而发生改变。张雷勇（2012）指出产学研协同创新是共生的，共生水平的高低将会影响产学研合作的整体效率，产学研协同效率不高在很大程度上是由于企业内部系统或者研究机构共生单元的内部惰性，加大的共生单元系统的共生参与度有助于提升产学研协同创新的效率。到2015年张雷勇进一步通过共生理论和网络理论来构建产学研合作关系的研究框架，提出了产学研共生网络的概念，分析了其体系和方法论的指向，并讨论了其发展评价、分类和稳定性的相关问题。王建明（2015）运用灰色关联分析方法，分析江苏省协同创新绩效的影响因素，结果表明各项投入指标与绩效之间存在正相关关系。其中，研发人员的全时当量灰色相关度最高，地方财政拨款影响最小。姚云浩（2014）运用 DEA – Tobit 两步法对我国2010年的区域产学研合作效率进行了评价和分析，结果表明2010年我国产学研合作效率东、西部高，中部低，有利于产学研合作，而地区国内生产总值增长率、教育经费占国内生产总值的比重等均对产学研协同创新效率有显著的正向影响。卢燕秋（2017）认为在产学研协同创新过程中，网络惯性对协同创新绩效的影响呈倒"U"型，中介在网络惯性和协同创新绩效中发挥重要作用。杨玉桢（2019）运用因子分析法，以我国31个省级行政区域为研究对象，构建产学研协同创新绩效评价体系，并实证分析协同创新对我国区域发展的影响。

从政府参与产学研协同创新来讲，政产学研协同创新可以进一步提高产学研协同创新效率，并且政府可以采取多种形式参与到协同创新之中。纵观世界国家，产学研创新项目成功率较高的国家大多已具备协同创新项目相关法律法规，美国通过实施《国家科技政策、组织和优化法》等，实现政策与技术的相互配合，相互促进，实现协同。日本和德国制定一系列与产学研合作相关的奖励补偿政策，为深入开展产学研协同创新项目营造良好的环境，提高项目成功率。陈（Chen，2011）指出政府可以通过提供关键信息数据等方式为项目提供资源支持，有利于打通信息渠道，为合作方搜寻资源提供便捷，提高合作伙伴的适配度，解决信息不对称问题，从而降低项目风险，提高风险分摊合理化程度，进而提高协同创新效率。索海尔（Sohail，2011）研究指出，政府可以通过干预项目核心企业产业发展方向，企业项目性质与政府的紧密程度越高，政府对企业的干预越多，外部环境的恶劣因素越低，导致企业外部竞争程度越低，政府对企业投入产出分配合理化评价的作用越大。李向东（2015）研究了高技术产业的创新效率后提出，阻碍区域创新效率提升的重要因素是政府资助和金融机构支持，但其对行业的负面作用并不显著；外商直接投资对行业创新效率提升贡献显著，所有制因素显著阻碍行业创新效率提升。柳光强（2016）认为，我国政府对产学研协同创新项目采取直接提供资金的方式，主要包括财政补贴、信贷补贴和税收优惠。韩丹（2018）则提出，政府补助与税收优惠对合作方企业研发投入和项目绩效有显著激励作用。王旭（2017）指出，政府补贴能促进研发投入，税收优惠政策能显著缓解企业融资约束，对于政产学研协同创新也大有裨益。余东华（2018）指出，在促进产业合作创新的众多因素中，政府对于知识资本投入有利于促进产业合作创新，提高产业链整体创新能力。吴洁（2019）运用演化博弈模型得出，在政产学研协同创新过程中，政府的不同激励机制对企业和高校产生不同的影响：企业对政府政策支持、惩罚力度和收益分配表现更加敏感，高校对政府资金支持表现更加敏感。对于政产学研协同创新效率问题，国内外学者论述丰富，但是忽略了政府指标。因此，本书将把政府作为产学研创新中的一环，着重研究政产学研协同创新的内容。

1.2.3 政产学研协同创新技术溢出研究现状

在政产学研协同创新中，高校具有其独特的优势，包括知识的应用与创新、人才培养和服务社会等众多功能。因此有关于协同创新技术溢出的问题，已经受到学术界、政府以及产业界的高度重视。国际上对于政产学研协同创新技术溢出有协议研究、技术许可、成立新公司、咨询等多种形式，很多学者对产学研协同创新的内涵要求、创新平台、创新中介、技术溢出、技术转移、知识共享等内容进行了深入的研究。桑托罗和戈帕拉克里希南（Santoro and Gopalakrishnan，2001）研究了大学与企业合作中，信任、知识产权保护等因素对溢出的影响。吉安卢卡（Gianluca，2011）提出，在知识溢出情境下，由于跟随者享用了共享资源，导致其共享知识会相对较短且内容质量不高，因此需要公共政策干预，以贴息或者购买等方式保证共享平台的可持续使用。斯皮罗斯（Spiros，2013）、萨博尔茨（Szabolcs，2016）等学者研究了技术溢出条件下，协同创新与自主研发之间的创新发展问题，得出技术溢出更有利于协同创新效率提升。史烽（2017）认为，协同创新的技术外溢与扩散具有空间地理的局限性，其对区域协同创新活动的影响随着地理距离的增加而逐渐衰减，因此毗邻协同创新中心极的创新主体比分布位置较远的其他区域协同创新主体具有更好的创新绩效。曾文彬（2017）通过改进的柯布—道格拉斯生产函数得出产学研协同下技术外溢较资本外溢和制度外溢影响效应更大。李柏洲（2021）在研究企业演化博弈时认为，技术外溢性对于选择协同创新的企业表现更为明显，前景损益的存在会减弱其选择协同创新的概率，但是双方的契约精神、知识产权的保护力度等损益障碍因子的存在，会减少企业因前景损益造成的顾虑，由此系统会向着双方均选择协同创新的路径演化。协同创新的技术外溢具有空间效应，随着时空的关联度递减而同比递减。

京津冀地区人缘亲近、地缘亲厚，无论是地理位置还是历史文化都有着千丝万缕的联系。自改革开放以来，京津冀三地自发地在政策推行、技术交流、行业共赢等方面产生交互作用，但总体上并未形成明显的协同趋势，呈现出分散化状态。2014年京津冀协同发展上升到国家战略，正式进入一体化阶段，引起了各领域专家学者就其发展展开研究与讨论。

1.2.4 京津冀地区政产学研协同发展研究现状

本书通过阐述京津冀地区政产学研协同发展现状，分析目前京津冀政产学研各创新主体间的演化关系，对各创新主体的创新行为对高质量发展进行效应评估，旨在为京津冀地区高质量协同创新发展提供可供参考的建议。

自1992年党的十四大首次提出重点发展环渤海经济圈开始，京津冀协同发展经历了两个时间维度变革：一是在1992~2008年，这一阶段是京津冀地区协同发展的萌芽和发展阶段，期间政策出台频率不高，具体措施尚未完全落地，整体政策偏向于理论探索和方向把控；二是2009年至今，这一阶段政策高频发布，从生态治理、城镇化建设、经济合作、区域协同等方面出台了许多相应政策，如《环渤海区域合作框架协议》《京津冀协同发展规划纲要》《推进京津冀协同发展2018－2020年行动计划》等一系列京津冀创新协同发展的保障政策。2014年京津冀协同一体化发展已经上升到国家战略，其政产学研协同创新能力也受到国内众多学者关注。从京津冀整体角度协同出发，毛汉英（2017）认为创新协同机制优化离不开区域政策保障，围绕健全社会公共服务体系，在高质量发展的要求下，必须在处理好经济效率和社会公平两者关系的基础上优化创新协同机制。魏巍（2021）通过分析"三地四方"京津冀协同发展政策文本数据，发现京津冀协同发展是具有显著"高位推动"特征的区域协同治理模式，权威领导对京津冀地区发展政策的高度关注会推动各相关创新主体积极展开政策协同，同时也会促进各主体进行自身的角色定位，为今后发展充分赋能。

政产学研的协同关系中，高校拥有独特的人才优势和专业优势，以此来吸引科研机构和研发型企业。根据全国高等学校名单，京津冀高校数量规模较大，截至2020年6月，共有274所高校，占全国高校总量的10%，其中河北高校125所，北京高校92所，天津高校57所，具备进行深度科研的条件。张喜才（2017）通过分析美国"研究三角园"的高等教育产业链协同发展模式和关键成因，认为在京津冀地区高等教育发展协同中，要重视政府的作用，充分将优势学科和支柱产业融合，发挥更大优势。同时，学者们还认为京津冀高校之间会相互影响。高文豪（2021）提出深入推进高校区域联盟转型升级是解决多元主体利益不协同的突破口，通过建立三地多个高校联盟，在目标主旨、协作范围、行动方式上协同发展。杨宏山（2020）认为，要制定京津冀教育协同发展规划，引导京津地区高质量教育资源向河北重点高校流动，实现共享机制。

京津冀三地产业在共同发展中各自发挥着不同的作用，形成全新的创业分工格局。三地创新分工格局基本形成。从投入环节来看，三地间分工基本形成，北京偏重基础研究和应用研究环节，津冀偏重试验发展环节。但这同时也产生了区域间博弈等问题。从理论上来讲，京津冀地区进行协同合作具备实现共赢的潜力和趋势，但由于京津冀三地创新主体间的目标利益出现不协同的情况，在利益协调机制尚未完善的情况下，三地都会各自发力，增进各自的发展力量，创造各自的发展空间，其主体利益发展方向不一致会导致实现京津冀产业协同发展目标存在相当大的难度。姚东旭（2019）通过将珠三角地区与京津冀地区进行对比，提出在京津冀协同发展过程中企业研发活动产生了明显的"溢出效应"，对相关产业和技术研发活动产生正向影响。在当前京津冀协同发展整体面临虹吸效应的形势下，创新成为克服京津冀虹吸效应、推动各地区从创新产业向经济产业发展、推动区域协调传播"溢出效应"的关键。京津冀地区高校众多、产业集聚，且政策倾斜度较大，因此京津冀地区具有协同创新的丰沃土壤，协同创新是京津冀实现经济增长转型、实现高质量发展的重要动力。

1.3 文献述评

关于政产学研协同创新的研究颇丰，且形成了一定规模，研究主要集中在概念、动因、历史因素、运行机制、效率提升和政府行为方面，研究方法和研究内容层出不穷，多学科交叉融合的内涵已经包含在近十年的研究内容当中。对于政产学研协同创新运行机制的研究，多集中于政府参与对于协同创新路径的可能性，实证研究与历史性研究较为丰富，分析了国内外协同创新典型案例，且逐步深化相应经济增长的模型，使技术逐渐由外生变量转向内生变量。在效率提升方面，国内外学者大多以实证研究为主，从多领域、多角度分析了政产学研协同创新的必要性和可行性，政产学研协同创新作为跨组织技术创新模式，各合作主体通过优势互补来提高创新要素的配置效率，降低了创新全生命周期的成本损耗，以此改善创新所带来的经济绩效、环境绩效和社会绩效。对外溢效应的研究内容，研究模式不断创新，研究方法也不断变化。这些研究成果都加深了政产学研协同创新和外溢效应的理论，并对京津冀高质量发展下政产学研科技创新的研究提供了理论基础和研究材料，良好的政产学研合作可以促进企业方、学研方和政府方实现三方共赢，政府在政产学研协同创新中起引领作用。但是在既往文献的研究中，政产学研协同创新也存在许多不足：

(1) 在运行机制方面，国内外学者大多数探讨的是政府参与协同创新的可能性，缺乏实证研究，而现今产学研协同创新存在协同度不高、动力不足、机制不完善等问题，为了推动政产学研协同创新，政府需要发挥作为协同创新过程中的指挥协调者、参与创新者和服务管理者等重要作用。完善的政产学研协同的相关法律法规体系，能提升政产学研合作效果和规范产学研合作主体行为。共生理论内涵符合政产学研协同创新运行机理，通过共生理论演化的Logistic回归模型，对京津冀地区政产学研协同创新进行实证研究，可完善和丰富现有理论。

(2) 在效率提升方面，国内外学者的研究比较充分，在实证分析上，已有文献大多从研发经费投入、研发从业人员等指标进行分析，采用灰色关联度模型、DEA模型或者采用多地区比较分析，而且大多数将政府从政产学研协同创新中剥离，虽然部分文献可以体现出政府对于协同创新的干预程度，但其对于政府指标定量研究却不尽如人意。所以本书在借鉴已有研究成果的基础上，分别对政产学研四个角度指标重新测度，并以京津冀地区为例，对创新水平和评价指标进行重新构建，分析政产学研协同创新关键问题。

(3) 技术溢出层面的不足体现在两个方面：一方面，现有研究对于知识溢出研究主要集中在技术外溢效应存在性的研究，但是对协同创新外溢效应产生影响的研究却偏少，大多局限于理论层面；另一方面，现有研究更多想要体现第三方机构如金融机构、协同创新中心等实体或虚拟方式扩大外溢效应的可能性，忽视了政府对于创新能力的把控与掌握。因此，本书提出，政府参与到产学研协同创新之中，能够在管理体制和法律法规上提供保障，在资金投入政策供给上提供支持，进一步推动政产学研协同创新机制。

1.4 研究内容与结构安排

首先，通过熊彼特创新理论及三螺旋理论推演出政产学研协同创新的生成机制，并且根据国内外政产学研的发展历史厘清发展脉络，提出以政府为引导、以市场为导向、以企业为主体、以高校和研究院为堡垒的协同创新机制。其次，通过共生理论和Logistic回归模型得出协同创新的演化模型。再次，通过 DEA 数据包络分析对政产学研协同创新的效应提升问题进行详细探讨。最后，根据本书的研究成果，基于目前京津冀地区的创新激励政策、协同主体管理模式以及整体运作方式，结合市场化背景，深入探讨助推政产学研协同创新的对策建议。特别是如何通过调整利益目标，完善协同创新政策以及激励各创新主体高效施策，提升京津冀地区协同创新能力，进而促进京津冀地区经济持续发展。着重研究政产学研协同创新的机制演化和优化提升问题，为协同创新推动中国高质量发展提供理论支撑和现实路径。

基于上述考虑，本书的结构安排如下：

第 1 章为导论，首先分析相关政策，引出为什么要对政产学研协同创新问题进行研究，并阐述政产学研发展背景以及实施的必要性；其次从运行机制、效率提升、技术外溢以及京津冀地区协同发展四个方面分析国内外相关研究的发展现状，找出现有研究的不足；最后提出本书的研究内容和研究方法，基于已有研究，提出本书的创新点，以此开展研究。

第 2 章主要运用熊彼特创新理论及三螺旋模型作为本书创新理论基础，介绍政产学研协同创新的发展脉络，与国外相比，我国政产学研协同创新研究起步较晚，但稳中有升，各方均在进行积极的实践探索。本章将系统阐释政产学研协同创新的理论概念、历史演化，国内外发展模式和形成机制。

第 3 章重点分析政产学研协同创新的生成机制，首先分析协同发展的各个创新主体所具有的优势及其发挥的作用，根据动因理论厘清政产学研创新网络的内外动因，其次阐述现存的国内外政产学研合作发展模式，在高质量发展下为协同创新提供了理论基础和实践经验。最后从动力发展、知识转移、风险控制、利益分配、激励保障、绩效评价六个方面论述政产学研协同创新的运作机制。

第 4 章运用共生理论分析政产学研的运行机理，主要从共生单元、共生环境、共生模式三个方面分析政产学研协同创新的机理。通过提出政产学研协同创新的三个假设、构建政产学研创新演化模型，将生态学种群理论引入政产学研动态演化中，通过 Logistic 模型剖析政产学研在协同创新中的动态过程，验证假设。

第 5 章运用 DEA 数据包络分析法进行测度，提炼京津冀地区政产学研协同创新相关指标，对三地协同创新的政策供给、知识溢出、技术溢出效应进行评估，通过实证分析，找出政产学研协同创新的政策供给效应和溢出效应的有利影响因素，进而改善政产学研协同创新效果，最终找准京津冀地区全面发展的路径。

第6章针对京津冀政产学研协同创新出现的问题，围绕主体协调、平台建设、成果转化、绩效考核及创新生态环境五大方面提出相关的对策建议，结合京津冀三地各自优势指标，发挥潜力，根据协同效应的影响因素，协同各主体的利益，产生更大效益。

1.5 主要研究方法

1.5.1 文献研究法

首先通过国内外杂志、研究专著以及报告、学术论文、权威报刊的相关文章对政产学研协同创新发展模式以及政产学研效应评估进行相关研究，整理、归纳和总结国内外关于政产学协同创新相关理论以及多种评估模型的应用方法，得到大量的基础理论和数据；其次以高质量发展为背景，收集京津冀地区协同创新的现实发展情况，最后在此基础上，深化已有文献内涵，提炼出的行文思路和逻辑思路。

1.5.2 实证分析法

本书采用实证分析的方法测度共生演化动力模型效应。在分析政产学研协同创新动力机制影响机理的基础上，通过国家统计局、京津冀三省（市）统计部门及以往政府公报收集京津冀地区协同创新发展相关数据，设计了测度产学研动力机制的指标体系，并运用 Logistic 回归模型建立产学研协同创新动力演化机制计量模型，对产学研协同创新动力演化机制进行测度。截取 2010～2020 年有关京津冀创新协同的相关数据作为样本值来进行动态演化和分析，数据的连贯性和全面性保证了研究结果的科学性和稳定性，使本研究后续结论具有可靠的分析依据和应用价值；运用 DEA 分析法对京津冀地区政产学研协同创新效率进行评价，DEA 法是运筹学、管理科学与数理经济学交叉研究的新领域，可以方便处理多投入多产出问题，并运用评价结果，进一步分析其主要影响因素，为京津冀地区政产学研协同创新效率的提升提供借鉴。

1.5.3　理论分析与归纳演绎分析相结合

现有对政产学研合作、创新理论、协作创新机制、协同创新风险、协同创新评价、创新发展困境等方面的探究呈现出多视角、多方法的特点，形成了较为坚实的理论基础；本书运用路径分析法，通过建立模型以及效应评估分析，分析变量之间假设的因果关系，来检验一个假设的因果模型的准确和可靠程度，测量变量间因果关系的强弱，发现在现有协同创新情况下仍然存在的阻碍协同创新继续推进的问题，根据动因理论的研究基础，找出政产学研各相关主体协同创新内在动力激励，在众多研究铺垫下，将归纳与演绎相结合，通过对以往政策梳理和已有经验迁移，结合共生理论和创新发展等相关理论，针对性地对现状的不足之处给出建议，提升政策引导、主体协同效率，促进创新发展。

1.6　主要创新之处

本书的创新之处主要体现在以下几个方面：

1. 政产学研协同创新系统共生模式演化分析

本书系统详尽地分析了作为协同创新主体的政府、企业、学研机构的相互作用机理，参考专家们利用共生理论对政产学研协同创新的机理分析，以种群共生演化理论为出发点，分别论述两种群及三种群的共生动态演化，整体构建政产学研协同创新系统共生演化模型。

2. 设计政产学研协同创新效应评估指标

协同创新效应评估指标的选取不同于单独个体的自主研发，需要体现在高质量发展的大背景下多方创新主体的协同性和有效性。本书选取京津冀地区协同创新投入产出的五个指标，分别是：研发内部经费支出、研发全时当量人员投入、专利授权数、发表论文数、出版科技著作，评估各创新主体间的政策供给、知识溢出、技术溢出协同效应。

3. 利用交叉学科进行综合分析

本书利用生态学、管理学、统计学等多学科知识研究京津冀地区政产学研协同创新的机理演化和效应提升。基于生态系统中的共生理论，分析政产学研各创新主体间的作用关系；利用动机理论，从创新行为内驱动力和外生动力两个方面切入，分析各创新主体协同创新的动力。

4. 研究视角新颖

高质量发展要坚持创新是第一要务，本书从高质量发展的视角出发，呼应创新驱动发展的理念，积极探究京津冀地区多主体协同创新的共生关系、多主体创新协同效应提升评估及现实路径，促进以企业为主体、市场为导向、产业化为目的，政产学研深度融合的区域创新体系全面建成。

1.7 研究的技术路线

根据的研究内容和研究方法设计的技术路线图如图 1.1 所示。首先，通过分析的研究背景得出了研究的目的和意义。其次，国内外学者丰富的研究文献文书提供了充足的理论基础，确定了研究范畴和理论基础。再次，通过对相关理论进一步梳理和历史逻辑演化描述确定了政产学研协同创新的生成机制。然后，紧扣共生理论研究基础，以京津冀地区为例运用 Logistic 增长模型，构建多种群共生演化动力学模型，对政产学研协同创新进行实证分析。另外通过 DEA 包络分析法，分别从政策、知识、技术等不同构成要素进一步对京津冀高质量发展进行效应评估。最后，根据以上研究得出助推政产学研协同创新的对策建议。

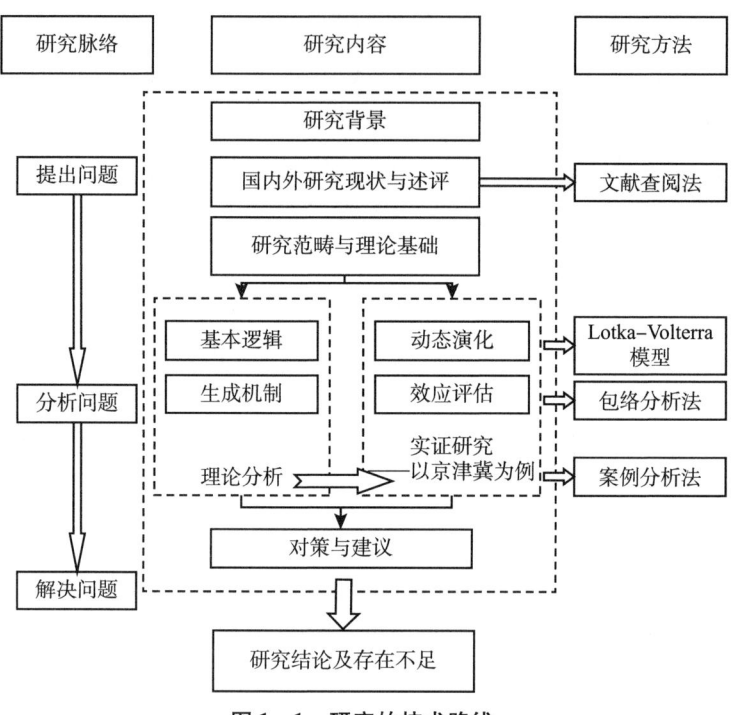

图1-1 研究的技术路线

第 2 章 政产学研协同创新的基本逻辑

随着经济全球化的飞速发展,科学技术成果逐渐向生产力转化,政产学研成为了社会关注的热点。政产学研协同创新发展就是政府、企业、高校、科研机构及其他创新本着"合作发展、利益共享、风险分担"的原则充分发挥自身的主体优势,使科技创新与经济发展深度融合。创新理论是由熊彼特在1912年提出的,而协同创新是创新的组织形式,在协同创新的理论基础上,政产学研协同创新这一理论逐渐成形并被实践。通过学习借鉴英国、美国等国家政产学研协同创新的成功经验,并从我国国情出发,推动我国政产学研协同创新的发展,从而探索出一套中国式发展逻辑。把握政产学研协同创新理论逻辑、国内外历史逻辑以及中国式发展逻辑不仅可以加深了解相关历史,而且为日后研究解决发展脉络、动态演化以及为我国政产学研协同创新存在的问题做出铺垫。

2.1 政产学研协同创新发展的理论逻辑

在当前经济全球化的环境背景下,创新越发具有开放性。科技知识的创作、创新和各应用部门相互作用,着眼于构建开放式的协同创新。美国切萨布鲁夫(Chesbrough,2003)教授提出了开放性创新模式这一概念。开放型创新模式不论是从组织的内部还是外部都能同时获得有价值的创新点和宝贵的人力、物力,在此基础上利用内部和外部的研发优势,将研发成果以商品的形式出售,达到商业化,并使知识产权实现利润最大化。即在开放式的创新模式下,组织的开放创新活动的界限都是模糊的。例如,宝洁公司采取了开放性创新模式，通过其联系与发展平台采纳来自全球各地的创意思想、创意资源，并据此不断加速新产品的研发，摆脱了发展瓶颈，再次成为创新型企业。因此，开放式创新为合理利用创新资源，自主创新的推进带来了新的启发。

协同是现代管理发展不可或缺的前提。协同效应能否集成到系统中，取决于系统内子系统或组件的相互作用。倘若形成良好的协同效果，则系统的整体运行功能也会变好。在管理系统的内部，如果系统内部的人、环境、组织等各个子系统相互配合协调，相互作用，团结一心地向共同目标运作，会产生"1+1>2"的协同效应。而如果这个管理系统的内部发生故障，出现摩擦、冲突、分散时，会增加整个管理系统的内耗，使各个子系统在执行其功能时遇到困难，导致整个系统陷入一种无序的状态。

政产学研协同创新是政府、企业、高校、科研机构及其他创新主体共同作用的跨组织的一种合作模式，其实质是一种新型知识生产方式。政产学研协同创新在一定意义上是政府、企业、高校、科研机构及其他创新主体互相合作的高级形式。其目的在于通过协同创新使知识实现增值。党的十九届四中全会通过的《中共中央关于坚持和完善中国特色社会主义制度、推进国家治理体系和治理能力现代化若干重大问题的决定》提出"建立以企业为主体、市场为导向、产学研深度融合的技术创新体系"的总体要求，将政产学研协同创新作为"完善科技创新体制机制"系列部署中的关键环节。党和国家关于政产学研协同创新的思想理论及思路大体成型，其相关政策指向也越发完善。在我国建设社会主义现代化进程中，政产学研的协同创新发挥着十分重要的作用。

协同创新具有整体性、动态性和互补供应性三种特征。协同创新的主要表现形式为政产学研协同合作的过程。政产学研协同创新主要表现为政府、企业、高校、科研机构及其他创新主体为了技术创新而提供具有创新价值的知识和能力，通过政府、企业、高校等主体协同合作下共享资源技术和知识的途径来进行协同创新活动，这种创新是在政、产、学、研的协作下共同完成的，其核心是政府、企业、高校、科研机构四个主体合作进行技术创新，政府通过相关法律政策进行规范、支持并推进引导，企业负责提供相关资金支持，高校为其提供高质量的人才及较权威的技术支持，研发机构提供相关服务信息，四个主体相互作用共同完成技术创新。

2.1.1 创新理论

创新学以创新的本质和规律作为研究对象，是关于创新的理论化和系统化的世界观和方法论。随着创新理论研究的不断深入，人们对创新也有了更多的看法。

(1) 熊彼特的创新思想。

创新作为一种理论，可追溯到 1912 年美籍奥地利经济学家熊彼特所著《经济发展论》，熊彼特是最早提出创新概念的研究学者。在其著作中熊彼特提出："创新是指把一种新的生产要素和生产条件的'新结合'引入生产体系。"创新在此过程中承担着"新的生产要素组合"实施者的角色。

创新的主要内容包含以下五点：

①赋予产品一种新的特性或引入一种新的产品。

②引入一种新的生产方法，主要表现为在生产过程中采取新原料或新的生产组织方式。

③开拓新市场。

④获取原材料或半成品的新货源。

⑤组织开创新的工业组织或企业重组。

在熊彼特技术创新的界定中，前两项内容主要是针对技术的，我们可以理解为二者就是产品创新和原料创新。熊彼特指出，当发明被实际应用时，其在经济生活中的作用才得以发挥。第一代创新理论是由熊彼特于 1934～1944 年提出的强调企业家作用的交互式创新理论。

20 世纪三四十年代，人们对熊彼特理论的思想内容理解有限，刚开始并未获得广泛认同。到 20 世纪 50 年代，随着科学技术及其理论的发展，人们对熊彼特理论的认识逐渐深入。

美国管理学家罗伯特伯格曼（Robert A. Burgelman）认为，技术创新是以技术为基础，并通过新技术的支持推动创新。英国科技管理学家弗里曼（C. Freeman）认为，技术创新是引入新产品中所包含的技术、资金、制造、设计、管理和市场过程的初次尝试。

中国浙江大学的许庆瑞教授认为，技术创新泛指新思想的形成，并且通过运用新思想生产出满足市场需求的产品。

这些学者的思想大部分是从"技术"的角度对技术创新进行界定，并且着重强调技术是创新的着手点，进而对产品进行生产、变革或改进，在此基础上创造价值。技术创新本质上是一种科技一体化和经济一体化的过程，是技术进步和产业创新共同作用下的产物。

（2）创新的要素。

熊彼特认为，创新的主体是"企业家"，他认为企业家存在的唯一用途就是创新，但事实并非如此，企业家不是影响创新唯一的因素，创新的影响因素还包括政府、企业、高校、科研机构、用户以及其他。在实际的创新过程中，政、产、学、研这些创新的要素都起到了至关重要的作用。

①宏观调控的政府。

政府通过一系列的财政政策、货币政策、科技政策对创新资源技术的分配进行宏观调控，直接影响着创新行为主体要素的作用方式，为我国建设创新型国家提供了重要支持。政府通过制定国家未来创新发展新战略、新思想，引进国外新技术，以促进国内科技创新。

在创新发展的过程中，政府扮演着不可替代的作用。一方面，政府是创新的要素，需要不断适应经济发展并进行改革；另一方面，政府是制度的供给者，也是创新的推动器，为企业、高校和科研机构提供制度支持，也在一定程度上规范了市场经济与经济交易。

②将科技成果推向市场的企业。

习近平主席在第二届"一带一路"国际合作高峰论坛开幕式上的演讲中指出："创新就是生产力，企业赖之以强，国家赖之以盛。"我们知道引领发展的第一动力是创新，而企业是推动技术创新的主力军，提高企业的技术创新能力是建设创新型国家、实现中华民族伟大复兴的源泉和重要基础。

企业是创新的主体，也是市场活动的主体。企业将高校和科研机构生产出来的技术、专利和版权等科技创新成果通过产品或服务出售的形式流入市场，使其产生商业价值；再或者通过一系列的产品推广、社会推广、企业推广产生社会价值。另外，许多企业也成立了相关的研究机构，这些研究机构在一定程度上为企业的技术创新活动提供了技术及服务支持。

③人才济济的高校。

高校作为培养人才的组织，为社会输送了一批又一批具有创新思想的大学生、研究生、博士生等。人才是技术创新中必不可少的关键要素，高校培养的人才大多输送至政府、科研机构、企业。在高校的学习生活中，创新人才通过大量的科研活动产生了一系列的科研成果，这些科研成果通过技术许可、技术入股或其他技术转移的形式，创造出新的价值。

高校作为技术创新的要素与企业有很大不同，具有特殊性。在我国，高校对于人才技术的研究培养及创新能力远远高于企业，不仅可以直接获益也可以吸引政府和企业的投资；高校为企业提供了大量的创新型人才，通过这些创新人才技术创新从而带动社会创新能力的提高。在一定程度上，高校与地方经济关系更加密切，并在学校数量及创新人才上都多于科研机构。因此，高校在技术创新中是一个特殊的要素。

④技术完备的科研机构。

与高校相比，科研机构拥有较多数量的专业科研人员、更完善的知识储备、更先进的技术及设备，也具有更强的创新能力。科研机构承担了技术创新与技术开发，是我国建设创新型国家的重要支撑。科研机构所进行的科研项目产生了一定数量的科研成果，并把获得的科研成果转移至商业活动中从而产生经济效益。科研机构及高校所具有的独特优势使其成为技术创新的要素，二者在技术创新方面的优势在于：它们都拥有集中的科研创新人才，拥有先进的创新技术及设备，拥有浓厚的学术氛围进行创造性思维。通过政府及企业的资金支持，科研机构可以从事行业前沿的创新技术研发工作，并且可以开拓新的领域进而获取新的研发成果。

（3）创新的意义。

创新是民族进步的灵魂，也是国家兴旺发达的不竭动力，是中华民族在发展中屹立不倒的重要支撑。在当今的国际环境下，创新是促进我国兴旺发达的关键一环，只有创新者才能进步，只有创新者才能强大，只有创新者才能获胜，只有国家创新，才能使自己立于世界强国之林。

①创新提升幸福指数，推动时代发展。

随着国际竞争愈发激烈，创新成为发展的重要因素。中华民族在历史长河中的不断创新，推动了社会进步。例如在政治军事领域的商鞅、王安石变法，管仲、张居正改革；科技领域祖冲之的《大明历》，李时珍的《本草纲目》，钱学森"两弹一星"；经济、企业领域的柳传志、张瑞敏等，他们的故事不断鼓舞着中华儿女发展创造性思维，努力缩小我国与发达国家的差距，为我国建设创新型国家提供了重要支撑。创新能够推动国民经济的发展，激发全民族的创新精神，不断推进社会主义现代化建设和中国特色社会主义的伟大事业。

创新有助于提升生活层次和幸福指数，经济的发展是为了更好地提高人民生活质量，当人民的生活质量提高，幸福指数也就逐渐提升。在当今的国际社会，国民幸福总值是用来衡量人民是否幸福和快乐的标准。例如，随着时代的不断进步，手机的功能出现了显著的变化。智能手机的研发，拉近了人与人之间的距离；智能家具依托互联网技术和通信技术，给人类带来了科学、安全、高效、愉悦的体验，充分体现出了人工智能对人类进步的推动作用。

创新推动时代发展进步。创新不仅提升了人民的生活水平和生活质量，也推动了时代的进步和发展。在交通领域，随着高铁技术的进步，为人民带来了发行的便利，也促进了经济社会的快速发展，为国家带来了巨大的经济效益。互联网技术使人们可以随时随地接收知识，更大程度丰富自己的知识储备，也为建设创新型人才提供了一定基础。另外，近些年来，我国在能源、材料、信息、海洋等领域的创新研究与技术革新，促进了社会形态的转变，由农业社会向工业社会以及由工业社会向信息社会的不断转变。

②催发优秀企业建立，促进发展方式转变。

创新有利于优秀企业的建立。企业是创新的主体，同时创新也有助于建立优秀的企业。创新将企业的技术、知识、管理等无形资产挖掘出来，并对其进行整合运用，使得其资源得以充分利用。创新具有再生性的特点，其无限增值和再利用的功能为企业创造了巨大的收益。通过创新使企业围绕资源合理配置，达到知识利用的最大化。创新具有共享性，知识、技术、管理方法在企业内部共享，可以增加企业的创新知识储备和增强发展能力。

创新有助于促进发展方式的转变、调整经济结构。随着我国经济的发展，目前我国经济发展的核心要务是转变发展方式、调整经济结构，关键是发挥技术创新在经济发展中的关键作用。创新型企业的创建有利于提高企业的综合竞争力，加大企业引入外资与向外扩张的能力，通过企业的发展来带动产业进步从而促进发展方式的转变，大力培养创新型企业，让一流企业带头完成创新发展，攻克发展难题，从而带动新兴产业的发展，促进产业结构优化升级，最终带动我国经济发展的创新和产业结构调整。

③创新提高了个人创造力、认知力和发展潜力。

创新有利于提高个人的创造力。创新驱动在本质上是人才驱动，只有将个人的创造力提升转化为创新精神，才能激发个人的创造力，培养发散性、创新型思维。在一定程度上来说，只有个人的创造力不断提高，才能输出更多的创造性成果。

创新有利于提高个人认知力。人类文化的不断发展演进，并不局限于技术创新，也包含各个领域的创新。通过对创新的理解，帮助个人理解生活中各方面的事物，从而适应生活和工作环境，创造出更高的个人价值和社会价值。

如今社会正在飞速发展，发展的过程中充满变革。经济不断发展，技术不断进步，最初的熊彼特理论发展到如今创新理论，正如钱德勒所讲："现有的需求和技术进步将创造出管理协调的需求与机会"。创新是企业保持活力的唯一途径，创新最重要的就是技术创新和制度创新。创新理论随着时代进步而发展，政府、企业、高校、科研机构应积极发挥主体作用，为我国建设创新型国家贡献力量。

2.1.2 协同创新理论

协同创新是一种创新的组织模式，是以知识增值为核心，企业、政府、知识生产机构（大学、研究机构）、中介机构和用户一系列为实现科技创新所开展的大跨度整合的模式。

（1）协同创新的理论基础及内涵。

协同是指系统中环境与要素之间相互配合、相互合作的关系。协同最早起源于古希腊语，注重合作、协作的一致性与协调性。着重指开发过程中每个环节的要素之间联系和结合，以及由特定模式驱动的开发中任何环节的质变过程。

"协同"这一概念是由德国物理学家哈肯在1973年第一次提出的，他认为各个子系统通过协同而相互作用产生的效果是单个子系统远远达不到的，而这种效应被称为协同效应。美国学者封科若卡（Von Krogh）认为，协同是否顺利开展取决于各个主体之间是否相互信任，而各主体之间的合作是以诚实和公平的价值观为基础，其协同的结果变化莫测。

协同创新理论是以三螺旋理论和开放式创新理论为基础不断发展起来的。"协同创新"这一概念最早是由美国麻省理工学院斯隆中心的彼得·葛洛（Peter Gloor）提出。彼得·葛洛认为，为实现共同目标的多个相关领域人员所构成的小组，利用网络分享与交流自身想法、信息及工作条件，形成了协同合作的目标管理。

当前，国外协同创新的研究主要集中在宏观层面。玛库森（Markusen，2003）提出协同创新主要运用于区域产业集群、产业区、区域网格等其他理论研究中。马格乔尼（Maggioni）等学者（2007）认为，在网络分析中科学技术知识、专利活动等是通过大学、研究机构、企业完成技术创新及推广扩散，科技园、经济发展区等为企业提供协同创新的网络，实现了企业与其他个体间的协同创新。国内关于协同创新的理论较多，吴杰（2005）认为协同创新是企业之间在市场经济与创新的促进关系中建立的相对长期的、并且有助于企业之间开展创新活动的方式。许庆瑞（2006）认为协同创新是企业之间分享创新方法技术，并且通过相关机制使各创新要素在发挥作用时充分协调，进而实现"1+1>2"的协同成果。刘国龙（2009）认为创新主要集中在产品、工艺、市场三个领域，因此协同创新和创新在这个三领域协同推进。郭文强（2014）认为协同创新是企业与外部环境间建立的联系，既形成了竞争、制约关系，也形成了联系、平等和利用的关系，通过复杂的非线性互动创造了单个企业无法完成的协同效应的过程。由此可见，协同创新是多个创新主体之间通过知识共享、优化资源配置、匹配最优系统多方面的融合，从而实现各要素间的系统优化及协同创新的过程。

协同创新主要体现为政、产、学、研协同合作，实现互补共赢从而达到技术创新、工艺创新的过程。政产学研协同创新是由政府、企业、高校、科研机构四个主体分别投入自己的优势技术、资源及能力，并通过相互协同进行相关的技术开发活动，其核心是四个主体通过协同创新进行的技术开发、技术创新，政府基于相关的法律政策及人才支持，研发机构提供相关先进知识技术及配套设施，高校科研团队提供人才及技术支撑，四个主体共同完成的技术开发与创新。

(2) 协同创新的特征及动因。

协同创新的实质是各个要素之间的深度协同,并且通过各个要素机制的相互配合及推进,加速创新。协同创新是复杂的创新组织方式,具有整体性、动态性及互补共赢性的特点。

协同创新间的生态系统不是各要素间的简单相加,其发展目标是面向国家科技发展、行业发展和区域经济发展,在存在、功能、运行、管理方面都表现出了统一性与整体性。由于受到外部的政治、经济、文化、技术条件、创新政策等影响,协同创作中心作为一种科技创新的运行系统会随之改变,而这种改变被称为动态性。创新的生态系统是不断变化的,国家的创新体制在不断变化,发展战略也将随之调整,科技创新的成果也会随之不断变化。在科技创新的过程中,高校、科研机构和企业最大程度地发挥了研究、技术和资金优势互补来实现科技创新,科研机构将高校的技术研究成果通过技术的形式实现,企业将科研机构和高校的创新成果向市场推广,再根据市场需求提出新的需求,如此循环往复,形成互补共赢,使每个系统都最大程度地发挥自身优势。

协同创新主要体现在政产学研的合作过程,但其并不是自发的。因为每个创新主体的利益和出发点都是不同的,如果缺乏国家宏观政策的引导,其结果可能适得其反。个人的理性致使群体非理性,个人利益最大化导致群体利益最小化,无法实现个人和整体利益的最大化。协同创新是国家创新体系中十分重要的一部分,我们需要从宏观的视角去探索和分析协同创新。

协同创新的动机主要分为外部因素和内部因素及外部因素和活动主体的内在动机。外部因素主要包含环境影响因素和地理位置相邻性等,内部因素包括资源外部获取,成本、风险分担以及提升绩效水平。

①环境因素。

现有的关于环境因素的研究多集中于环境政策对协同创新的影响而开展。通过以往的研究表明,政府制定并实施相关政策与法律法规,营造出了良好的环境氛围,为企业进行协同创新发挥重要作用。菲亚茨(Fiaz)认为,相对稳定的政治环境和强有力的政府支持对协同创新有着十分重要的积极作用。此外,还有一些研究表明,宏观的经济环境因素对主体开展协同创新也具有重要影响。

②地理位置相邻性。

一些研究表明，地理位置相邻性是各个主体间经验分享和知识迁移的催化剂，因为地理位置的相邻性可以节约时间、降低成本并有利于集体协同创新。汤姆林森（Tomlinson）认为，地理位置相邻接近促进了组织之间的交流频率以及重要信息及知识的迁移，为组织学习创造了更好的环境和机遇，同时对创新活动的开展起到了促进作用。施瓦茨（Schwartz）等学者指出，创新的地理位置相邻性十分有利于政产学研协同创新深入推广。

③获取外部资源。

从资源相关的角度来看，协同创新是以资源间的优势互补从而获取最大利益为目的的。施瓦茨等提出，企业通过优势互补协作创新所获得的知识、资源与基础设施等其他资源，不仅提高了自身的创造性，而且提高了对外部环境积极应对的能力，已有研究认为协同创新不仅促进了资源获取、知识获取与迁移，而且带来了"合作剩余"。

④成本与风险承担。

当创新所需要的资源、资金及成本超出项目本身的规模或者创新的复杂性时，协同创新这一协作方式成为各类活动主体的首要选项，因为协同创新可以减轻创新呈现并且分担相应的创新成本。罗培斯（López）指出，协同创新将各类活动主体所具有的优势进行合作、资源共享以达到技术创新的目的，在这一过程中对规模经济的实现提供了很大的帮助，从而达到减轻风险与分担成本的目的。冈室（Okamuro）认为，在分担成本与减轻风险的同时，参与的活动主体也获取了额外资源。

⑤绩效水平提升。

各类创新主体通过对协同创新这一过程中其他活动主体提供的相关信息技术的学习，获得更多创新收益。另外协同创新也促进了技术知识积累和技术创新，是提高创新水平的有效手段。

（3）协同创新研究焦点。

①协同创新的主导权归属。

协同创新的主体涉及政府、高校、企业、科研机构，宏观上分为政府主导和企业主导，但政府和企业二者的主导界限相对模糊。针对协同创新的主导权问题形成了两种观点：一种观点是，协同创新旨在实现"1+1>2"的这一动态发展模式，具有自组织性。在当今的市场环境中，由于各个创新主体具有利益驱动的性质，各个创新主体发挥自身的优势形成创新协同共同体。市场在这一环节中起到了"无形推手"的作用。在市场机制没有失灵的领域内，市场应发挥对协同创新的领导权，此时政府对其减少管理可促进协同创新自主性、多元性的发展。另一种观点认为，政产学研协同创新这一过程是协同创新的主要表现形式，但这一过程是非自发的，与各个参与主体不同，如果没有国家相关政策和法律法规的指引，其结果会是零和博弈，在另一方面来看，在面临重大科学问题、国家重大战略需求时，仅仅依靠几个企业是十分困难的，这时由政府主导的协同创新就会发挥出极大的作用。

②协同创新的效率与公平问题。

协同创新的基本目标是充分发挥专业分工优势、降低研发费用、减少技术创新风险。但是技术创新联盟以及由此所形成的协同创新组织容易出现技术垄断和对外产生独立技术的情况，随着时间的推移，由于技术不断更新却无人学习，创新系统将无法满足需求。这时，政府所主导的协同创新组织与各个创新主体间公平竞争产生分歧，政府面临科学技术资源分配的问题时，会产生"马太效应"，并且浪费了许多宝贵的人力、物力、财力等，所以，政府应避免对竞争性技术创新的支持，平衡好创新的协同功能与公平竞争。在面临具有竞争性的技术创新时，政府要做好规划，尽量避免产生纠纷，并且平衡好如何协同创新和在协同创新中如何实现公平竞争二者的关系。

③协同创新的可持续性问题。

协同创新在一定条件下能够缩减创新的不稳定性带来的风险，例如长期的可持续性的协同创新，可以压缩合作伙伴的研发费用。当前我国协同创新的合作组织越来越多，发展速度也逐渐加快，创新主体同时也面临着不稳定性、不可预见性、文化差异较明显、合作理念差异及创新成果转化失败等问题，此时各个协同主体将面临重大挑战——如何分担风险使风险最小化。除此之外，创新主体参与协同创新最重要的目的是实现利益最优，这时就产生了一个问题，如何合理分配利益使各协同主体达成认同。因为各个创新主体在创新技术、创新技术过程、内容等方面都存在信息不对称的情况，各合作方容易产生机会主义行为。

2.1.3　政产学研协同创新理论

政产学研协同创新作为提高竞争力的新引擎，是地方协同创新机制建设的创新方向。首先，政产学研的协同创新是增强国家软实力的重要方式，也是我国未来政治、经济、文化建设的新路径及新方向，对我国经济社会的发展十分重要。其次，为不断提升我国的经济竞争力，需要依靠政府、行业、高校以及科研机构之间的创新合作，为经济的发展奠定技术及人力资源的基础。政府、企业、高校及科研机构之间合作有助于进一步加强各地区经济、教育、科技的紧密结合。最后，我国一直在大力探索创新体系，强调政产学研用协同的创新发展模式，将政府纳入协作创新发展中，有助于推动科学技术成果的不断转化，加快创新国家的发展及新型政府的建设步伐。

（1）三螺旋模型。

古希腊科学家阿基米德在埃及时发明了一种三螺旋装置，用于将处于低处河道中的水运送至地表并进行农业灌溉，这一装置也为以后的农业创新水利系统打下了基础。近代，人们又将应用于物理学中的三螺旋模型来形象地比喻一种新的创新模式，代表事物螺旋上升的规律。

20世纪90年代，美国亨利·埃茨科威兹（Henry Etzkowitz）博士最先将遗传学中用于阐释基因、生物体和环境三者关系的三螺旋概念引入社会学的研究领域之中。采用了一种不同的方式解释了大学、产业、政府之间在知识经济时代下所形成的互动关系。在此之后，雷德斯多夫（Loet Leydesdorff）又进一步对此概念进行了补充并构建了"三螺旋模型"（Triple Helix Model）。

从本质上说，三螺旋指的是一种创新模式，大学、产业、政府三个主体在此模式中为了达到创新这一共同目标相互作用、密切合作，发挥各自优势，但也同时保持各自的独特身份。三螺旋模型的要义是：大学、产业、政府这三个机构都可以表现出另外两种机构所具有的一些能力，但又可以保有自己原有的作用和独特的身份。由于这种相互作用和协作，螺旋的三根螺线都在原有基础上获得了进一步协作的能力，支持在其他螺线里产生创新，也因此形成了新的创新流，为创新的发展提供持续动力。

①三螺旋的主要论点。

三螺旋的主要论点是：在产业不断升级，经济飞速发展的当今，知识的持续更新发展已经成为社会进步的基础要素。而大学—产业—政府三者的相互作用是改善创新环境、促进创新发展的关键。大学、产业和政府是构成三螺旋结构最基础也是最重要的成员。其中，大学是新知识、新技术的主要来源，也是知识经济的主要生产力要素；产业是唯一能够检验知识实用性并将知识与资本进行转化的单位。政府作为契约关系的来源，确保产业与大学之间稳定的相互作用与流畅的沟通交流。三者互相借鉴，不断融合，例如，大学将知识资本转化为学术目标，其研究成果促进产业进步升级，鼓励新公司的成立，起到了产业的作用；企业为了提高整体素质，对员工进行培训，并通过合作经营来分享知识，与大学教育有异曲同工之妙；政府在进行日常管理活动的同时还在三螺旋关系中充当公共风险资本家的角色。

②三螺旋的组织原则。

三螺旋组织的原则是希望大学在社会中能发挥更大的作用。19世纪后期到20世纪中叶，美国许多研究型的大学都给人留下"与世隔绝"的印象，因为它们只闷头做自己的教学工作，与没有外界进行良好的互动与沟通。事实上，早在19世纪以前，部分优质大学的教学人员除了完成传统的教学任务之外，还作为顾问从事实践性工作，服务于社会，例如，"赠地大学"作为19世纪创建的一批特殊大学在产业发展中发挥了关键的作用。"赠地大学"通过研究、培训、咨询促进了当时的重要产业——农业的发展。

19世纪中叶，大学除了传统的教学职责之外被赋予科研的使命，由此发生了第一次大学革命。随着大学的不断发展，特别是研究型大学的不断增多，大学为经济及社会发展贡献的力量越来越大。因而，当在大学研究中出现产业及商业萌芽时，大学衍生出促进区域经济与社会发展的第三职能，由此发生了第二次大学革命。也正是这个第三职能的出现，使大学、产业、政府共同成为以知识为基础的社会的主要机构。

过去，产业和政府一直是社会的主要机构，而大学仅仅是起到辅助支撑作用的次要机构，为社会培养人才，进行着若干年后才可能对社会经济发展起到推动作用的研究；而现在，大学与产业的联系更加紧密，也在创新中起到了更为直接的作用。同时，创业型大学还培养准备创办独立组织而不是为其他组织工作的创新型人才，创业大学也直接参与新公司和新产业的形成与发展。

目前，大学、产业、政府的三螺旋创新模式正在全球推广使用。在社会创新结构中，大学正在进入领导机构的范畴。

③三螺旋在两种社会情境下的应用。

"大学—产业—政府"三螺旋来源于过去的"政府—产业"的两个双螺旋模式，即政府干预主义模式和自由放任主义模式。这两种模式有着各自的关注点，国家干预主义模式强调社会运行中政府的协调作用；自由放任主义模式强调作为经济发展原动力的产业所发挥的拉动作用。虽然关注点不同，但它们都强调将某一机构范畴放在首位。因而将政府和产业所起的作用进行对比，就可以形成两个极端的观点：政府强的一端代表国家干预社会体制，另一端代表自由放任主义。

- 国家干预主义社会体制。

在一些国家，政府处于主导机构范畴，而产业和大学基本属于从属机构。在组织形成机构间合作关系的过程中，政府起着协调的作用。在这个模式中，人们期待政府在开发新项目以及创新项目新资源投入方面占有领导地位。产业和大学的地位相对弱小，即使不需要被控制也要加强指导。拉丁美洲的一些国家都实行这种国家干预的社会体制。

国家干预主义模式是依靠于中央政府分层连接的特殊组织。将这种模式关系带到大学、产业、政府的三螺旋模式中，经常成为技术转移以及问题协商的障碍，因为大学和产业之间不能直接进行合作，合理安排事物，至少不能通过正式渠道进行交流。

- 自由放任主义社会体制。

美国是自由放任主义社会的一个典型代表，这种类型的国家机构范畴之间相互独立、彼此分离。由于放任主义的影响，三螺旋的作用在一定程度上被人们对政府作用的怀疑掩盖了，因而存在意识形态与现实不一致的现象。实际上，在以美国为代表的放任主义社会中，不同的机构范畴是更为紧密地联系在一起的。在此模式中，大学的作用是做基础研究以及培养合格人才。在大学与产业的合作关系中，学校主要依靠出版物及培养人才进入企业工作的方式将知识进行转移。产业只想从中获得自己需要的知识，而不期望能从中获得过多帮助。人们期望产业间能够独立运行,通过买卖相互关联,并且只有竞争,没有合作。

事实上,大公司之间的合作是被明令禁止的,因为这种合作只要被允许就会很快发展成为类似卡特尔这样的寡头组织,紧接着,产品的价格就会被控制。因此大多数公司打消了与其他公司相互作用的念头,一般都通过专业协会等作为中介组织进行牵头,使业务类型相似的公司及专业人士在这类平台下进行相互交流。在这种模式下,只有在经济推力不足的所谓"市场失灵"的条件下,政府才会被期待发挥作用。

(2)政产学研协同创新理论的内涵。

①政产学研内涵界定。

通常情况下,政产学研分别代表着政府、企业集团、高等院校和科研单位四个方面。

"政"——政府。企业的创新不仅需要其自身的发展,更需要政府营造良好的创新环境,提供有利于创新的政策支持。同时,政府在为创新型企业提供必要的创新资金的同时还要发挥"有形的手"的作用,加强宏观调控,优化配置资源,提供良好的内外环境和市场竞争秩序。

"产"——企业集团。企业是创新的主体,同时也能为经济发展提供最直接动力。经济发展离不开企业,也只有企业最了解市场的需求,能够对市场的变化做出最为迅速的反应。企业也是各类资源的聚集地,能尽快将产出的科技成果转化成产业优势并投入市场。因此,企业也就成为了政产学研结合的关键所在。

"学"与"研"——高等院校主要从事基础性研究及原始创新,而科研机构则更偏向于新思想、新模型的关键技术创新。在政产学研协同发展的运行过程中,学和研要紧密结合,共同服务于企业。在科研成果完成之后,辅助企业完成科研项目转化成新的生产技术,联合企业尽快应用新技术。注重从企业反馈回来的市场响应状况,发现存在的问题并持续改进,生成滚雪球式的持续融合协调的动能。

政产学研协同创新,旨在通过聚集政府、企业、高校、科研机构四方力量,协调吸收各方优势特点,相互磨合、相互协调、各尽所能、各取所需,促进各方向着协调互动的方向发展。建立起以政府为主导、企业为主体、学研结合的合作创新模式。

②政产学研协同创新内涵界定。

吕静等学者在研究中指出，协同创新（Synergy Innovation）是指集群创新企业与群外环境之间既相互竞争、制约，又相互协同、受益，通过复杂的非线性相互作用产生企业自身所无法实现的整体协同效应的过程。在实际运行中，政产学研各主体以共同的目标为出发点，将自身产生的资源、知识、方法技术等与其他主体相互融通，在新型信息技术构建的资源共享平台上进行全方位、多样化的交流与协作，是一种依靠企业内部要素与外部力量进行的创新活动。

广泛的协同创新一般包括四个特征：一是创新效率高。由于协同创新的多方参与，相关资源得到了优化配置，保证了创新成果的高产出。二是创新资源容易获得。协同创新各参与主体之间实时交流，将各自的人才、知识、资金、技术等资源共享，获取相关资源变得更加容易。三是创新成果相互共享。协同创新各主体可利用共享平台，共同获取知识，共享创新成果，进而提高各自的研发创新能力。四是可获得持续性发展。协同创新构成了良性互动，参与各方随着协同的推进会提高合作的默契度，促进体系整体能力不断上升，推动整个体系的持续创新。

（3）政产学研协同创新系统应注意的问题。

协同创新是以知识增值为核心，企业、政府、知识生产机构等为了实现重大科技创新而开展的大跨度整合的创新组织模式。这也对在创新过程中政、产、学、研四方融合的程度提出了要求。事实上，为实现短期共同目标，或以各取所需为最终目的的临时合作很难使科研成果持续达到理想状态。要形成稳固的协作关系就要求各主体要深度合作，并具备战略性的眼光和大局观。

①产业界和学术界要在价值观和文化上相互协同。

在产学研协同创新体系内，产业界和学术界处于不同地位，具备不同资源，也有着不同的诉求与价值导向。企业具有明显的利润导向，期望在协作中获得更大的经济利益；学术界则以学术价值为导向，主要考虑是否有利于学术研究。这种价值观的不同影响着双方对合作模式、范围的选择，造成大学及科研机构的科研成果与市场需求脱节，而企业为了获取利益又试图较多地干预大学和科研机构。实际上，学术界的科研文化与产业界的应用型文化并不相互排斥，只是两种文化缺乏认同感。

歌斯勒（Geisler）认为产学研合作双方在价值观和文化上的认同感越强，就越容易形成共赢的心理预期，也就越容易维持长久的合作关系。因此，研究界应注重与企业的沟通，关注市场的真正需求，企业也应积极地向学术界准确提出自己的知识需求，并在必要时提供资金支持。

②产业界和学术界要在信任和交流上相互协同。

在合作中，对自身优势、劣势的正确分析是建立信任关系的重要前提，否则就容易造成角色之间篡位和企图过多干涉对方的现象。因此，无论采取何种方式的协同创新都要求各方找准自己的角色定位，厘清自己的诉求和所具备的资源优势，尽力在协同系统中有效履行自身职能，实现产业链条和学术链条的有机结合。

同时，有效的良性沟通，成功合作的经验以及合理的沟通渠道也是建立信任的关键。因此，在协同创新过程中保持信息的交流和各种渠道的通畅是十分重要的，在以双赢为目标的前提下互通信息，共享相关资源，形成优势互补效应，避免双方纠纷。

③产业界和学术界要在风险和利益观念上相互协同。

政产学研协同创新削弱了独立组织对创新的控制权，提高了知识转化的费用，同时也增加了统一协调的困难，存在一定的风险。事实上，在协同创新的初期，由于产业界和学术界各自具备优势资源所导致的地位差异，相对容易达成协议，但在研究成果产出后，到了利益分配环节常常使双方态度不能达成一致，致使很多政产学研的组合都成了"一锤子买卖"。所以，如何对产出进行合理分配，建立合理的风险共担和利益共享机制，达到利益均衡点便成了政产学研协同创新成功的关键。

（4）习近平创新发展观。

党的十八大以来，国家主席习近平高度重视创新发展，在多次讲话和论述中反复强调"创新"，内容涵盖科技、人才、文艺等多方面，并明确在理论、制度、实践上如何创新。

2014年6月19日，习近平主席在两院院士大会上强调，我国企业、高校、科研院所等创新主体一定要深化三个认识：一是对以产学研协同创新不断增强区域乃至国家创新能力的世界创新活动的新趋势有清醒认识；二是对创新战略竞争日益加剧，而我国自主创新能力仍然不强，关键领域核心技术受制于人的被动局面有清醒认识；三是对全球科技创新的发展态势，特别是科技革命和学科交叉融合趋势下，传统意义上的基础研究、应用研究、技术开发和产业化边界日趋模糊，重大创新在单一领域产生的可能性越来越小的时代挑战有清醒认识，自觉增强协同创新的危机感、紧迫感。

因此，各创新主体要主动转变思想，强化"创新"的办学及兴企理念，深化"协同"思路，把提升"创新力"作为当前和今后一段时期的工作主线和战略中的重中之重，放下身段，谋求合作，有效地整合各自优势资源，强化发展特色，开展多种形式的协同创新，切实提升协同创新力。要加大培育协同创新文化，通过大力宣传和政策推动，使协同创新理念深入人心，并为其提供发展的良好条件，使其更加高效务实，更加适应我国产业升级和创新能力提升的迫切需求，从而带动全社会形成重视创新、参与创新、服务创新的环境和氛围。

协同创新呼唤政府的支持、政策的重构。由于协同创新涉及企业、大学等不同社会体系或同一体系内的不同主体，在具体合作中必然存在价值理念和利益诉求的差异。而且，产学研协同创新是一项风险系数较高的商业活动，参与者必然要求获得等额的回报，产业界和大学又都希望降低这种风险。因而由政府出面制定各种相关的优惠政策，便成为提高合作概率的必要条件。

政府作为国家发展政策的制定者，对协同创新活动进行应有的投入和支持，不仅可能，而且非常必要。美国虽是遵从自由主义市场经济最为坚定的国家，但在推动国家科技事业发展中，政府却积极扮演了参与者、引导者和经纪人的角色，许多具有影响世界效应的发明创造都是政府从战略高度进行决策，加强各方合作取得的成果。

当今世界，创新已成为经济和社会发展的主要驱动力，国家也已成为新知识生产和创新的主要受益者、创新研究的主要资助者。政府必须始终把推动协同创新作为重要使命。因此，我国政府应借鉴发达国家经验，深刻认识我国自主创新能力不强，创新合力急需形成这一基本国情，更好地指导和帮助解决我国产学研各方主体动力不足、利益冲突等实际问题，更好地履行宏观管理职能，在协同创新机制中充分发挥统筹规划、制度保障、资源配置、环境优化、公共服务的调控主导作用，努力建设遵循科技创新规律、符合"创新驱动"需要的协同创新政策体系。

2.2 政产学研协同创新发展的历史演变逻辑

政产学研协同创新是一种新型的创新概念,是指政府、企业、高等院校和各大科学研究机构作为合作主体以不同的角色加入体系化创新中,为实现各种要素最优组合,培养创新型人才,输出创新成果,推进产业快速发展的社会经济活动。党的十九大提出创新将成为发展的首要动力,是构建现代化经济系统的战略支柱,为更好地全面深入贯彻党的十九大精神,围绕实施创新驱动发展战略,依托"互联网+"和大众创业、万众创新等着力搭建协同创新平台,凝聚各方智慧和力量,以企业为主体、市场为导向,加速促进建设产学研深度融合的技术创新体系,政产学研各参与主体携手推进科技难题攻坚和成果转化,在培育壮大新动能方面取得更大进展,提高我国经济创新力和综合竞争力。

2.2.1 国外政产学研协作的历史演变逻辑

通过政产学研协同创新模式发展合作的典型国家有美国、英国、德国、意大利、以色列等,这些在政产学研协同模式下取得较为显著效果国家的成功经验对我国政产学研的发展和创新有着重要的借鉴意义。

(1) 美国政产学研协同创新的先进经验。

美国是产学研合作模式的摇篮之一,也是世界上发展最成熟的国家之一。全球知名的"硅谷模式"恰好证实了美国大学、联邦实验室和工业界之间的友好合作关系。支持多样化的科技项目、健全的法制保护和有效的行政管理体系是美国产学研协同模式取得成功的关键原因。在过去的200年里,许多大国经历了起伏。只有美国始终保持着世界领先地位,成为世界上最发达的国家。这是因为联邦政府一贯重视制定科技发展规划,加强对科技创新的宏观调控和引导。

美国创新活动的参与者包括企业、大学、联邦研究机构、非营利研究机构和科技中介服务机构。它们在执行各自任务时相互联系,密切合作。

企业的性质决定了其是技术创新的主体。美国的大型企业有科研机构，它们的子公司通常也有相应的科研单位。数以万计的美国企业拥有研发实验室，其中 100 家大型企业占整个行业研究工作量的绝大多数。这些大型企业雇佣了大约 300 万技术人员，占美国就业技术人员的 60%~70%。他们每年在科学研究上的花费超过 1000 亿美元，占国家研究经费的 70%。

美国的教育和科研机构对知识创新承担主要责任。美国拥有世界一流的高等教育体系，其研究生教育水平享誉世界。高校除了培养高层次人才外，还承担着 80% 的基础研究工作。美国国家研究所拥有 850 个国家实验室和 20 万名员工，在世界上排名第一，而且私立科研机构的数量更多。

在美国，非营利研究机构主要是非营利性的私人研究机构或公司。它们不隶属于任何部门，不受任何大学的管辖，也不以利润为目标。在非营利研究机构中，最著名的是国际斯坦福研究所、德拉皮尔实验室、巴特尔研究所、兰德公司、米特公司等，虽然数量不多，但对美国科学技术的发展产生了重大影响。

美国的科技中介服务机构主要包括技术转让机构、咨询评估机构、政策研究机构和风险投资公司。它们在美国国家创新体系中的桥梁作用非常重要。

（2）美国政产学研协作模式分析。

当前学界总结出美国最具代表性的模式如下：科技工业园区模式、专利许可与技术转让模式、企业孵化器模式、高技术企业模式、工业—大学合作研究中心及工程研究中心模式。

①科技工业园模式。

随着当代经济、科技竞争的日趋激烈和国际经济一体化的日益加强，科技工业园的创新功能被进一步强化。现在，科技工业园成为许多国家基础研究以及培养高科技人才的重要基地。如美国的许多大企业把科技工业园作为自己的创新源而进行大力投资和建设，政府部门则通过优惠政策和导向性投资来增强科学园的创新能力和竞争力。科技工业园的网络化加强了企业、大学、科研机构之间的合作，也使产学研之间的界限变得越来越模糊。科技工业园正在向信息园、知识园、知识城市、知识社会过渡。科技工业园的发展不仅成当代经济、科技和社会发展的强大动力，而且为当今社会的全面改革提出了新的要求。

美国成功的科技工业园都是以著名的研究型大学为依托，利用大学的科研与人才优势创建高科技园区以发挥高新技术的辐射作用。近二十年来，美国在高校密集的地区兴建了一批科技工业园，如以斯坦福大学为依托的著名的硅谷科技园、北卡罗来纳金三角科技园以及波士顿 128 号公路高新技术开发区。

②专利许可与技术转让模式。

美国十分重视知识产权的转化利用，专利产业化政策与创新政策紧密结合，其战略目标是通过专利转移转化，确保产业界在全球的领先地位，《拜杜法案》在促进专利产业化方面发挥了巨大作用。

1980 年 12 月 12 日，美国颁布《拜杜法案》，允许大学、小企业和非营利公共机构拥有国家技术项目的知识产权。为促进国家技术项目的知识产权产业化，《拜杜法案》明确指出，联邦政府资助的大学、小企业和非营利组织产生的知识产权，其所有权归承担单位所有，但承担单位必须担负将专利申请和专利许可给企业的义务。《拜杜法案》允许承担单位进行知识产权的独占许可，但必须将一部分许可费收入奖励给发明人，并将技术许可所得的一部分用于实验室的研究工作中去。

经过实践探索，美国大学技术转移机构创造了 3 种运行模式：

- 威斯康星校友研究基金会模式。

1925 年，威斯康星大学教授哈利·斯滕博克（Harry Steenbock）为了给包括自己在内的本校教师申请和管理专利提供方便，和几个校友发起成立了专门管理本校专利事务的机构——威斯康星校友研究基金会（WARF），虽然是威斯康星大学的附属机构，但 WARF 与大学分开，享有独立的法律地位。明尼苏达大学、俄亥俄州立大学等仿效 WARF 模式也成立了附属的"研究基金会"，管理本校的专利事务。WARF 模式下，大学的专利许可收入较为可观，至今仍为上述大学所采用。但在当时，大学介入专利管理的做法遭到很大非议。因此，该模式尽管影响较大，但并未得到推广。

- 麻省理工学院首创的第三方模式。

1912 年，加州大学伯克利分校教授弗雷德里克·科特雷尔（Frederick Cottrell）发起成立了美国首家专门面向大学的校外专利管理公司——研究公司（RC），RC 独立于所有大学，至今仍在运作。1937 年，麻省理工学院与 RC 签署协议，将学院的发明提交给 RC，由 RC 掌管专利申请和许可事宜。

- 斯坦福大学首创的技术许可办公室模式。

长期以来，斯坦福大学技术转移采用的是第三方模式，自 20 世纪 50 年代初以后的 15 年时间里，斯坦福大学获得的总收入不超过 5000 美元。1968 年，斯坦福大学资助项目办公室副主任发现学校有许多发明极具商业价值，如果学校亲自管理专利事务，即出面申请这些发明的专利，再把专利许可给企业界，将会给学校带来可观的收入。因此，工程师兼合同经理出身、并在高技术企业工作过的赖姆斯（Reimers）在征得校方同意后，开始了为期 1 年的试点工作。试点非常成功，当年就创收 5.5 万美元。斯坦福大学遂于 1970 年 1 月 1 日正式成立技术许可办公室（OTL），赖姆斯为首任主任。

截至 2000 年，OTL 从刚成立时的 2 人扩展到 26 人；OTL 累计受理 4359 项发明专利，累计申请 1050 件美国专利，累计创造专利许可收入 4.54 亿美元，累计给予 OTL 研究激励基金 873.4 万美元。更为重要的是，硅谷的成功和斯坦福大学在硅谷所处的重要地位，引来众多大学仿效赖姆斯和斯坦福大学首创的 OTL 模式，麻省理工学院特意向斯坦福大学请求借调赖姆斯一年，指导其毫无起色的技术转移工作，而引入 OTL 模式之后，麻省理工学院的技术转移工作很快便有了起色。因此，到 20 世纪 90 年代初，多数大学抛弃了技术转移的第三方模式，转而采用 OTL 模式。OTL 模式现已成为当代美国大学技术转移的标准模式。

③企业孵化器模式。

企业孵化器模式是一种专门为新产品和小企业成长提供场地，促进技术转移的一种产学研合作模式。该模式针对性地培养创新型、技术密集型的小型高新技术企业，孵化高新技术成果，造就符合经济发展的科技型企业家，促进新型产业快速发展。

1982 年，美国国会通过了《小企业创新法》，1992 年又对该法内容进行了修改，制定了中小企业创新研究计划（SBIR）和小企业技术转移研究计划（STTR），对中小企业与高校及其他研究机构之间的合作进行补助。这些计划规定，美国联邦政府中研发经费年度超过 1 亿美元的 11 个机构（国防部、能源部等）必须在技术转移研究预算中划出特定比例作为小企业创新研究计划的准备资金。截至 2002 年，小企业从中小企业创新研究计划获得的研发经费总计在 100 亿美元左右。由于这些资金是以拨款形式资助，并不要求有配套的资金，因此，一些高风险项目有可能得到资助。

④高技术企业模式。

高技术企业发展模式类似于"企业孵化器"模式。高技术企业发展途径主要有：一是风险创业型，即科研成果的发明者借助风险投资创办高技术企业，生产高技术产品，这也是高技术企业最典型的产生方式。世界上大多数高技术企业都是通过这种方式发展起来的。这种运作方式促成了"双重转换"，即科研成果向高技术产品的转换、科学家向企业家的转换。二是技术移植型，即高等院校或科研机构将技术发明转让给企业，有偿引入高技术成果，这也是一种较普遍采用的方式。三是产学研合作型，就是高等院校、科研机构与企业合作，由高等院校、科研机构提供高技术成果，企业提供生产条件，共同组成一个高技术联合体，这种组成方式既可以企业为主，也可以高等院校、科研机构为主。

⑤工业—大学合作研究中心及工程研究中心模式。

美国国家科学基金会（NFS）利用本地区重点大学强大的科研优势，提倡大学与企业界建立"工业—大学合作研究中心"，大学根据企业的需求开展课题研究，而 NFS 对研究中心工作提出指导意见，具体工作由大学和企业完成。另外，NFS 和企业界对研究中心给予赞助，大学在一定程度上给予支持。在高校建立工程研究中心也是起源于美国，由大学的优势学科和实力雄厚的大企业共同组成，双方共同研究课题、实施课题成果，以共同的利润为基础继续展开研究。该中心的责任是针对工业生产的需求共同开展跨学科研究，同时跟进人才培养，以工程技术人才为主。为了能调动产学研各方的积极性，美国的工程研究中心都设立由 NFS 代表、大学代表和企业公司代表组成的委员会。

（3）英国政产学研协同创新的先进经验。

①英国政产学研协作模式简述。

英国创新战略的总体目标是使英国成为"世界科学的领先国"和"全球经济的知识中心"，而产学研合作创新就是英国创新战略总体目标的重要组成部分。作为产学研"合作的服务者"和"创新的管理者"，英国政府认为改善高等教育与工业和科学研究之间的联系对英国经济的健康发展至关重要，是一项长期的战略活动。为此，英国采取了许多措施来促进产学研合作创新。

英国是君主立宪制国家，作为立法者，议会有权审查、决定和监督国家科学技术预算。英国内阁是负责科学技术工作的最高执行机构,有权就制定国家科学技术政策和科学技术预算提出建议。而英国内阁关于科学技术政策和预算的建议主要来自英国科学与创新办公室(OSI)的意见。科学与创新办公室是原科学与技术办公室(OST)。OST 成立于 1992 年,隶属于英国内阁事务办公室。它于 1995 年并入贸工部(DTI),并成为该部的独立机构之一。2006 年 4 月,科学与技术办公室和贸工部的创新小组(IG)合并成立了科学与创新办公室。其目的是更好地为 2004 年启动的《英国 10 年(2004 – 2014)科学与创新投入框架》中的战略投资规划做出贡献,并将科学和创新置于英国政府工作的核心。

同时,作为英国最高科技咨询机构的政府首席科学顾问、生产力与竞争力委员会以及科学顾问委员会,在制定英国科技政策方面也发挥了重要作用。

英国政府没有专门设科学技术部门,科学技术管理主要分散在政府的各个职能部门。一般来说,国家健康服务部、国防部等政府职能部门负责本领域科技经费的分配和管理,并由政府科学与创新办公室协调。此外,英国科学技术管理的一个主要特点是,基础研究领域的科技管理权和经费分配权分属于英国七大研究理事会和高等教育基金理事会。总的来说,英国的科学技术管理体系是一个由科技与创新办公室领导的组织结构,具有双重支撑体系和分散的多部门参与。

在包括企业、中介组织、大学和研究机构、政府和个人在内的国家创新体系中,英国的宏观科技管理体系一直发挥着重要作用。根据《2005 年英国统计年鉴》公布的数据,2004 年英国政府在科学技术方面的总投资为 97 亿英镑,其中 67% 用于企业,高等教育部获得 23% 的研发资金。可以看出,企业的研发活动在很大程度上是由政府资助的。同时,企业也是研发活动的主要贡献者。例如,在 2002 年,企业提供的研发经费占研发经费总额的 47%,而政府提供的经费约占 11%。由此可见,在英国的国家创新体系中,企业居于主导地位,政府对于科技研发的支持还有一定的提升空间。2004 年,英国政府发布了《英国 10 年(2004 – 2014)科学与创新投入框架》。在该框架中,英国政府计划要将对科学研究和科学基础的总投入从 2004 ~ 2005 年的 42 亿英镑增加到 2007 ~ 2008 年的 53.6 亿英镑,每年增长幅度为 5.7%。加大科技财政投入,有助于英国实现新世纪科技创新行动目标,如"把企业与科学研究中心的互动联系"作为"创新的主要表达方式"和"新思想和新人才的源泉"等。

②英国政产学研协作模式分析。

英国的政产学研合作极具官方色彩。其特点为：政府鼓励企业投资；科研成果有明确的市场需求；政府重点支持中小型企业；完善政府对科学研究的政策，引导产学研合作的发展。

• 支持中小企业创新。

为发展中小企业，英国政府不但成立了中小企业服务局为中小企业服务，而且在财政、金融和税收等方面采取切实措施支持中小企业的创业和发展。

对中小企业的研发提供财政资助。英国政府对中小企业除提供专项创新资金和匹配资金外，还制定了小企业贷款保证计划和小企业培训贷款计划，对那些希望创新但又缺乏抵押资产、无法从银行获得贷款的小公司给予支持。

通过政府采购促进中小企业研发。英国政府于 2001 年制定了小企业研究计划，目的是提高小企业获得政府研发合同的成功率，扩大小企业的市场规模。根据这项计划，英国政府的研发采购计划均向小企业开放，并且期望针对中小型企业的研发采购至少占政府研发采购需求的 2.5%。

对中小企业实行研发税收优惠政策。英国政府自 2002 年起开始实行中小企业投资研发减免税政策。该政策规定，年营业额少于 2500 万英镑的中小企业，每年研发投资超过 5 万英镑时，可享受减免税 50% 的优惠待遇；尚未盈利的中小企业投资研发，可预先申报税收减免，获得相当于研发投资 24% 的资金返还。

• 发展科技中介。

在推进产学研合作的过程中，英国政府充分利用、有效借助科技中介组织。在产学研合作中，英国出现了小企业服务局、创业服务中心等相关合作服务中心。这些机构对于促进产学研合作、提高科技创新能力起了重要的作用。为推进中介机构的发展，英国政府还设置了伦敦技术网络等区域性创新中介机构，推进了区域产学研合作。事实上，除了 1997 年实施的法拉第合作伙伴计划外，英国政府的其他一些计划和工作也经常依靠科技中介机构执行。

英国政府实行的科技决策咨询制度也为科技咨询中介机构开辟了很大的生存空间。20 世纪 80 年代初，英国贸工部要求所有的科技决策和项目计划必须包括理论依据、目标、评价、监督和评估等多项内容，其中评估必须以公开招标的方式由独立的咨询机构来完成。该制度的实施使英国政府成为科技咨询市场的一大买方,有力地促进了科技咨询业在英国的发展。英国政府在为企业服务的过程中,很多时候自身就扮演着科技中介的角色。例如,英国贸工部近年设立的小企业服务局为许多小企业提供了科技中介服务。

另外,为加强工业界的竞争力,英国已建立起几十个跨学科研究中心和工程研究中心。这些合作研究中心多是由大型公司与大学或科研机构联合组建,加强了英国学术界理科与工科之间的合作,造就了富有创造能力和竞争精神的人才,增强了产学研合作创新能力。

- 开辟多种信息通道。

信息不对称是产学研合作创新的主要障碍,因此,开辟信息通道对于产学研合作有着积极的推动作用。英国政府主要通过加速信息基础工程的建设、强化对信息流的监管、建立科技情报网络、建设科技成果供需信息体系来促进产学研信息交流。例如,英国在1987年建立全国科技专用数据库,该数据库容纳了高等院校、政府各研究机构、自然科学研究委员会和部分工业研究协会等单位1.3万名科技人员的简历、成果、正在研究的课题以及潜在应用范围等大量信息,提供了产学研合作沟通的渠道。此外,英国政府还倡导各地成立性质相近的"专业俱乐部",增加高校教师、研究机构的专家与企业家人士接触的机会,同时也为科技成果的转让提供场所。与此同时,开展学会活动也成为英国重要的信息通道。学会具有跨部门、跨学科、跨行业、无束缚的横向联系特征。因此,高校、科研机构的许多新发现、新成果很容易通过会员的促膝谈心为企业所接收,企业中的生产技术问题也较容易得到高校、科研机构的科研人员的帮助而解决。现在,学会已成为不仅在英国,而且在许多发达国家,沟通产学研合作创新各方的主要渠道之一。

(4)德国政产学研协同创新的先进经验。

①德国政产学研协作模式简述。

德国是一个经济实力较强和科技发展较快的国家,发生金融危机后,它率先走上了经济复苏的道路,在应对欧债危机时,更是成为欧元区的坚强壁垒以及欧洲经济复苏当中的重要引擎。德国在经济中良好的表现与其领先世界的科技水平和创新能力是密不可分的,其拥有一套政产学研用协同创新发展的科技创新体系。

德国的科技研发资金主要来源于政府和企业,而联邦政府和州政府在研发中的投入占总投入的1/3。自21世纪以后,在金融危机和欧债危机的打击下,世界经济不景气,德国的财政状况也差强人意,尽管如此,政府仍然对科技创新增加投入,政府的资金以各种方式和途径不断进入高等院校、非营利性研究组织和企业的研究机构,鼓励科研的创新和能力的提升。

德国科技创新的主体是企业,企业在科技研发中的投入占比为2/3,很多企业都拥有自己的科研实验室。大企业的突出作用表现在技术研发和创新上,八成以上的大企业都有自己的研究机构。不仅如此,它们还会作为项目委托方或者资助方参与大学以及其他科研机构的科技开发。中小企业作为德国经济发展的主力军,为德国创造了71%的就业机会。不同于庞大繁杂的大企业,中小企业更灵活一些,对动态市场的反应更加灵敏,因此更有创新的意识和需求。但其也深受自身规模和资金的制约,面临着诸多难题。为了降低研发成本和风险,中小企业成立了各种联合研究机构进行资源共享,共同研究。

高校作为德国科研的支柱,受到了政府的大力支持。德国法律中有规定,政府以及各州政府有义务支持高校的科研工作。除此之外,德国还鼓励产业界与高校的联系与合作,高校接受企业的委托进行一些课题研究,并接受一些机构的资助或经费。

德国的非营利性研究机构是科研的专业机构,它的经费来自政府拨款,但在法律上不受约束,独立于政府,实行的是公司制度管理,在资金的使用和项目的审批等方面拥有自主权。

德国的科技中介服务机构主要是为大学、科研机构和企业之间的联系服务,通过一些技术手段进行科研成果的推广和扩散,实现科研成果产业化。

②德国政产学研协作模式分析。

德国产学研合作模式主要有:双元制教育模式、顾问合作制模式、以市场为中心模式、人员交流计划模式。与美国相比,德国高校产学研合作模式强调目标如一,过程持久,效率极大化。

- 双元制教育模式。

由企业初步提出产学研合作计划,内容涉及合作方式、目的、项目、期限、资金的投入与保障、各方的责权利等,并与相关高校进行磋商,最终形成各方都能接受的执行计划。

● 顾问合作制模式。

德国的许多企业与高校都有产学研方面的"顾问合作制"。许多学校要求教师担任各行各业的顾问,特别是工科教师,要求其必须担任工厂顾问。企业一般都把其顾问权授予高等工业大学的教授,并随时将企业的信息向顾问们传输与开放。而且产学研合作将是长期的、稳固的和紧密的关系。

● 以市场为中心模式。

企业根据市场需求与自己选择的合作高校提出合作项目,由学校进行研究开发,并随同企业人员一道完成整个项目的研制,最后双方共同将产品推向市场。整个合作资金由企业全部提供,学校在企业的协管下全权使用。

● 人员交流计划模式

学生和学术机构研究人员的交流得到联邦教育科研部特别措施的支持,如交流计划和更多面向国际的课程。2001年发布的投资未来计划仍在运行,该计划为大学生、科学家的流动提供8700万欧元的资金支持。之后又设立了初级教授职位,可帮助学术部门的人员流动。初级教授职位为那些拥有博士学位的年轻科学家设置,为他们提供为期三年的在高等教育机构从事研究和教学的机会,如果获得较好评价,可以再延期三年。通过这项措施,在德国高校获得教授资格的平均年龄将下降。联邦教育科研部为高等教育机构提供财政支持来帮助它们设立这类职位,资金总额为1800万欧元。为了应对高技能工人,特别是具有信息和通信技术技能的工人的短缺问题,联邦政府在2000年9月出台了一项紧急计划。该计划的目标是促进来自国外的高水平信息技术专家在德国获得信息技术职位。按照该计划,将有20000名信息技术专家在德国获得信息技术职位。同时,企业也被要求增加它们自己在教育和假期培训方面的投资。此外,还要增加信息技术专家在大学从事计算机科学研究的机会。由于经济衰退。2002年德国对信息技术工人的需求下降。然而,在2003年7月,该计划仍被延长到2004年底。除此之外,还有联邦政府计划支持研究人员在产业界和公共研究机构之间的交流,如中小企业创新技能计划。该计划从2004年开始,支持跨国研发合作将得到更高比例的补贴。几乎所有的州政府都实施独立的交流和流动计划,以促进研究人员的流动。其中,有些被称做创新助理计划,为在创新项目中雇用研究生的中小企业提供财政支持。在这方面,更进一步的措施是对高等教育机构进行改革,其目标之一就是吸引来自企业的研究人员回到大学。

(5) 意大利政产学研协同创新的先进经验。

①意大利政产学研协作模式简述。

意大利在世界经济强国之林中拥有重要地位，它的经济发展风格一直以注重基础研究、撑持工业研究、激励创新的科技政策为主，所以近年来意大利也成长为创新型大国。尤其是在第二次世界大战后，意大利的经济结构开始快速升级，由农业经济为重转变为工业牵头带领整个国家的国内生产总值上涨。

好景不长，由于科技创新自身的变革性、超前性、前期成本高等特点，意大利在加入欧元区之后开始减少对科技投入的财政拨款，整个国家的经济发展速度也因此进入了沉默时期。主要原因是由于整个欧洲经济发展放缓，最先受到冲击影响的就是像意大利这样的经济实力较弱的国家。意大利经济市场中中小企业和服务业担任主要角色，但这些中小企业又在技术创新力方面比较乏力，很难紧跟全球经济体系中科技高速发展的步伐，由此可以发现意大利政府对教育和科技领域的重视程度不够，投入无法与前沿技术匹配，这就造成技术和人力资本极其缺乏。

意大利一直致力于国家创新体系的改革与调整，其中政产学研协同创新是完善经济结构、提升经济发展水平的重要内容。在促进产业、大学与研究之间的合作方面，意大利政府采取了各种措施，例如制定法律和条例、促进科学和技术计划、资助创新基金、给予税收优惠，科技服务网络建设、科技园区建设、合作创新组织建设、支持中小企业创新等，科研体制改革和创新有力地支持了意大利政产学研协同创新。

新的政策和战略确定了未来科技发展的四大方向：巩固先进科学的基础研究；支持关键跨部门技术的研发；增加对知识转化和高附加值产品生产能力建设的投资，这也成为我国促进政产学研协同创新，提升创新驱动力的有益经验。

②意大利政产学研协作模式分析。

- 政府加大对中小企业创新发展的支持力度，促使产业带动力提升。

因为意大利自身的自然资源储备量不足，工业持续发展能力弱，资本汇集程度较低，所以在第二次世界大战之前，意大利是由小农经济主导的。第二次世界大战期间，意大利本已薄弱的基础设施遭到严重破坏，这也限制了企业发展的规模。

自20世纪50年代以来,意大利政府开始以本国条件为基础,逐渐重视中小企业的发展状况。直至60年代,意大利政府通过颁布法律法规,全力支持中小企业的创新研发进程。为了帮助中小企业筹集创新资金,政府设立了技术创新专项滚动基金。由于中小企业具有前沿的市场信息获取力,能随着市场需求的变化及时产出创新点子,对不断变化的环境有很好的适应能力。

意大利中小型手工艺行业迅速崛起,以此也促进了国内生产总值的快速增长,实现了本国的工业化进程。这一时期也被历史学家称为意大利的"经济奇迹"。1970~1980年政府制定了相关的科技创新的优惠政策,鼓励中小型企业可以学习国外高新技术,完善本企业的生产技术,并对其生产工艺进行创新。1990年,意大利通过立法支持中小企业的创新和发展,从政策制度的高度对在一些尖端技术领域的企业提供长期且强有力的支持。

为能切实帮助中小企业提高创新能力、工艺水平和国际竞争力,意大利政府制定了大量旨在充分支持中小企业发展的政策,其中包括:政府提供财政援助,支持企业的技术革新,包括在海外引进先进科学技术,租赁或购置技术设备;提供优惠税收策,鼓励中小型企业可"无忧"创新;加强政产学研合作,鼓励投资公司及中小型科研机构参与中小企业技术创新;建立法律法规,为中小企业提供法律援助,包括中小企业信贷体系立法,发放中央担保金等;设立科技创新基金会,降低中小企业申请技术创新资金的门槛,以支持研究成果和解决方案的产业化中小企业创新资金不足的问题;保障不同的中介服务,为中小企业提供技术创新资讯、品质检定、认证及技术培训。

- 下达国家科研计划,牵头政产学研协同创新。

为了促成政府、科学研究机构、大学与企业之间的合作,意大利政府制定了体系化的发展方案。1976年,国家研究委员会(NRC)开始实施关键项目,这是通信、新材料和生物技术等许多技术领域应用研究的典型项目,旨在加强科研与技术创新的结合。1989年,大学理事会组织实施了国家研究方案。为产业研究提供技术基础,建立产学研合作机制,是意大利重要的科技战略计划。1998年,学校董事会开始实施《欠发达地区科技网络建设规划》。20世纪90年代实施的方案包括"2000~2006年意大利南部科学技术发展和高等教育实施计划"（1999年）、国家空间计划（1998年）、国家环境研究计划（1990年）、国家新能源发展计划（1998年）以及意大利政府鼓励研究机构和企业联合参与的国际研究方案。这些方案旨在加强研究机构、大学和企业的一体化，重点是创新和协同发展。

总结意大利协同创新的发展历程来看，在高校、科研机构和企业的共同参与下，政府支持的大型项目的联合发展趋势不断增强。这种政产学研合作一般都是政府主导支持的，以对产业发展有重大影响的项目为推进对象，采用跨部门合作的方式，让学术界、工商界、科技界一同参加进来。这种政产学研协同创新模式调动了政府和公众的支撑力量，机构、高校、企业的科研与变现力量，使其能够有效地将政府的创新战略与产业、高校、科研的能力和潜力相结合，可以促使科技创新成果转化的效率提升。

- 建设科技成果转让数据库，实现创新增益新动能。

为了解决知识难以迅速变现的问题，意大利政府在1999年2月颁布了一项总理令，其中把建立信息社会确立为意大利政府在21世纪的主要目标之一。意大利制定了一项促成信息社会的行动计划，并发布了一项更详细的国家信息技术研究计划。在建立信息社会的过程中，完成更大的科技成就成为意大利的最终努力方向。国家研究委员会科学文献研究所在收集大量科学数据和利用先进信息技术的基础上，于1999年制定并完成了国家技术转让数据库的开发工作，以取得科技成果。

以科技成果为中心的国家技术转让数据库是典型的社会保障项目，这是一个以政府为投资者，针对的服务对象是国内的各类企业，特别是中小企业的投资项目。该数据库目前载有万余项技术成果，并与国家新闻出版研究所及其出版物在因特网上合作运行。这是通过在大学与研究机构之间建立联系以及向企业转让技术实现的。此外，国家科学研究委员会科学技术文献研究所（CONA-SIT）促进将科学和技术成果转让给研究机构，办法是建立一个协同创新网络，将数据库的各个要素结合起来，通过开展技术成果转让培训班，帮助企业获取科技成果的最新消息，促进科技成果在各主体的不同需求阶段实现有效转移，最终达成政产学研创新协作。

- 深化国家科研机构体制化改革，规范政产学研协同秩序。

为更好营造政府、企业、高校和科研机构的良好协作氛围，意大利进入了国家创新体系改革阶段。

在国家主持创办的研究机构改革的过程中，意大利强调支持在生产和科学领域的合作创新研究。例如，改革后的国家研究委员会在资助专题活动时，特别注意将资金用于项目，不针对人员，鼓励不同单位、不同部门进行联合申请；而国家能源环境委员在意大利科研生产领域发挥着重要的纽带作用，委员会的改革方案包括详细制定政产学研协同创新的研究与合作计划；同时，新成立的国家科学技术研究院正在转变科技创新模式，努力促成完整创新链的形成。

大学等高校是意大利创新的主力军，积极参与产学研合作创新。1989年10月，意大利政府颁布了《大学自主法》，赋予大学研究活动高度自治。该法案规定，大学是独立的法人，可以自由决定其科学研究活动，自由接受各种科学研究投入，并为投资有利可图的科学研究项目提供特别贷款。在该法案的影响下，意大利大学的科学研究活动是在教授的指导下进行的，行政机构一般不直接参与大学的科学研究活动。科研课题的选题、经费申请、社会资助、科研工作、成果评价、成果转化等由相关教师负责组织实施。大学教授除了完成国家和大学计划的重大研究项目外，还可以承担各种校外研究项目。选择科研项目的教授可以根据自己的科研需求组织专家评审委员会，招聘各层级研究人员，并根据自己的目标灵活组建研究机构和人员。

为了使教授教学工作取得成功，意大利政府建立了可靠的研究档案库，企业或组织可以快速通过现代信息技术获取相应的档案资料，促使企业能够与大学合作开发科学项目并使研究成果科研被付费采用。此外，由于大学在科研方面的完全自主性往往与经济责任密切相关，许多项目涉及市场和经济风险。因此，需要一个强有力的社会经济发展信息系统。因此，意大利政府建立了一个高效的科学研究和信息宏观政策体系。

意大利科学研究体系拥有自主的科学研究、完备的宏观科学政策和信息指导体系。自20世纪80年代以来，这些创新合作方面的优势帮助意大利在社会经济发展中发挥了极其重大的作用。政府把科学研究自主权主动下分，降低了政府在产学研之间的干扰程度，促进了企业与高校、科研院所之间的交互行为，切实有效地促进政产学研协同创新。

2.2.2 国内政产学研协作的历史演变逻辑

随着我国技术发展升级和创新形态演变，政府在创新平台搭建中的作用越来越凸显。当前，在我国大力提倡创新驱动高质量发展的新形势下，对比研究国内外政产学研协同创新的不同模式具有重要的现实意义。尤其是全面梳理国外的产学研合作创新模式，能使我们从中国的现实国情出发，在正确的发展阶段上精准发力以打通创新链条"堵点"、提升创新能力。因此，按照各参与主体间动态合作发展的阶段与过程，并且结合其背后深刻的现实国情，将我国政产学研协同创新分为启蒙、联合、合作、成熟四个阶段。

（1）政产学研协同创新的启蒙阶段。

马克思主义政治学认为政治发展水平的提高根本上是由经济的改革和发展所推动的，政府所施行的政治改革和经济活动是相互联系、相互呼应的。因此，可以借鉴罗斯托的经济成长阶段理论研究我国政产学研协同创新的发展阶段。经济成长阶段论是经济发展的历史模型，在罗斯托的经济成长阶段论中，经济发展会经历传统社会阶段、准备起飞阶段、起飞阶段、走向成熟阶段、大众消费阶段和超越大众消费阶段。其中，起飞阶段与生产方式的急剧变革联系在一起，意味着工业化和经济发展的开始，是最关键的阶段，是经济摆脱不发达状态的分水岭，罗斯托对这一阶段的分析也最透彻，因此罗斯托的理论也被人们称作起飞理论。

我国20世纪五六十年代在党的教育方针和科技方针指导下，高等院校的教学、科技人员积极投身于生产实践，开始迈出了与企业合作的步伐。在新中国刚成立后的计划经济体制下，大学、科研机构、企业分属政府不同部门管辖，体制上被分开，各自独立发展，其合作必须跨越行业壁垒，只能由国家统一调度。因此此阶段的合作具有明显的计划经济特征，主要是政府推动型。这一时期的产学研合作目标主要是为了确立中华民族的国际地位，为了打破"封锁"而进行的解决国计民生的重大问题的联合攻关，如"两弹一星"。计划经济体制下的产学研合作与现在的产学研合作有很大的区别。这种合作是非单纯经济指向的，是由一个所有者组织的不同非独立利益主体间的指令性合作，主动意识不强。这种计划经济下的产学研合作方式简便，责任明确，合作关系松散，易分易合，对开展一些重大项目研究起到了积极作用，但产学研合作难以形成各自相互需求、协调发展的运行机制。

随着经济体制改革的深入，科技体制改革加强了政府、企业、高校、科研院所之间的联系，实现了政策、生产、技术、人才、科研的初步融合。现阶段，政府通过相关的政策规划和决策，突出科研机构与企业的紧密结合，加强政产学研各方主体相互渗透的作用。但组合形式主要是简单的项目沟通与合作，加上单个创新主体的纵向创新或两个主体之间的合作创新，还没有形成横向与纵向完美配置的创新网络体系。

（2）政产学研协同创新的联合阶段。

我国在改革开放时期，政产学研合作被赋予了新的功能与使命。尤其是20世纪80年代，大规模引进国外先进技术，产学研合作教育思想也在此阶段流入我国，对我国科技界开启新的合作模式与进行结构化调整产生重要影响。

随之而来的是国有大中型企业的技术改造，出现了大量的带有非国有经济成分的企业，尤其是乡镇一级的企业，技术需求大幅度增加；同时，以变革科技资助标准为主的科技体制措施，促使科学研究机构可以以市场为导向，将技术成果有偿转让，同时还能提供咨询和服务。通过大学和科研机构长时间的学术积累，形成了更强劲的技术和更高效的生产力，政产学研发协同创新得以快速发展。企业与高校、科研院所合作，凭借自身的技术优势和人力资源优势，可以帮助解决大量的现实技术难题，极大提高了企业的经济效益和技能水平。这一时期，企业、高等院校、科研机构朝着市场需求的方向发展，政府再予以必要的政策支持与监督，在政产学研的联合阶段中，市场机制开始发挥作用。

在此阶段，政产学研协同创新不仅关注科技成果的转化，而且开始探索如何形成有效的协作机制。1999年，全国技术创新大会通过《关于加强技术创新发展高科技实现产业化的决定》，提出要积极推进经济体制、科技体制和教育体制的配套改革，从根本上解决经济、科技、教育相互分离脱节的问题。2000年，原国家经贸委提出要加强产学研联合机制建设，促进和鼓励大多数国有大型企业与高校、科研院所建立开放的、稳定的合作关系。主要采取成果转让、委托开发、联合开发、共建科研型实体企业等形式，开展产学研联合。

社会主义市场经济下，政产学研已经实现了各主体协作创新，关注的重点已经开始从纵向创新转变为科技成果转化，再到产学研协作机制的探索。此阶段初步实现了创新网络的横向铺开和纵向发展，协作创新的机制建设更是为协同创新的出现奠定了良好的基础。

（3）政产学研协同创新的合作阶段。

进入20世纪90年代，随着改革的不断深入和社会主义市场经济体制的逐步建立，国内和国际的竞争日趋激烈，对企业、高等院校、科研院所的生存和发展提出了新的挑战。邓小平同志提出了"科学技术是第一生产力"的著名论断，党的十五大确立了科教兴国的战略方针，鲜明的政策导向促使产学研合作进入了一个新的阶段。为此，原国家经贸委、原国家教委、中科院及时采取措施，于1992年4月正式在全国范围内组织实施"产学研联合开发工程"，其宗旨是在建立社会主义市场经济体制的过程中，通过产学研联合，建立国有大中型企业与高等院校、科研院所之间密切而稳定的交流、合作制度，逐步形成产学研共同发展的运行机制，探讨一条适合中国国情的科技和经济密切结合的道路，以此加快科技成果转化和高新技术产业化的步伐，不断增强国有大中型企业的市场竞争能力，进一步推动中国经济蓬勃发展。

（4）政产学研协同创新的成熟阶段。

自21世纪，知识经济开始萌芽，高新技术逐渐出现并不断发展，产学研协同创新进入发展新阶段。随着我国国有企业的改革，私营个体企业和合资企业逐渐向高新技术产业转移，这一时期，我国的产学研合作逐渐趋向更深层次的、更稳健的、更全面的方向发展。在这一时期的企业、高校和科研机构在政府的政策指引下，以市场为基础，本着自愿的、互惠共赢、平摊风险的原则进行协同创新。产学研合作的特点是通过市场刺激、联盟组合、研发创造一体化，且具有更灵活的表达形式及更深层次的合作。

2006年全国科学技术大会时提出了新的目标战略，即建设创新型国家。要建设创新型国家，其主体必须是企业，并且政府、企业、高校、科研机构四个活动主体结合形成创新体系。协同创新不仅是新时期的一种创新模式，而且也是国家创新系统极为重要的一部分，因此政产学研协同创新被提到国家战略层面。《国家中长期科学和技术发展规划纲要（2006–2020）》指出，只有产学研三者结合，才能更有效地调动科研机构的革新能力和革新活力，三者的结合也是科学技术和资金发挥优势最大化的途径，进而激发企业的创新活力，提升企业的研发能力。中共中央、国务院为了使经济和科技进一步密切联系，并以此使企业成为技术创新的主体，在 2012 年发布了《关于深化科技体制改革加快国家创新体系建设的意见》。同年，"高等学校创新能力提升计划"顺利进行，这项计划不仅将高校、企业、科研机构紧密结合，同时也让政府带头牵引，提高了"人才、学科、科研"三者的创新实力。

在新时期，创新是推动科学技术、教学、经济、社会发展的中心引擎，政府、企业、高校、科研机构合作创新已经成为了我国科技创新活动的新模式。在创新协同阶段，我国的创新体系发展越来越完善，而政府在这一阶段的指引作用也日益增强，这个阶段各个创新主体也变得更加重要。政产学研协同创新模式逐渐发展，构建产业技术创新战略联盟，协同创新越来越有深度。

我国的政产学研协同创新逐渐发展，经历了规模由小到大、层次由高到低的演变过程，如今是各产业、教育、科技部门展开合作的重点对象。经过数十年的发展，政产学研协同创新无论是政策制定方面，还是阶段目标确定的方面再或者政产学研合作的形式方面都取得了很大进步。在政策制定方面，由单一化向多元化方向发展。在计划经济的时代，政产学研政策相对单一，多集中在科技相关领域。在新时期，政府对协同创新的重视逐渐增强，此时政府开始注重政策措施的制定。相关发展计划的制定、法律法规的制定、专项工程的实施，并将其投入协同创新的整个过程中去，且相关政策涵盖教育、科技、经济等领域。在阶段目标的确立方面，从模糊走向了清晰。政产学研协同创新具有阶段性的特征，在初期阶段，探索产学研的结合方式很重要。通过提高生产力和进行科学技术研发上的合作与创新，可解决工业化和机械工业所面临的问题。从承包、租赁、联合经营到成果转让、委托开发，再到共建研发实体、产业技术联盟，我国协同创新的结合形式由之前的高校、科研机构、企业个体要素独立到如今的协同创新，政产学研四个主体由单个发展向协同合作发展。换句话说，政产学研协同创新不仅推动了我国科学技术的发展，也促进了我国创新型国家的建设步伐。

2.3 政产学研协同创新模式的中国特色发展逻辑

当我国进入经济新常态，经济发展的支撑力的动力模式已经由要素驱动、投资驱动转向创新驱动。我国目前的创新成绩已突破了原有的地域边界和思维界限,现代信息技术的应用加速了知识的转移和信息的传播,技术与知识的跨界融合造就了经济与文化的融合,面对着复杂的、激烈的市场竞争,被循环链、创新链、资金链、人才链"栓"在一起的政府、企业、高校和科研机构之间的协同创新正在高质量发展环境下朝着实现科技创新驱动的目标进一步发展。在未来,要在市场为导向、政府为保障、企业为主体、高校和科研机构为支撑的深度融合的产业技术创新体系基础之上,将更多可为科技创新添把火的"燃料"加入协同大家庭,如民众、教育、创业、国际贸易等方面。

所以,可以畅想未来在我国可能会发展出"政用产学研""政用产学育""政产学研用创"等多元主体参与的协同创新模式。在此,我们认为可以将教育资源、社会人力资源引入政产学研协同创新之中,形成一个以力求科技成果高效转化、实现创新创业创收新业态为目标的政府牵头、社会公众需要、大中小企业实操、高校和科研院担任"智慧大脑",同时将体制化教育融入全过程,提早培养高科技人才的协同创新的新模式。

政府不管是在宏观经济发展还是区域经济发展中都表现出非常重要的引领作用,其中主管教育与科技研发的部门应主动承担起其牵头主导作用,带领各方加强创新协作,并且积极引导建立第三方监督评估服务体系,规范各项服务,发展中国家必须成为与知识产权保护密切相关的创新型国家。"十四五"规划提出,仍然要把重点放在实施创新驱动发展战略和加强知识产权战略上。高校不仅要注意专利申请和授权的数量,还要注意专利的转移。只有有了高质量的专利成果,才可以有效地保护创新成果,实现高校科技成果产业化。加强国家知识产权政策指导,要求高校转让和转化科技成果。近年来,国家知识产权局加强对专利申请的审查,严格控制专利质量检测关卡,并坚决反对在形成高校对专利申请和许可进行排名攀比的不良风气。

企业作为经济活动的最主要的主体之一,能够及时对市场需求作出反应,并且可以通过千变万化的市场需求进行技术和产品的创新活动。因此,必须把企业作为政产学研协同创新的重要参与方,加强多方关于知识和技术的合作和交流,促使企业将创造和拥有自主知识产权作为战略方向,使其可以在产学研合作中发挥主导作用。例如,一些高新技术企业在技术创新主题的制定、技术研发投资和成果产业化方面可以提出独到的见解并且发挥必不可少的作用。在知识产权转化创收的过程中，企业要努力在内部形成有利于科技成果转化和技术转让的知识产权观念的学习氛围，帮助高校和科研机构创建并完善合作的内部驱动机制，必须认识到建立完备的知识产权制度是保护科技成果等无形资产最有效的法律制度，也是科技成果市场化的有力保障。

高等院校和科研机构主要以自身的科研意愿和发展需求为主要方向进行科技研究，科技创新知识、人才和成果储备丰富，其中科研机构具有研究方向专业性、研究技术先进性、专业人才聚集性等特点，能够进行关键技术的研究和突破。未来高校和科研机构在协同创新体系中要起到以下作用：一是培育人才，高校可以着重培养高尖人才，科研机构可以着重发掘专业型人才，为其他参与协同创新的主体提供既有基础技能又有管理才能的人才，这对建设社会主义现代化强国也具有重要作用。二是开展科技创新学习活动，高校需要承担一定的科研任务，帮助解决重大现实问题，或是对于亟须突破的关键科学技术提供可行方案。三是构建智库，高校可以根据自己的技术专利、高端人才、论文等研究成果建立智库，随时为协同创新体系提供高质量建议支撑。四是充当信息传播媒介，高校里有数量可观的学生和老师，能够快速且高效传播新理念、新方式、新技术，加快科技创新知识的更新。

对于用户本身来说，一切具有商业价值的信息或者技术资料信息都可以算作知识产权，包含产品的专利制造技术、产品的版权（图纸、软件）、技术秘密（例如配方）等。他们更在意的是如何将其获得的知识产权进行布局和保护，如何提升其知识产权参与感。

同时还可以建立从早期教育到继续教育的终身教育体系，加快从应试教育向素质教育和创新教育转变，培养一流科技创新人才。引导科研人员潜心科研，把科研成果质量作为考核评价科研人员的核心指标，把科技成果转化的任务主要交给市场和企业。

2.4 本章小结

本章通过梳理创新、协同创新、政产学研协同创新等理论层层递进的发展逻辑，概述政产学研协同创新体系在发达国家的先进经验和国内多年来实现协同创新实践的历史逻辑,以及在此基础上思考出的带有中国特色的政产学研协同创新的未来模式,为我国在经济转向高质量发展背景下实现创新驱动发展战略提供了一定的学习参考和方案借鉴。同时也丰富了习近平总书记创新观的理论应用,使各界人士能更系统化、有逻辑地了解中国特色政产学研协同创新模式。

未来我国的政产学研协同创新网络将进一步协调配置创新资源,搭建创新云平台,继续调整产业结构以便促进产业链和创新链的更好融合,将科技成果真正转化为发展新动能,持续扩充基础服务功能,从而能高效开展更富有创新思想的工作,最终实现政府、企业、高校、科研机构的良好协同合作,为完善国家和地区创新体系,建设创新型国家做出更大的贡献。

第3章 政产学研协同创新的生成机制

自实施政产学研协同创新模式以来，我国的协同创新进程取得了很大的进步，但合作的组织水平和强度仍然不高，运行模式和运作机制也缺乏创新。如今，协同创新被当成一种全新的观念和模式，推动着政产学研合作的深度发展，成为世界各国科技创新的发展趋势。增强政产学研协同创新是实施以创新为导向的发展战略的需要，符合建立国家创新体系的要求。这是优势互补、利益整合、共存的内在要求，也是推动科学、技术和经济密切联合，促进技术创新发展的必要战略措施。分析和探索政产学研协同创新的发展模式和运作机制，对推进我国政产学研协同创新的平稳运行和科学发展具有巨大推动作用。本章首先介绍政产学研协同创新的主体结构；其次探讨政产学研协同创新动力不足倒逼创新网络的形成，在此基础上从内外部分别分析政产学研协同创新网络的形成动因；再次，探讨政产学研协同创新的发展模式，包括基于参与主体的、基于合作程度的、基于创新要素的政产学研协同创新运行模式；最后，分析政产学研协同创新的运作机制，包括动力发展机制、知识转移机制、风险控制机制、利益分配机制、激励保障机制、绩效评价机制，以期为政产学研协同创新的主体结构、形成动因分析、发展模式、运作机制研究提供一定的理论指导。

3.1 政产学研协同创新的主体结构

政产学研协同创新的主体主要包含政府、企业、高校及科研院所、中介机构。政产学研协同创新的主体结构关系如图3-1所示。

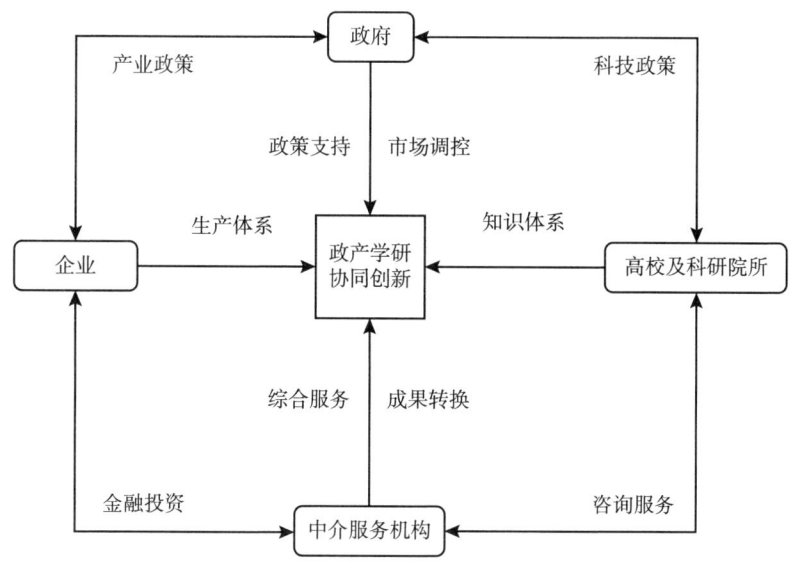

图3-1 政产学研协同创新的主体结构关系

3.1.1 政府是协同创新的动力源

在进行政产学研协同创新时，有必要有一个全面协调的动力源，使用对应的强制性工具、自愿工具和混合工具来控制和确保协作创新活动的平稳开展。毫无疑问，拥有充足资源的政府在协同创新合作中处于促进创新和指导创新的地位，可以在协同创新过程中完善基础设施、优化创新体制，从而发挥指导与协调协同创新的优势。它的具体职能是：第一，制定协同创新的总体计划。政产学研协同创新的过程中，政府有必要了解创新引领发展的时代背景，融合地区的经济、社会发展的现实需求，从而进行地区协同创新发展战略计划的制定。一方面，根据区域经济社会发展的现实需求，制定差异化发展战略规划和切实可行的落实方案，制定促进协同创新的产业政策、税收政策、金融政策和财政政策；另一方面，根据当地经济和社会发展的现状和协同创新的现实障碍，统筹政策的连续性，同时动态调整已经出台的制度。第二，营造高质量的协同创新环境。良好的竞争环境、法律环境和文化环境是政产学研协同创新的重要支持。首先,促进区域创新协调融合发展,地方政府必须努力建立科学合理的市场准入规则,营造公平公正的竞争环境;其次,应坚持完善相关法律制度,努力营造公平的法律环境,尤其是按照《专利法》等相关法律法规加强对知识产权与技术创新的法律保护;最后,努力营造鼓励创新、包容失败、追求卓越的创新环境。营造良好的创新氛围,从而吸引和培育不同的创新主体,尤其是科研机构、高校、企业组织和中介机构,使其积极参与协同创新。第三,建立平台共享创新资源。构建协同创新资源共享平台,既符合"创新、协调、绿色、开放、共享"五大发展理念,也顺应新时代加快推进科技革命和产业改革的趋势。通过构建协同创新资源共享平台,协调现有创新资源,突破各个创新主体之间的贸易瓶颈,激活创新要素活力,完善资源共享机制,从而实现资源利用的帕累托改进。

3.1.2 企业是协同创新的突破口

企业是协同创新的突破口,也是协同创新的最终受益者。多主体协同创新的核心环节是在多主体协同的前提下进行创新。在目前的多主体协同创新理论中,企业、高校和科研机构是重要的创新产出主体,而企业居于关键地位,有以下几点缘由:第一,企业自主创新是最市场化的技术创新。企业需要创造出能够进行制造和生产的成果,满足不同客户的差异化需求,并实现自身的利润最大化。主体的协同创新可以进行优势互补,其中企业的优势是技术的快速商业化、足够的创新资金、生产的场所、市场信息和营销规划。第二,产业创新还发挥着政、学、研的协同创新作用。企业在自主创新的同时,将与高校和科研机构开展技术创新交流与合作。第三,在其他几种协同创新主体中,企业与资本市场的联系最为密切,拥有资本投入和产出便利的优势。因为要以用户为导向,所以行业对科技成果的需求是最迫切、最敏感、最真实的。同时,企业作为沟通政、学、研的重要平台,需要及时准确地将市场需求信息反馈给协同创新系统中的其他创新主体,所以其在协同创新系统中处于核心地位。

3.1.3 高校及科研院所是协同创新的着力点

高校和科研院所是创新的着力点,为产业技术创新活动的开展提供了知识支持。高校和科研院所是国家应用研究和应用基础研究的关键承担者。它们所产生的知识和研究成果,是各种创新活动的前提。所以,高校和科研机构在协同创新中位于基础性地位。高校和科研机构始终肩负着人才培养和科研创新两大重要责任。这两项使命是它们直接或间接创新的表现:首先,高校和科研机构拥有充足的知识资源和硬件设施,能够为社会培养优秀的创新人才,这些人才是国家创新活动的具体进行者;其次,高校和研究机构中规模庞大的高水平科研团队也开展科研等科技创新活动。此外,大学和研究机构的作用还体现为以下几点:第一,高校和科研机构在科研活动中生产成果,在协同创新体系中发挥创新作用;第二,高校和科研机构在培养人才的同时,为整个协同创新体系输出创新人才,间接促进了创新;第三,高校和科研机构为其他创新主体提供咨询服务、参考建议,保证协同创新系统的良好运行。

另外,不可忽视中介机构的作用。中介机构是进行技术创新活动的润滑剂,通过融资、管理、咨询等方式促进协同创新。中介机构的主要作用如下:第一,给予风险分析和金融支持服务。金融服务公司、风险分析与投资公司主要负责为高校、科研机构和企业的各类产学研创新合作项目提供风险分析、评估和资金支持。第二,提供信息咨询和法律咨询服务。信息咨询公司可为高校、科研机构和企业在产学研创新活动中提供相应的政策咨询与分析、创新创业项目规划、法律咨询等服务。第三,提供沟通平台。各行业协会主要负责组织与行业内相关高校、科研机构、企业的沟通,促进产学研的协同创新的合作意向,并开展产学研交流会、产品产销会等活动。

3.2 政产学研协同创新网络的形成动因

政产学研协同创新网络形成的动因分为外部动因和内部动因。影响政产学研协同创新的外部动因主要是能够对政产学研协同创新各主体进行有效驱动的因素,处于协同创新之外的各种动态因素之中。这些因素可以促进政产学研协同创新的发展,发挥协同创新的作用。在内外部动因合力下,产生了政产学研协同创新的产学研协同创新体系,直接动力为内部动因,间接动力为外部动因。内部动因以竞争为优势,适当激发政、产、学、研的创新。通过外部动因对内部动因的不断推动,政产学研协同创新系统的竞争优势得以最终完成。政产学研协同创新网络的形成动因如图3-2所示。

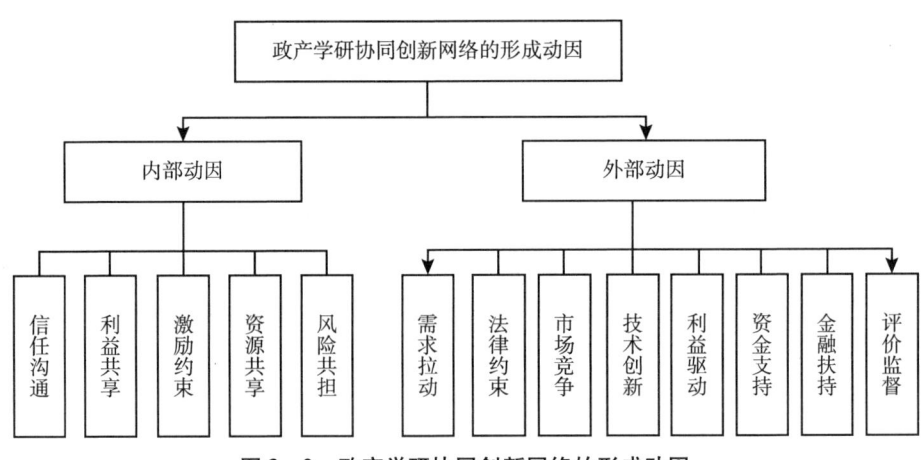

图3-2 政产学研协同创新网络的形成动因

3.2.1 政产学研协同创新动力不足的表现形式

(1)法律法规不健全。

近年来,虽然我国政府陆续出台了一些政产学研协同创新的相关政策法规,但仍不能动态适应实践中政产学研协同创新活动发展形式和要求的变化,还缺少专门针对政产学研协同创新的法律法规。例如,对于政产学研协同创新中有关知识产权和利益分配的规定,虽然在《知识产权法》《专利法》等法规中有涉及,但仍有完善空间。《合同法》等关于政产学研协同创新中也没有明确说明关于合同纠纷等问题的处理措施。对于政产学研协同创新中的主体不止一个,如果缺少专门约束行为的法律法规,各主体间容易在利益分配等方面出现合作障碍。一旦出现矛盾，会导致协同创新的稳定性受到威胁。

（2）政策引导和资金支持不到位。

我国应加快科技相关项目、资金分配对政产学研协同创新的扶持力度，否则会影响到协同创新各方的合作意识。尽管我国在推动新兴产业发展方面已经取得了一定的成功，但相对而言，政府科技计划扶持力度仍需要加强。同时，政府应该考虑是否需要创办支持政产学研协同创新的专项基金，如果资金支持不充足，可能会影响到协同创新的动力。

（3）激励作用不充分。

政产学研协同创新动力的重要影响因素之一是激励作用。我国提高政产学研协同创新效率是为了提高国家自主创新水平，从而使国家拥有更多科技成果产权，但这种方式难以有效激发政产学研协同创新的动力。虽然部分政策明确应奖励政产学研协同创新的科技产出，但是作为促进政产学研协同创新的一种形式，大部分政策法规只是对负责人进行奖励，对科技产出未来可能会出现的利益分配并没有明确的规定，而且这些政策法规相互存在冲突之处，这就加大了对科研人员激励作用的难度。此外，政产学研协同创新组织的内部激励措施也不尽到位，如物质、精神激励不充分等，这会影响协同创新人员参与合作的积极性，致使创新动力不足，进而导致组织创新动力不足，甚至会降低创新效率。

（4）评价机制不健全。

由于政产学研协同创新的主体行业和背景各不相同，其追求的目标也不尽相同，造成协同创新的积极性不高。当前，协同创新需要公平评价参与协同创新过程的主体贡献度，并动态完善评价标准。除此之外，高校教师和科研人员希望发表更多的论文与专著，提高学术水平，为职称评定打基础。而目前的职称评定标准较为陈旧，不够重视科研成果的转换，以学术成果的多少作为评价标准，导致高校教师和科研人员对市场化、实用化的科研项目热情不够，将影响到政产学研协同创新动力。

（5）利益分配机制不完善。

我国高校和科研院所的体制改革较慢，利益分配机制有待完善。尽管国家出台了一些政策法规，但高校和科研院所与企业协同的意愿仍然不强。同时，因为政产学研各方行业不同，追求利益分配的标准不同，在利益分配时可能会出现冲突，如知识产权等问题，这一现象的主要原因是不完善的利益分配机制。

3.2.2 政产学研协同创新的外部动因

外部动因的源头是市场需求，同时市场需求也是科技创新的最终目标。政产学研协同创新的核心竞争力是需求驱动产出。

（1）需求拉动力。

在市场经济下，政产学研协同创新的拉动力为市场需求。市场需求决定了企业的供给，企业只有与协同创新的其他各主体配合，才能产出满足市场需求的产品，如果故步自封就会被动态的市场所淘汰。企业通常会在参与政产学研协同创新前评价市场需求，因为企业的经营活动一定是根据市场情况进行的，当企业的科技水平不能达到生产制造满足市场所需的产品或服务时，与其他各主体进行协同创新变成了技术进步的基础。以市场需求为拉动力，以政府政策为基础，以高校和科研院所提供的科技成果为导向，满足市场对产品和服务的要求，着力关注市场经济发展趋势，完善协同创新机制，建立有效的管理制度。所以，产学研协同创新外部动因之一为需求拉动力，应深入研究市场需求，以提高政产学研协同创新动力。

（2）法律约束力。

利益是政产学研协同创新各主体的共同追求，在进行产学研协同创新时，涉及知识技术产权保护、经济利益分配、科技成果转化等各个方面，可能出现各种利益纠纷，如利益分配、知识产权、科技成果输出等问题。所以，满足各主体利益目标，可以有效减少各利益相关者之间的冲突，从而推动产学研协同创新的有效进展。满足各方利益的有效方法便是制定法律法规，形成对科研成果、知识产权的保障，除了能提高政产学研各方参与协同创新的积极性，还能对各主体形成行为约束，从而增强彼此的信任，提高协同创新效率。

（3）市场竞争力。

竞争是市场经济的基本特征。市场竞争所产生的优胜劣汰促进了市场经济的进行，它促使企业持续发现市场需求，开展技术改革，生产新型成果。企业通过竞争从市场中获得所需的生产要素和经济利益。知识经济背景下，企业间由规模竞争转化为能力竞争，在适者生存的环境下，企业只有加强核心竞争力，才能拥有市场竞争的优势，避免被淘汰。提高市场竞争力的措施之一便为进行技术创新，企业只有在激烈的市场竞争中体现出自身的能力和优势，才能达到利润追求目标，从而推动企业动态创新，所以市场竞争力是企业进行技术创新的有效推动力。市场竞争状态下，因为企业具备的资源种类不足，为了降低相关成本，企业必须关注其他企业掌握的资源信息，同时准确把握市场信息；借助政产学研协同创新平台，协同创新各主体领会技术创新观念，提高科研人员能力素质，互相取长补短，使生产的产品满足市场需求。伴随经济发展，从长远看，企业为获得市场核心竞争力，只有通过政产学研协同创新体系才能发挥自己的独特优势，获得核心竞争力，从而在市场竞争中占据主体地位。为了实现创新性国家的目标，国家有必要考虑通过加强技术创新能力来增强国力，通过加强技术创新来实现科技创新。技术创新可以实现经济的增长和社会的发展，这也是政产学研协同创新体系构成的根本原因。所以市场竞争的根本为技术创新，对企业甚至国家的发展都有着举足轻重的意义，能够激发政产学研协同创新的动力。

（4）技术创新力。

创新是一个民族进步的灵魂与动力。科技成果转化是指科技成果在某一科研项目中进行的后续研究和实验，使其转化为直接应用于生产的实用技术，即技术转化为生产力。随着技术改革的不断深入，对技术供给的标准也随之提高。为了消除由于市场竞争激烈所带来的威胁，技术供给成为技术发展的关键推动力。对于企业的发展而言，企业能否在市场中抢占并保持一个"位置"，需要对自身产品的创新与升级，技术创新是非常重要的。企业拥有市场需求信息收集能力，但科技创新能力不足，而高校和科研院所可以提供先进的科研成果和高水平人才，政府可以提供相应的科技政策支持。当市场需求有一定的探寻空间，政产学研各方便会积极合作，因此技术创新力对政产学研协同创新提供了动力支持。

（5）利益驱动力。

所有组织或个人的行动都会被自身的利益追求所影响，所以可能会出现一些追逐私利的现象，强烈的利益驱动力也促进了协同创新路径的演进。市场主体是追求利益的，所以利益是推动市场主体积极合作的关键环节。利益追求已成为协同创新各主体的主要外在动力。除了是物质利益,利益还包括各种非物质利益,如科技专利和成果所有权等。而且利益也是政产学研协同创新得以长久维持的前提,当同样技术的市场交易成本比科技研发投入费用和各方的协调费用高时,企业便会将费用归于内部的研发费用,而研发机构也就在一定程度上将科技研发外部化。

(6) 资金支持力。

对于政产学研协同创新来说,各主体在协同创新过程中都可能面临一定的风险,不能缺乏资金基础。创新要素的共享和协调是政产学研协同创新的实质,整合高校、企业、政府和其他机构的资源,最大程度上达到创新。实现各主体目标的融合是协同创新效率提高的关键,并实现各主体的利益最大化。技术和资源是在市场竞争中能否取胜的决定性因素,政产学研协同创新是将各个主体的核心力量进行整合并不断提升,更大程度地实现资源共享。为使协同创新朝着正确的方向发展,就需要充分的资金支持,使政产学研协同创新各主体都可以得到更有效的技术支撑,相互补充,打破发展瓶颈,取长补短来激发各要素的效能,并创造协作创新的最高效益。

(7) 金融扶持力。

第一,金融机构要为创新发展提供支持。在我国,银行批准企业申请贷款的标准比较高,贷款利率也不低,所以可能会给企业带来较重的经济负担。如果政府在金融政策上给予相关银行贷款优惠,就可以鼓励商业银行向企业提供中长期低息贷款,为出现资金困难企业实现创新发展提供帮助。这种方式将对促进企业积极寻求和建立协同发展模式起到积极作用。

第二,政府要为创新发展提供政策性支持。我国政府可以学习国外相关科技创新金融问题的经验,针对中小企业建立政策性银行,由公共财政拨款获得资金,向资金不足而又需要技术创新的中小企业给予低息贷款帮助,帮助其解决资金问题,从而使这些企业有与之相匹配的高校、科研院所等合作的动力。

第三,企业要为创新发展投资支持。技术创新需要资金支持,有一定的风险,利用风险投资可以帮助其缓解资金带来的压力。风险投资主要来源于风险投资公司。政府可以利用降低税收负担、增加财政补贴和资金保障等方式,刺激资本流动,调动风险投资者的积极性,建立科学的成果转化机制和风险评估体系,使投资者增强风险意识,增强投资者投资意愿,促进科研成果向实际生产力的转化，实现产学研协同创新。国外的风险投资也是我们可以有效利用的资金来源，我国应利用各种优惠政策吸引国外金融机构在国内设立风险投资机构，利用外资协助促进我国风险型技术企业与政、学、研各方联合建立协同创新组织，开展技术交流、合作与创新。

（8）评价监督力。

在政产学研协同创新进行中，评价监督力可以促进协同创新各主体的合作，使各主体的合作更具稳定性。评价监督协同创新各个主体对科技产出成果的投入与产出，不仅能够保证协同创新组织中各方的利益，而且能保证产学研协同创新的长期平稳的发展趋势。评价和监督是一种特殊的职能，通过评估和监督可以对协同创新组织各方的投入、项目的影响及各方在项目合作中表现出来的能力和科研成果转化过程中所做出的贡献进行科学合理的评估与判定。

要使政产学研协同创新过程不断的有创新动力，就必须以监督力作为保障力量，从而为政产学研协同创新营造科学的发展环境。监督需要依靠法律法规来约束政产学研各方的不当行为，监督人员要遵从监督制度，规范自身在政产学研协同创新模式以及合作框架下所应当承担的责任。

在政产学研协同创新组织形成之前，通过协商方式构建一个公正、科学的监督管理机构，充当监督的角色。监管机构的工作范围较为广泛，联系到政产学研协同创新发展的各个方面，最关键的是各自的工作要具有专业性和独立性。由于中介监督机构的中立性，其参与到项目中进行全程监督，能够及时发现问题并予以纠正，避免冲突，保证组织内部团结紧密协作和高效运转。例如，政产学研合作的初始时期，政府及中介机构能够在各主体签署相关协议的过程中进行监督，并监督各主体是否积极投入协同创新合作，确保协同创新的有效进行。

3.2.3 政产学研协同创新的内部动因

在内部动因方面，寻求利益最大化是政产学研协同创新组织高效运转的根本性动力，其突出作用在所有动力因素中居于主导地位。

（1）信任沟通。

政产学研协同创新是各主体参与共同协作的过程，各主体互相之间的信任程度会影响协同创新能否达到预期目标。尽管政产学研合作过程中的各主体的共同目的是为了开展知识、技术及产品的各方面创新，实现资源优势互补，但由于各主体来自不同企业、不同学校、不同科研院所，具有截然不同的社会文化背景，由于来源的差异性以及复杂性导致它们各自所追求的利益不同，因而实现相互协作必须具备的信任基础不牢固，从而导致参与各方无法进行良好顺畅沟通，为政产学研协同创新埋下隐患。政产学研协同创新要求各方彼此达成良好的信任关系，因为相互信任是沟通与合作的基础，从而产生良好的协同效应。在有限理性的基础上，各协同主体所做出决策的前提都是追求自身利益最大化，例如，企业追求的利益是自身投入所得到的收益；政府考虑市场经济增长情况、是否得到民众的支持；高校与科研院所追求的是科研成果的产出比例，而且，高校也关注人才的输送与培养是否成功。协同作用的意义会被这种利益至上的目标所影响，在体系的演化博弈下，结果表明各主体是否信任会影响协同创新的效果，这就说明信任沟通可以改善利益至上的导向带来的问题。信任沟通对于协同创新的影响主要表现在以下几个方面：第一，信任在所有合作中始终充当着最坚实的基础，良好的信任沟通可以在最大程度上减少和避免在协同创新合作时可能产生的失信行为，科学的信息披露制度可以及时准确地披露各主体信息，从而增加协同创新各主体间的信任。第二，在信任沟通完善的前提下，协同创新的各个主体的合作积极性会有一定程度提高，知识进行转移与融合的效率也就相应提高。第三，信任沟通的完善有助于优化资源和生产要素配置。随着协作的更加深入，政产学研合作模式的利益分配问题会愈加凸显，协同创新各主体加强沟通交流，可以确保政产学研各主体所追求利益能尽可能相融。对各协同主体进行明确的分工将有利于避免协同的需求与功能出现矛盾的可能，一定程度上达到互利共赢。第四，良好的信任沟通也表现为外部环境的稳定与一致性，稳定的外部环境有助于确保创新系统朝着正确方向发展。第五，政府参与也有利于推动政产学研各方沟通力度。政府可担当协同创新组织中各方沟通的组织者与协调者，组织开展一些技术交流研讨会等集体活动，促进协同创新各主体增加彼此的信任度，为政产学研建立起稳定的外部环境和积极融洽的内部团结的良好氛围，实现互信共赢。

(2) 利益共享。

政府、企业、高校和科研院所属于不同的利益主体，它们之所以能够在协同创新方面达成共识形成协同体，根本原因是为了实现各自的利益，在自身组织利益驱动下，各方才有了合作意愿和动力并最终完成项目。政产学研协同创新系统中，政府是非营利性组织，最终目的是为了实现经济社会的健康稳定发展；企业是营利性组织，主要目标是盈利，在经营过程中追求经济利益的最大化；高校是非营利性组织，担负培养高等人才的责任，目的是培养并输送适应经济社会发展需要的社会主义现代化建设的高素质人才，服务经济与社会发展；科研机构工作重点在于理论知识的探究与新型技术的研发，目的在于不断提升研究水平与能力，最终转化为现实生产力造福人类。政产学研协同创新的实质是增加各主体的合作意愿并协调各主体之间的利益关系，这种关系结构是由非线性相互作用形成的。通过共享资源，可以达成主体之间的技术和知识转移，并分别受益。但在差异化的关系结构中，主体间协作创新的优势和价值也有很大的不同。主体之间的异质性和由此产生的冲突会导致协作创新变得困难。所以，协调学科间的利益并激活主体间的协同创新动力是政产学研协同创新体系形成的前提。政产学研协同创新的利益分配是在互利共赢基础上达到资源共享，只有在互利共赢的理念基础上，才能保持政产学研的良好关系，寻求长期的竞争优势。在利益分配过程中存在不合理现象，各个主体就可能偏离共同利益，只考虑自己的利益。为确保整体利益最大化和各方利益最大化，应在有关各方达成共识的基础上建立科学合理的利益分配机制。一方面，必须坚持效率与公平结合。虽然在协同创新体系形成前，政产学研各个主体的实力存在差异，但一旦协同创新体系形成，各主体的地位是平等的，如利益分配的比例等。构建科学的评价体系和贡献度评价指标，以评估每项专题工作、课题研究，并奖励那些做出了很大的贡献和工作效率高的主体，起到激励作用。另一方面，保证风险投入与回报匹配。举例来说，对于高风险的科技公司，其寻求技术创新有不可忽视的风险，因为即便有些技术成果获得了创新，也很难确定是否可以成功地转化为实际生产力并赢得市场，从而获取经济利益。政府投入的主要是相关政策支持，至于各高校和科研院所的合作，其投入主要是智力资源和研究设施，而企业需要投入更多的人力、物力和资金来与协同创新各主体合作，因而企业比其他主体承担的风险压力更大。所以应该在利益分配时，考虑风险补偿，给予承担较多风险的主体更多的补偿，激发政产学研协同创新长期、稳定、健康发展的合作动力。

(3) 激励约束。

政产学研协同创新从宏观层面以及表面上看似乎是各主体间的协作，但从微观视角分析政产学研的实质则不难发现，组织之间的协作最终是落实到各主体成员中独立的个人之间的联系紧密的协作。人是生产力中最活跃、最具创造性的因素，因而有必要采取有效的激励方式以发展各主体内的创新人才，使其发挥优秀的才能，激发成员对协同创新的主动性和热情，提高各主体协作创新的积极性和有效性。一方面，协同创新各主体在满足协同创新的意愿后，需要协商构建一个强大和有效的人才激励约束机制，采取必要的奖励来激励各方成员，并对消极行为采取一定的惩罚措施，以便最大限度地发挥每个成员的积极性和获取人才带来的价值。首先，可以将马斯洛需求理论科学地应用于改善成员的物质生活条件和工作环境，以满足成员的合理需求，让每个成员都有机会展示其才华、成就，强化责任调动他们的积极性；其次，有必要区分各主体成员的期望和需求，提升协作创新主体中每个成员的积极性，并努力引导成员的行为朝着与协作创新目标一致的方向发展；最后，要建立科学合理的奖励与约束制度，坚持奖励与贡献相匹配的原则，认可和奖励优秀成员，并惩罚行为消极的成员，增加奖励或惩罚的公开性和透明度，让每个会员都感到公平。通过加强对个人行为的激励，可以实现政产学研的有效协同创新和稳定发展。另一方面，政策激励也是政产学研系统创新的重要驱动力。通过财政补贴、项目基金等政策可以激发协同创新各主体合作的美好愿景，促使各主体在技术创新、产品研发等方面做出更大的贡献。

(4) 资源共享。

资源共享最重要的意义主要体现在聚集力量办大事方面，能够有效地提高协作效率。建立政产学研协同创新体系的其中一个原因就是实现内部和外部资源的聚集和整合，充分整合各方优势资源，提高协同创新体系的协同创新能力。企业的优势在于掌握最及时和最全面的资讯、市场容量并获得将科学和技术成果转化为现实的机会，企业的资金实力远高于高校和研究院所；各高校和科研院所拥有很强的研发实力和基础科学研究经验，以及大量研究人才，除了可以为企业提供在创新方面的技术知识，还可以为社会培养一批高科技创新人才。

资源共享和优势互补是政产学研协同创新的前提。政府可以为协同创新提供政策支持，但是实际科研能力不足。虽然企业可以掌握最新的市场信息，但有技术需求，且缺乏科研人员和先进的科研设备，导致创新能力低；高校和科研院所虽然拥有理论知识储备、人才储备和技术设备，但对市场需求了解不足，理论转化为产品的能力不足。因此，通过各主体之间的合作，可以实现互利共赢，整合各自资源的优势，提高各主体在相关领域的整体竞争力，实现共同目标。资源共享往往与各方的利益相联系。在资源共享过程中，需要协调各方利益，为政产学研协同创新提供持续、稳定的发展动力。

（5）风险共担。

风险共担是政产学研协同创新模式中一个独特的意识形态概念，也是资源共享的先决条件。风险共担的理念延伸到政产学研协同创新整体协作创新过程，充分体现了各个主体参与共同承担风险的意愿和行为。目前，协同创新模式仍处于探索阶段，还有很多需要改进的地方，存在很多问题和风险。政产学研之间的协作创新风险主要存在于两个方面：组织的内部风险和组织的外部风险。

快速、准确的风险识别和风险控制有助于营造风险共担的协同创新环境，要求政产学研各方能够有效识别风险并愿意共同承担协作过程中所遇到的风险，从而减轻因为主体的单一而带来的在创新过程中所承受的巨大压力。促使各参与主体尽职尽责，并积极采取措施共同应对和降低风险，提高政产学研协同创新能力。

首先，有效的风险共担能够在相当程度上提高政产学研各主体的风险预警和防控观念，增强政产学研各方的凝聚力。一方面，风险分担可以确保协同创新各主体认识到彼此密切合作的必要性，通过合作应对共同的挑战和风险，并积极征求各方的意见，协调好如何开展协作和保持所有各主体协同创新的过程，以及协调好创新后如何分享利益。另一方面，通过风险共担，加强政产学研抵挡外部竞争的压力和市场风险，不仅可以减轻企业独自应对风险挑战的压力，而且可以减少因风险带来的其他开支或损失，从而使企业愿意寻找与之匹配的学研方并与之开展深入合作。

其次，在风险共担的理念指导下，企业也有与政产学研其他主体建立伙伴关系的积极性，在基金的投资合作项目、技术创新方面增加尝试的勇气，投入人力、物力资源和其他生产资料将科学技术成果转化为现实生产力，从而满足各自的利益追求。政府愿意提供政治和资金方面的支持，学术界和研究机构也愿意积极加入合作并投入科研人才力量，提供理论指导和技术支持，并积极共享先进的科研设施和科研场所，为实现协同创新提供最大限度的支持。总之，风险共担为政产学研协同创新网络的形成给予了动力支持。

3.3 政产学研协同创新的发展模式

近年来，随着经济全球化发展以及国家对创新发展的重视力度加大，政产学研协同创新发展成为国内外相关领域学者的重点研究对象，并从不同的角度构建了多元化政产学研协同创新发展模式，丰富了政产学研协同创新发展相关研究理论基础与现实经验。

3.3.1 基于参与主体的政产学研协同创新运行模式

依据政产学研协同创新参与主体可将政产学研协同创新模式划分为政府主导模式、企业主导模式、学研主导模式和联合开发模式。

(1) 政府主导模式。

政府主导模式即政府在政产学研协同创新中居于主导地位。相关政府以国家政治发展背景为指引，立足于经济社会发展需要，充分发挥政府宏观调控职能，为政产学研协同创新发展提供政策指引与资金支撑，同时鼓励企业、学研机构协同参与。依据相关研究成果，可将政府主导型政产学研协同创新模式划分为政府指令型与政府推动型。

政府指令型模式在计划经济时代的中国和苏联以及部分东欧国家较多采用，我国采用这种模式主要是基于当时特殊的国情，是为了在短时间内建成完备的工业生产体系，提高工业生产能力。此模式具有浓重的计划与政治特色，是国家强制指令的产物，主要应用于与国家战略安全有关的相关技术领域。在政府推动型模式下，政府扮演着推动产、学、研相关行为主体相互合作的角色,保证协同创新组织有序、协调发展。但政府并不会过度干涉协同创新中的详细情况与进展,只是为项目研究和发展把握大方向,从而保证项目的进展既符合国家发展需求的大方向,又能够有效避免相关行为主体为追求暂时性利益而忽视国家经济社会的长久发展,因此这些模式通常都具有起点高、综合性强、跨专业、跨领域等特点。但是,如果不能有效发挥这一模式的优点,也会在一定程度上造成资源的浪费,因为整个政产学研协同创新项目的进行由政府主导,参与人员在降低成本方面的意识就可能有所欠缺;同时,以政府为主导推进的协同创新项目虽然与国家战略发展目标相贴合,但是由于很多都是公共物品,公益性质较强,导致经济效益较低;最后,如何保持政产学研协同创新的协同性与一致性也是在应用这一模式时需要思考的关键问题,从相关支持资金的立项审批与派发再到结项后对项目成果的评审方面依然存在较多的管理缺陷,在资金使用过程也存在着资金被挪为他用的风险。

(2) 企业主导模式。

企业因拥有雄厚的资金以及先进的技术设备,同时也是吸纳人才的重要归宿,成为政产学研协同创新模式中的关键推动力量,企业在政产学研协同创新模式中占主导地位、掌握主动权的称之为企业主导模式。

企业在政产学研协同创新中占据主导地位,首先可以有效提高企业合作创新意识与协同创新能力,提高新技术与新产品的数量与质量,与此同时,企业在协同创新中始终牢牢占据着绝对的资金优势,能够自主决策资金的使用。其次,企业在政产学研协同创新中占据主导地位,也在一定程度上有利于企业更好地实现科技研发活动与经济利益创造活动的结合,但同时也要承担因此产生的研发费用与科研成果风险。再次,在企业主导的政产学研协同创新模式中,企业与学研机构以委托开发、合作开发、共建研究机构等不同形式开展合作,学研机构必须基于企业发展的需要,根据企业制定的研发内容与形式开展项目计划并实施研发,在此过程中,企业一直处于主导地位且不易受政府干扰。此种协同创新模式可以将企业需求与学研机构研发活动紧密结合,企业的资金能够真正用到实处,学研机构的人才优势与研发能力也可以得到充分发挥,同时能够极大地增强企业的创新性与竞争力。此外,企业是市场的主体,了解最真实的市场需求,能够快速地把握市场动向,因而企业主导的协同创新模式下开发出的新产品将更加符合市场需求,能够快速适应市场经济发展状况。最后,学研机构的师生能够在协同创新合作中锻炼自身理论研究与实践能力,并且获得相应的报酬,实现三方共赢的理想局面。

(3) 学研主导模式。

学研主导模式一般也称为高校主导模式,即学研机构在政产学研协同创新中,充分利用自身的技术及科研优势,通过与其他机构开展深入合作成立研发机构,将技术专利、科研成果出售或转让给企业,从而提升自身科研创新能力。

学研机构在人才培养与科研能力方面的绝对优势决定了其研发活动的方向与效率,并且保障在政产学研协同创新活动中始终占据着主导地位。在一定程度上,学研主导模式呈现出全面性、系统性的特点,通过全面分析作为协同创新中行为主体的企业与学研机构之间的合作创新与分工协作关系,构建一个符合时代潮流与社会发展需要的政产学研协同创新新型模式,从而进一步深化政产学研行为主体间存在的合作创新关系。在学研主导模式中,学研机构在协同创新中居于核心地位,扮演着科研知识的转化者与科技成果的创造者角色。在这一过程中,企业运用自身在市场中的主体作用将学研机构的科技成果转化为现实生产力并与市场相对接。与此同时,相关政府单位为学研机构提供科技研发所需要的资金支持和政策性鼓励。对于学研主导型模式来说,目前在生活中比较常见的有大学科技园、校办企业、高新技术孵化器等形式。对于科研机构来说,其建立的方式是多样的,既有政府设立的,也有企业建立的,还有法人建立的。这种以高校和科研机构为主导的模式的特点,就是从基础性研究到应用性研究、从应用研究到开发研究和科技成果商品化都是大学或科研院所在技术研发活动中发挥主导作用,因此为避免研究成果与市场脱节,给协同创新其他行为主体带来资源浪费与经济损失,这种模式对主导单位在科技研发、生产销售、协调科研活动与生产活动方面的能力具有较高的要求。同时,学研主导模式的研究开发经费通常来自中央财政和地方财政中给予学研机构专门的教育经费支持,极为有限,因此极易出现相关研发活动因不能及时得到甚至得不到资金支持而延误研发进程。

(4) 联合开发模式。

联合开发模式是政府、企业、学研机构三方主体为了达到预定目标,共同参与技术研发、生产经营、组织管理活动,各行为主体充分发挥自身优势、互相取长补短、分工协作从而形成的一种创新型模式。

在联合开发模式中,三方参与主体处于同等地位,没有绝对的领导者与主导者,也不存在服从关系。相关主体根据联合签署的合同或协议规定各自的权利与义务,协同推动技术创新与产品研发以及市场开发,最终实现风险共担、利益共享,此时需要引入中介机构以推进不同参与主体间的交流与合作。由于不同参与主体的组织机制与生产形式存在一定差异,可将联合模式进一步细分为项目联合开发模式和联合研发中心模式。项目联合开发模式是指高校、科研院所一同承担企业的技术创新、难题攻关等任务,并且与企业联合共同研究新项目、新产品。联合研发中心模式是指企业、高校、科研院所联合设立相对独立的技术和产品研发中心,然后通过联合开发、试验,不断将最新的技术和成果输送到产业界,使科技成果迅速转化为产品和生产力。

3.3.2 基于合作程度的政产学研协同创新运行模式

按照政产学研创新协同合作程度可将协同创新模式划分为技术转让模式、委托研究模式、联合攻关模式、共建基地模式等。

(1) 技术转让模式。

技术转让模式是一种基于法律规定的经济行为,在此模式中政产学研相关主体在共同研讨创新成果市场前景、经济社会效益以及预计风险的前提下,通过协商讨论达成一致,将自身所拥有的专利实施、研发模式、技能许可等部分无形资产的使用权出让。

技术转让模式具有以下特点:第一,学研机构向企业转让相关专利技术与研发模式,企业作为受让方接受技术转让并向学研方支付技术出让费。学研方对外转让的技术主要是科研中下游的应用性研究成果。第二,学研方对企业方转让的相关技术必须是经过多重测度后的相对比较成熟的技术,这同时也对企业的生产条件与技术条件提出了较高的要求,以保证企业在接受学研机构的技术转让后能在最短的时间内进行生产活动。第三,学研方向企业转让技术不是"一锤子买卖",学校和研究机构在将技术转让给企业之后还有义务帮助企业将技术产品化,形成生产能力,进而真正实现技术从科研领域向生产领域的转移,这也是政产学研协同创新模式所要达成的目的和初衷。第四,合作双方必须签订详尽细致的技术转让协议和专项技术合同,对合作双方的权利、义务加以约束和保障。第四,技术转让模式操作十分简便,是一种松散型的短期合作模式。

(2) 委托研究模式。

委托研究模式即委托方自愿承担一定风险,将自身发展所需要的新产品、新技术、新工艺、新材料等研发项目和任务以课题项目的形式委托给受托方进行研究的一种模式。

随着市场竞争压力的加大和居民消费需求层次的多元化,企业对新技术的需求层次也越来越高,同时由于企业内部缺乏成熟的技术手段与研发型人才等原因,委托研究开发这一模式逐渐进入生产者的视野,并得到企业尤其是广大中小企业的关注,其在应用过程中的具体表现形式也日益多样化。例如,部分企业在生产中遇到困难后会采取项目招标的方式委托学研机构进行研究开发;有些大中型企业将工程项目开发、引进设备的消化吸收和再创新等任务,委托给学研方承担。

委托研究协同创新模式的特点主要表现为:第一,部分科技型中小企业由于科技研发实力较为薄弱提出了相关技术要求,委托学研机构进行技术研究与开发,最终产权归企业所有或依照合同约定。第二,最终研究成果的所有者和受益者是委托方,因此在技术研发过程中应当由其为学研机构提供研究所需要的资金支持并对研究过程中产生的风险负责,而受托方则要充分利用自身人才资源与科研资源进行项目研究与开发,当然,企业在此过程中也应承担协助学研机构进行研发的义务。第三,合作双方通常采用签订合约的方式来规范双方行为并确定各自的职责范围,确保合作过程中权责分明,各司其职,避免利益纠纷的产生。

(3) 联合攻关模式。

联合攻关模式即政产学研各行为主体针对企业在创新发展中所面临的技术难题分别派出一定数量的科研人员与技术人员,通过充分利用自身的优势,实现优势互补,从而寻找行之有效的解决方案。

协同攻关模式的特点主要体现在以下几个方面:第一,这种模式的运用可以是由企业自发组织的行为,也可以是在国家或各地政府的带头作用下共同组织的大范围联合攻关活动。例如,《国家中长期科学技术发展规划纲要(2006—2020

年)》中筛选确立的十六个重大科技计划专项,大部分是运用政产学研联合攻关模式实施的。第二,该模式多以联合攻关多项科研课题或项目为纽带,以三方成员组成的协作团队为载体,以解决企业所面临的技术性难题为目标,充分发挥各方技术优势进行联合攻关。例如,两江新区围绕新能源和智能网联汽车、新型显示、工业互联网、生物医药、新材料等重点领域,加快构建八大产业创新联合体,支持领军企业联合高校、科研院所、行业上下游组建产业创新联合体,政产学研联动开展关键核心技术攻关,共同承担国家重大科技项目,推动产业链上中下游、大中小企业融通创新,并取得了显著成果。第三,联合攻关模式主要是为了解决企业新技术不足的问题,企业是最大的受益者,因此企业参与协同创新的积极性和热情较高,项目的风险性也就在一定程度上降低。第四,创新团队是一个临时性组织,项目结束或者技术性难题被攻克之后就立即解散。

(4) 共建基地模式。

共建基地模式即政府、企业、学研机构三方行为主体相互合作,并根据一定的比例投入人力、财力、物力等必要资源,协同搭建联合实验室、工程技术中心、联合科研机构等研发基地,主要形式有共建研究院与共建研究开发中心。

共建研究院是指政产学研行为主体为有效推动企业开展具有行业前瞻性、竞争性的技术研发工作以及高新技术产品开发,由企业为项目研发提供相应的资金,学研方为项目研发提供人才和技术支撑,共同建立研究院。例如,2021年,河钢集团与哈尔滨工业大学共建"河钢—哈工大"新兴产业研究院,全面打造集联合实验室、产教融合与学生实训基地、工程试验工厂、技术转移中心、高新技术企业孵化器等为一体的联合创新平台。双方不断深化校企合作,充分发挥各自优势,携手打造工业技术创新高地。

共建研究开发中心一般是由国家出资、依托学研机构的研发资源与潜力,并联合企业而共同建立的政产学研协同创新基地,同时也是进行科技研发、成果转化的重要载体。共建研究中心通过工程化研究开发、关键技术攻关、系统集成和工业示范等一系列活动,最终编织起产业与研究之间的"纽带",有效推动研究成果向现实生产力的快速转化,在培育和强化我国产业自主创新能力以及核心竞争力方面,发挥了至关重要的作用。

共建基地模式的特点体现在以下几个方面：第一，共建基地模式是以培育各方协同创新能力为宗旨的，并非为了谋求超额经济利益。第二，共建基地模式中的各方地位是平等的，彼此之间有着紧密的合作关系，依托彼此间的信任与契约关系作为共同合作的基础，研发成果归属、利益分配、风险承担都必须严格按照合作最初共同签订的合同或协议来分配。第三，通过共同研发，能够加速科技成果产业化的进程。

3.3.3　基于创新要素的政产学研协同创新运行模式

协同创新要素是进行创新活动的基础支撑与必备条件，是协同创新过程中所必需的人、财、物、信息等资源禀赋条件。其中，"人"是协同创新的主导者，在协同创新活动中居于主体地位。"财"是协同创新的必备资金条件，为协同创新活动提供财力保障。"物"是协同创新的基础设施支撑，包括生产及试验设备、场所、交通、通信和网络等，为协同创新活动提供基础要素。信息是协同创新过程中各种资源的黏合剂，是各主体要素间进行有效沟通的桥梁，协同创新多方行为主体通过信息的相互传递与交流维持协同网络的整体秩序。

基于政产学研协同的主要要素，将政产学研协同运行模式分为三类：基于技术研发的共建实验室协同模式、基于人才培养的政产学研协同模式、基于共建实体的政产学研协同模式及资源共享的政产学研协同模式。

（1）基于技术研发的共建实验室协同模式。

基于技术研发的共建的实验室协同模式是指企业和高校或者科研院所发挥各自优势，联合成立研究实验室，以共同进行项目研发的一种运行模式。高校拥有雄厚的人才储备基础学科可以覆盖几乎全领域的项目需求，企业则具有充足的资金和物资设备保障，满足科研项目的需要。在研究实验室成立后，一方面，可以依据自身需求进行科研项目研究，另一方面也可以承担政府给予的科研课题任务。对企业来说，无论是自身研发新产品以获得核心竞争力，最终获取经济利润，还是承担政府课题，来提升企业自身研发水平，对企业都具有重大意义。对大学或者科研院所而言，其参与技术共建的初衷并不是获取经济利益，而是自身科研水平的进步以及基础学科的发展。因此不论是来自实验室自身还是政府课题，对于高校科研水平的进步都具有重要推动意义。

而政府作为聚集了社会公共资源的一个要素，在整个技术共建的生态链系统中，扮演着宏观调控者的角色。政府需要对参与研发的高校和企业提供资金支持和给予税收优惠，同时也获取部分税收收入。这部分获取的公共收入，可作为政府转移支出的一部分，反哺技术共建政产学研系统，以形成良好的系统循环，如图3-3所示。

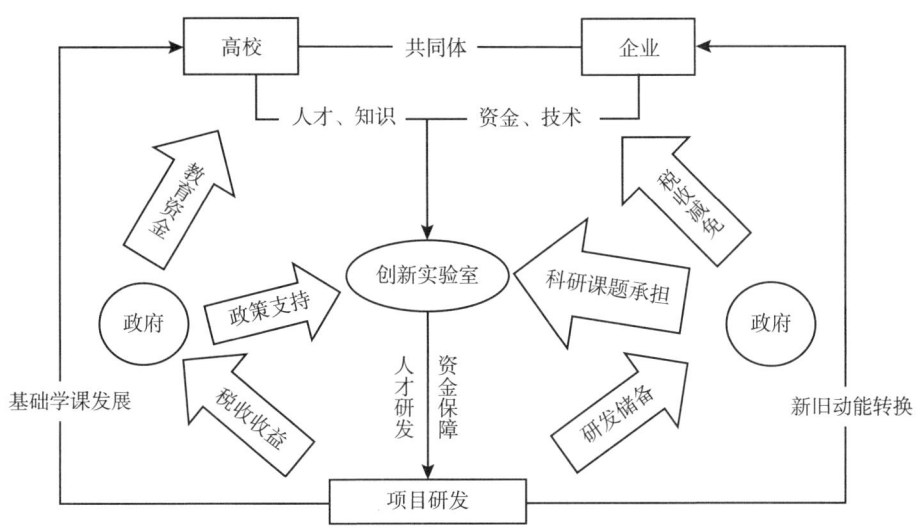

图3-3 基于技术研发的共建实验室协同模式

（2）基于人才培养的政产学研协同模式。

基于人才培养的政产学研协同模式是指各相关主体为培养创新创业人才，通过资源共享与技术共建，为人才培养提供人才创新政策环境、人才培养资金支撑、人才创新发展平台，使人才资源在创新环境中充分流转应用。

创新创业人才是指具有创新能力、创新意愿与创新精神的，并且可以在创新创业活动中取得相应成果的创新型人才。创新创业人才主要分为学术型人才与技能型人才。学术型人才侧重对于理论知识的研究与解释，技能型人才更侧重对于理论知识的应用与具体实践。不同主体单位、职位类别对于不同类型的人才需求不同，因人设岗、因需培训是人才培养政产学研协同模式的关键。

政产学研结合的教育模式最早由美国提出。政产学研结合，即指在高等院校、产业界及研究所之间的合作。在政产学研结合中，基础性的理论研究主要由各个高等院校和研究机构来承担，而企业主要负责配合研究工作并提供技术支持。通过三方的沟通协作、利益共享、风险共担，可以实现优质资源的发掘利用和生产要素的高效应用。学校和企业双方签订用人及人才培养协议。大学与企业需要创新与丰富合作方式。大学利用创新创业基地和自身的科研优势，把研究成果运用到生产管理中，将科研价值转移到产品中，最终实现成果的变现与转化。在这个过程中学校根据企业的需要安排合适的人才去企业工作并签订用人及人才培养协议。另外，高校和企业可以互派人员相互指导，提高研究的科学性与专业性。

在以人才培育为核心的政产学研协同发展模式中，高校通过与企业签署战略协议，委托企业参与高校人才的培养。在这个战略协议中，高校负责基础学科及知识的教育活动，而企业负责社会实践的教学。与此同时，高校与政府建立合作关系，为政府培养政府服务型改革中急缺的服务型和创新型人才。在研究系统内部，高校与科研院所也时常进行人才资源的交流与互动。这些人才最终将各自服务于企业生产研发以及政府管理。在宏观上影响着政府与市场的关系调控，如图3-4所示。

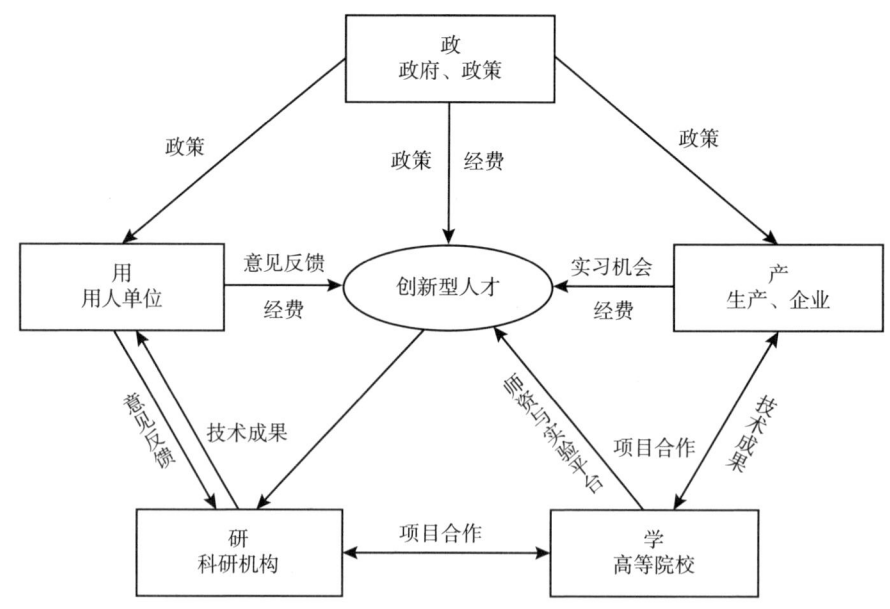

图3-4　基于人才培养的政产学研协同模式

(3) 共建实体政产学研协同模式。

共建实体模式即以资金或技术作为主体间协同的桥梁,政产学研各方行为主体协同合作、通过入股的方式一起分担风险、组建技术研发实体,这为政产学研协同创新模式进行了更为细致的分类,为各省市构建适合当地社会发展现状的政产学研协同创新模式提供了理论依据与现实参考。在现实应用层面主要表现为内部实体模式和外部实体模式。

政产学研协同创新的内部实体模式是指高等学校或大型科研院所自主创办或与社会企业联合创办高新技术型企业,实行政产学研一体化,从而实现科技成果的快速转化的协同创新模式。内部实体模式的基本特征是依托高校或者大型科研院所的人才和研发资源优势,通过提供专门技术、充足资金,以及经营场所等条件兴办科技创新型企业,或以各项技术成果作为资本入股、吸引民间资本进行投资,成立股份制科技创新型企业。

政产学研协同创新的外部实体模式是指政产学研各主体共同出资或以专利技术作价入股的形式,组建法人经济实体,共同参与新技术、新产品开发的协同创新方式。外部实体模式主要有两种表现形式:一是协同经营型。协同经营型即政产学研参与主体充分利用自身的人才、资金、信息、技术等方面长期积累的优势资源,然后以有限责任公司的形式运行。二是技术入股型。技术入股型就是高校与研究院将自己的科研成果资金化,向相关企业投资入股,参与企业的产品研发、生产经营过程。企业向其提供相应的资金、设备等,并参与产品研发和技术创新。

共建实体协同创新模式的特点主要表现在以下四个方面:第一,共建实体模式是以依法成立的公司法人作为载体,并且自负盈亏、共同承担技术研发与生产经营方面的风险。第二,法人实体以技术和经济利益为纽带,把政产学研协同创新模式中的各方联结成紧密的利益共同体。第三,实体内部的研发、生产、销售等各环节环环相扣、紧密衔接,因此,科研成果能够快速地从实验室向企业转移。第四,该模式必须对各行为主体投入的有形资产和无形资产进行评估,确保各方所提供资产具有真实性,进而有效规避实体运作过程中可能出现的风险。

(4) 资源共享政产学研协同模式。

在这种政产学研协同模式中,企业、政府、高校、科研院所形成一个环环相扣的生态闭环。企业与高校通过人才与技术、资金与设备的相互交流，建立坚实的互信机制；企业与政府通过政策支持，建立资源的汇聚机制；政府通过对研究结果的归纳，实现产业水平的整体提高，建立延伸机制；产业与高校之间，产业为高校的研发活动提供平台，建立平台机制。在这个系统中的每个要素都与其他要素息息相关，每个机制的建立都在巩固和加强政产学研联盟的稳固程度。2020年，河北省科学院通过联合国内外有志于区块链发展的高等院校、科研机构、企事业单位、团体、协会等组织，共同构建致力于区块链技术创新和产业发展的交流、共享平台，吸引整合各方资源，深入研究探索符合河北省发展特点的区块链发展路线和实施方案，成立河北省区块链联盟。目前，该联盟包括17个专委会，涵盖区块链理论、区块链生态、区块链与新基建、跨链与数据流通、加密与安全、区块链与金融研究、文化与旅游、区块链与法律、底层技术与标准等方面，为联盟发展提供技术、场景、投资、人才、法律服务、战略咨询、发展经验、基建设施等全方位的合作机会和支持。该联盟以"加强产学研用合作，共同推进区块链发展"为理念，致力于推进区块链在经济建设和社会治理中的应用深度，开展多样化、多层次的技术合作与交流，为河北省区块链发展提供决策咨询、技术支撑、人才资源、融资渠道以及应用示范，成为河北发展区块链的政策智囊、技术中坚以及应用推广主力军。

3.4 政产学研协同创新的运作机制

政产学研协同创新的运行机制，即在政产学研合作中影响其协同创新活动各因素的结构、功能、相互关系、作用原理和运行方式等的总和。

3.4.1 政产学研协同创新动力发展机制

政产学研协同创新动力发展机制即创新主体依据创新驱动力对创新过程产生的驱动力，是推动政产学研协同发展的关键动力结合机制。

以市场经济动力为例，追求利益形成的条件则与市场经济紧密相关。形成市场经济动力的根源是以经济利益为基础,因此,经济产生的利益则为市场经济的原力,同时也是市场经济运行机制的中心部分。政产学研相关行为主体在内部动力因素驱动与外部刺激因素拉动的双重作用下积极探寻协作创新的战略机遇与战略同盟,进行协同创新。利益是所有活动的前提,政产学研协同创新的内部动力因素主要是为了获得利益,这里的利益不只代表经济利益,还包括信任沟通、利益分配、激励约束、资源共享、风险共担,促进创新效率的提高,加快创新成果的转化和获取更好的发展条件以及市场机遇等。外部动力因素表现为政策环境的激励,主要包括法规约束、政策导向、金融扶持、评估监督、中介服务等。内、外部驱动机制相互作用、互相依存,共同促进政产学研协同创新达到长期、有序的运行状态,如图3-5所示。

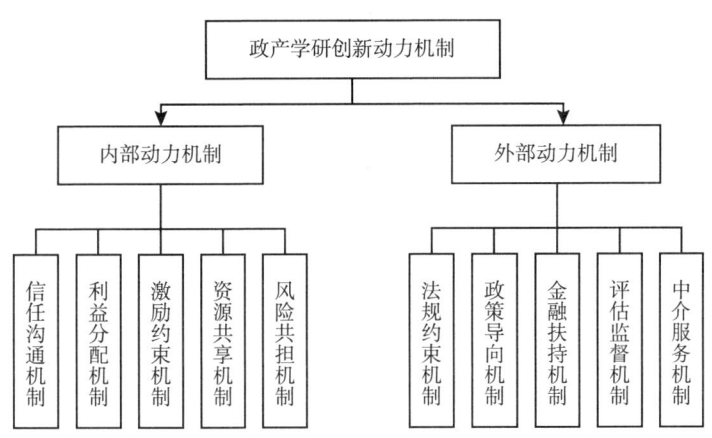

图3-5 政产学研协同创新动力机制

3.4.2 政产学研协同创新知识转移机制

(1)政产学研协同创新知识转移机制的形成原理。

政产学研协同创新知识转移即相关知识在各类主体间吸收、扩散、传递、创新、应用,并最终对接到产业部门形成新产品的过程。知识包括显性知识和隐性知识。前者利用文字、数字、报告等规范形式来传递;后者通过个人的表达来意会,难以共享和具体化。政产学研各方所拥有的知识在数量、质量和组成结构上都存在显著差异,有天然地从知识丰富点(高位)往贫乏点(低位)转移的自然推动力。高等学校和企业既可以提供知识也可以接受知识,通过这种知识的转移机制,使知识获得传播、交互、增值的放大效应,如图3-6所示。

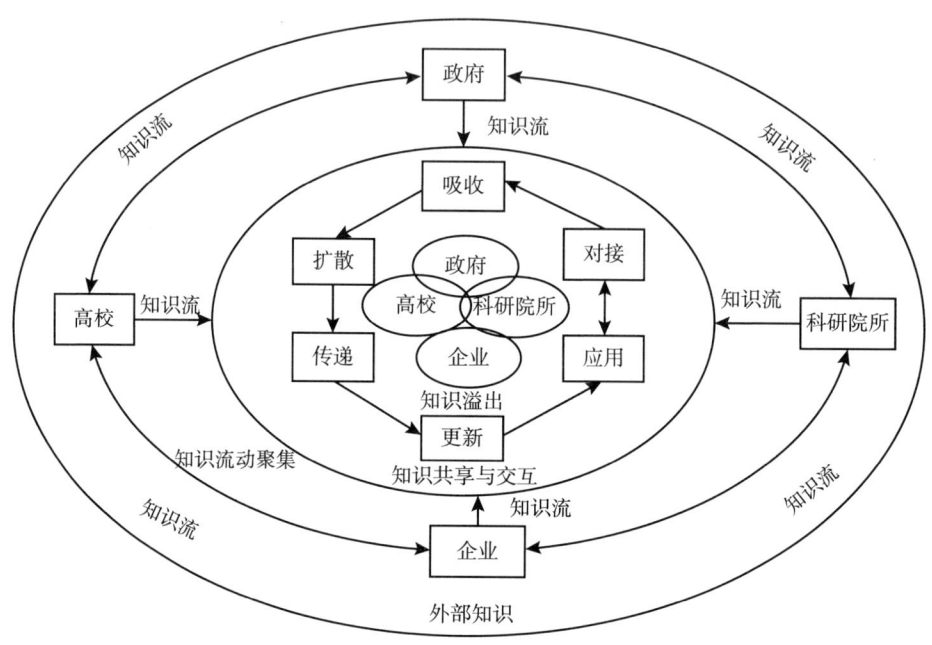

图3-6 政产学研协同创新知识转移机制

(2) 天津市以协同创新打造空天联盟众创高地。

天津是全国唯一同时集聚航空总装和航天总装的城市,据初步统计,天津市航空航天制造企业共194家,其中124家位于东丽区,天津滨海国际机场、空客总装厂、中国民航大学等龙头企业和院校均集聚于此,形成了"临空经济+航空制造+科技创新+人才培养"的完整生态,是承接天津市空天发展重要使命的关键区域。在收官"十三五"、迈进"十四五"的历史节点,天津市以空天联盟为枢纽,构建以人才团队为核心,以政府、新型空天研发机构和新型空天企业为合作支撑的产业创新发展架构,使得天津市东丽区成为提升原始创新策源能力和产业发展能级、填平科技成果转化"死亡谷"的改革试验先锋区。

大学科技园要充分发挥集聚和枢纽作用,发挥创新联盟空间载体作用,建立孵化器、加速器、知识产权运营中心、概念展示中心,将技术、资本、信息、管理综合起来，强化成果转化与企业孵化。要建立国家拥有、大学托管的国家战略科技力量，吸纳多种资源建立新型研发机构，推动科技成果的进一步转化。

政府要发挥引导作用，做好战略规划，发布空天科技创新引领计划，牵引全国的基础研究机构、联盟企业包括国外的基础研究机构和国际专家以及金融资本，围绕未来引领技术开展研究，汇聚全球智力资源为空天强国目标服务，共同打造空天领域的高峰。由政府设立创新发展基金，将高校的存量和民航"十四五"规划研究发展的增量进行技术升级和转化，将民航领域的四强空管、四型机场、自主化国际规章和智能网联无人运输系统等在联盟框架下在天津打造"科技珠峰"，引领国内空天产业的升级。在各类科技计划中设立基础研究成果转化专用项目，做好与基础研究的衔接，形成专项计划的放大效应，通过政府的"手"对整个空天产业的布局产生重大影响和发挥核心作用。

企业设立揭榜挂帅的牵引基金，把国家投资产出的重要成果通过牵引基金释放出来，达到四两拨千斤的效应，这就是企业的"手"。以空天联盟为枢纽，使政府、企业、高校、院所发生碰撞，产生"核爆"效应，形成国家空天产业发展的战略科技力量。校企联合建设产学联合体和国家创新平台，推动解决科技、经济"两张皮"问题，强化政产学研紧密融合，构建科技成果孕育、转化、应用的全链条机制，支撑关键技术突破和型号研制。通过军民融合、政产学研协同，空天联盟将持续汇聚一流人才、作出一流贡献，全力支撑区域航空航天产业转型升级，加快建设先进制造研发基地，形成可复制、可推广的政产学研用一体化经验，让联盟"有位"更"有为"，助力中国空天产业立足国内，走向世界。

空天联盟成立以来，各方对联盟框架下的空天创新态势充满期待。中国民航大学将持续发挥行业旗舰高校的先导作用，强化创新合作网络，丰富产业生态链，拓展产业发展空间，搭建科技成果展示交易平台，打造技术经济联盟优质品牌，促进航空航天产业根深天津、盛放全球。

3.4.3 政产学研协同创新风险控制机制

(1) 政产学研协同创新风险因素体系。

政产学研协同创新风险因素是在协同创新过程中造成风险事故的潜在原

因，是造成损失的直接或间接原因。依据性质不同，风险因素可分为物质风险因素和人为风险因素。

①物质风险因素。

物质风险因素是指除了人为风险因素之外的引起风险事故发生的因素。物质风险种类多、影响范围广、可控性低。在政产学研协同创新中，大部分风险是由物质风险因素引起的，造成的风险损失大，成为协同创新过程中应主要关注的内容。在政产学研协同创新中物质风险因素会导致管理风险、资金风险、技术风险、市场风险、利益风险。

管理风险：管理是指在政产学研协同创新过程中，相关主体计划、组织、领导、协调、控制等相关活动，是保证政产学研有序协同创新发展的必要条件，是确保各级主体间资源、人力、信息有序流动的关键环节。因此加强政产学研协同创新管理是保证协同创新成果的关键。在政产学研协同创新中管理不仅包括对各主体间的整体管理与自身管理，还包括以某一具体合作项目为主的项目管理。如若不能有序组织、协调好各主体间的资源、人力、信息等相关因素，就不能创造出优秀的技术成果，更不能使成果在市场中流转，产生投资回报。

资金风险：政产学研协同创新体系中的资金来源广泛，企业、政府、金融机构均可以为其提供资金支持，资金来源不同，资金使用评价标准也不同。对于企业而言，它们更加关注其自身发展状况与产业创新水平，更希望投入的资金用于自身产品创新；而对于政府而言，更加注重社会整体经济发展水平的提升与社会公益项目的投入与发展，因此会导致部分企业得不到政府资金支持而发展缓慢，而得到政府资金支持的企业的创新水平与成果转化可能达不到政府的预期，同时还会造成部分企业、院校与研究所将政府资金用于其他项目发展，资金被挪用，达不到政府公共服务预期，这与协同发展是相悖的；对于金融机构而言，会更加注重资金投入的回报率，但是由于政府的介入，政府的担保贷款会对金融机构的风险性投资决策产生影响，如果研究项目失败，会给金融机构造成巨大损失，导致金融机构降低投资支持。

技术风险：技术应用是政产学研协同创新体系中的中坚力量，研发水平、行为主体各方技能的差异和技术的不稳定性都将会直接推动技术风险的产生。关键技术生硬、缺少辅佐技能以及技术手段日新月异在很大程度上都将导致创新中止。同时,研究过程中技术是否可行以及生产过程中过分追求工艺的精确性之间的差别,也可能会导致技术成果转化失败。

市场风险:在市场经济体制下,市场资源的配置、产品的供需都遵从"看不见的手"的原则,难以预测。在政产学研协同创新体系中,各行为主体都以市场需求为导向,如若不能精准预测市场需求,研发出来的产品将难以在激烈的市场竞争中脱颖而出。在产品推广营销过程中,一旦产品无法紧跟市场发展需要,不能博取用户的眼球,得不到用户的青睐,产品市场占有率达不到预期目标,就可能导致投资回报率低下甚至没有回报,研发过程中所消耗的人力、物力、财力资源都将付诸东流,入不敷出。

利益风险:在政产学研协同创新体系中,产生的利益包括荣誉、知识产权和经济收益。对于一项研发成果,是否能成功转化为利益是检验研发效果的关键指标。荣誉在高等院校和研究院所之间如何分配,知识产权归企业还是高等院校或研究院所,经济利益如何在各方主体间分配等,都直接影响到合作的效果,及再次合作的可能性。如果利益获得不稳定,分配不公平,会很大程度地阻碍创新体系的发展,甚至破坏创新体系的存在。

②人为风险因素。

人是协同创新中最主要的因素,人的能动性是影响协同创新成果的关键因素。同时能动性也提高了协同创新中风险性的产生与发展。人为风险因素可分为道德风险因素和心理风险因素两种,如图3-7所示。

道德风险因素是指相关主体由于过分关注自身利益而忽视公共利益等原因故意造成风险。在政产学研协同创新过程中,主要是由于相关主体间信息不对称造成的信用风险。信息不对称是指合作双方在共事过程中,由于双方所拥有的信息不是完全对等的,导致拥有信息较多的一方会利用自身信息地位优势为实现自身利益最大化而损害对方利益,造成合作信用风险。因此,相关企业为了获得政府资金支持,会违背协议约定,生产不同于协议约定的产品;学研机构为了获取政府资金政策的支持,会在申报期申报超出能力范围之外的项目,而最终无法完成项目成果,降低创新效率;金融机构由于对项目详细情况以及预期成果了解甚少,导致错误投资等。道德风险因素主要存在于政产学研三方,政府和金融机构处于信息相对弱势的地位。

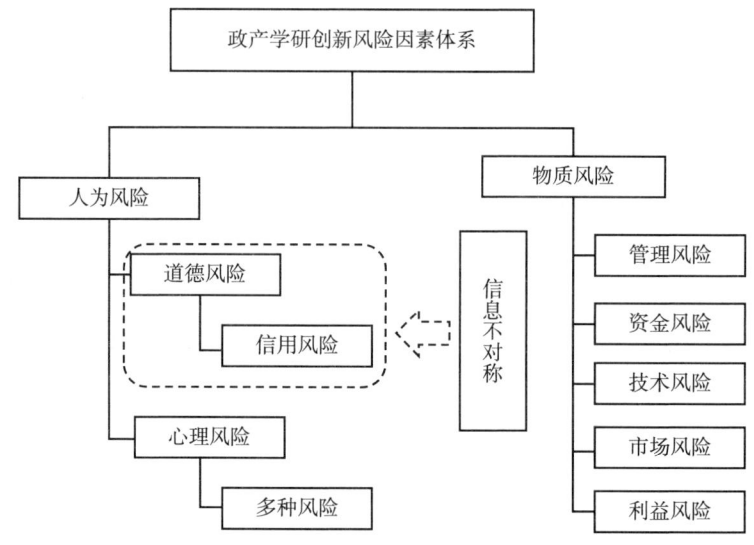

图3-7 政产学研协同创新风险因素体系

心理风险因素是指相关主体因为感受到保险措施的保护,产生依赖保险手段而存在侥幸心理忽视自我保护,最终由于自身过失而造成的风险。在政产学研资创新体系中,合作各方都可能存在心理风险因素,造成的风险事故表现多种多样,风险损失程度有大有小,属于系统风险,难以彻底消除。(见图3-7)

(2)政产学研协同创新风险控制机制构建。

风险控制,是指风险管理者在管理过程中采取各种有效措施和方法,消除和降低风险事故发生的各种可能性,进而减少风险事故发生时造成的损失。

在政产学研协同创新过程中,任何项目的进行都会存在一定的风险,零风险的理想化项目是不存在的。风险控制机制的存在就是为了降低风险概率,将可预测的风险控制在可控范围内。除政府、高等学校、企业、科研院所外,政产学研协同创新过程中还可能有金融投资机构的加入,主体多元化与独立性使得合作结果具有不确定性及风险性。为有效预测和控制可能发生的损失,政产学研协同创新行为主体需要加强对风险基础知识理论的学习,对风险有充分客观的认识,并采取科学有效的方法测度风险进而控制风险。在此协同创新体系中,各个行为主体都是控制风险的主力军,各方主体必须在每个项目开展之前,采取科学的方法与流程充分做好项目风险识别与度量工作,并要确定最关键的风险问题以及由此产生的次要风险。在实施风险控制的过程中，必须制定严格的时间进度表，遵守具体风险控制方案，并且在采取风险控制行为之后，跟踪、反馈信息，判断风险是否消除，如果风险消除，则该项风险控制工作结束。如果没有，则必须重新进行风险识别和度量等工作，新一轮风险控制重新开始。首先，明确参与主体的目标任务、权利、责任和义务，制定考核标准；其次，在项目执行期内端正态度并保持谨慎和理性，分阶段分解风险责任；再次，采用专业方法对风险进行分析、评估，测算风险的大小，做到心中有数；最后，制定风险分担条款，一旦不利情况发生，按照合同约定承担各自的责任。

3.4.4 政产学研协同创新利益分配机制

利益分配决定了政产学研合作关系的稳定发展状况。政产学研协同创新的过程就是各行为主体在利益共享、风险分担的原则约束下，充分发挥各方优势，进而促进多种创新资源的协调和整合。创新利益分配的公平性与范围是影响政产学研协同创新行为主体参与意愿的关键因素。

利益分配方式是否合理、结果是否公平是影响政产学研协同创新水平的主要因素之一。在协同创新中合作双方甚至是多方因信息不对称以及不合理的利益分配问题致使双边道德风险问题成为协同创新的常态，严重影响了政产学研协同创新发展。具体来说，一方面，由于技术研发过程及水平是不易测量的且带有不确定性和技术风险性，科研机构的努力水平无法观测，致使相关科研机构在研发过程中可能降低投入，严重影响产出效果与效率。另一方面，在分配产出利益的过程中，企业利用其更贴近市场之便，拥有更多关于产品成本以及市场收益的信息，而科研机构对此了解较少，企业因此会向科研机构谎报产品市场成本，以获取更高的收益，而此过程中科研机构一直处于被动状态，因此这会导致双边道德风险。双边道德风险问题产生的根源在于企业与科研机构的利益分配方式不合理，双方利益诉求不同，而且协同创新过程中缺乏相关政策与文件约束合作双方的行为，缺乏长期有效的引导机制。如何缓解政产学研协同创新过程中的双边道德风险问题，建立科学合理的利益分配机制，协调双方促进合作共赢，已经成为政产学研协同创新领域亟待解决的问题之一。

合理利益共享是激发各政产学研主体参与积极性、促进合作关系长久协同、推动政产学研创新绩效提升的科学合理路径。政产学研协同创新并不是维护单方利益与促进单方长久发展的活动。而是通过多方协同合作，优势互补，共同实现各自的利益，促进协同发展的过程。有序的利益分配机制是确保协同创新稳定长久发展的关键，主要问题是如何具体分配创新过程中产生的理论价值、成果价值与产品价值。而不同的利益主体在协同创新过程中的利益诉求不同，政府考虑的是创新成果能否真正造福社会，能否进一步促进经济社会全面发展；学研机构更关注的是研发结束后得到的经济回报等直接收益和社会影响力、科研声誉等隐性收益；企业关心的是创新成果能否切实提高自身生产力与经济利益，以及企业自身的知名度与市场竞争力等效益。同时还需保证参与协同创新的所有研究人员都从中获得合理的利益分配，有效调动其积极性和主动性。

3.4.5 政产学研协同创新激励保障机制

人在政产学研协同创新活动中居于主体地位，研究人员是协同创新组织中关乎创新成果有效性及创新水平的核心关键成员，有效激励是提高协同创新积极性、促进创新成果产出的重要措施。科学合理的激励机制制定要合理分析相关主体的内部需求与心理特征，并采取定向激励手段，有效实现激励管理的目标。激励的主体可以是政产学研各方或者新成立的科研团队。激励手段既包括发放奖金等物质激励，也包括授予荣誉称号或者研究人员职务的提升等精神激励。在项目完成后，对激励机制的效果进行后续追踪，比较不同激励机制的效果并不断改进。

市场机制是通过市场竞争配置相关资源，激励机制的建立与市场经济体制存在密切关联。市场竞争机制能够有效地解决资源配置效率低下的问题，但无法自主推动政产学研自主创新发展。创新相关要素具有公共产品的特性，创新成果的创新成本显然高于复制成本，竞争机制下会产生"搭便车"现象，竞争者可以从创新者那里获取创新成果并由此受益，进而导致创新者的创新利益受损，创新积极性下降。也就是说，创新在创新激励上市场机制是失灵的，需要市场以外的制度建设。

第3章 政产学研协同创新的生成机制

从整体来看,协同创新激励保障机制构建的前提是要明确协调好各方行为主体在创新过程中的成本核算与权益保护问题,为有效保障协同创新主体相关权益特别是隐性权益,引入知识产权保护制度是确保相关主体知识研究权益不受侵害的较好方式。健全的知识产权保护制度是为了确保特定相关行为主体在特定时间内形成创新网络系统垄断,使其在此期间独占创新成果收益,回收创新成本。当相关主体的创新成本基本收回后,创新激励机制需要发挥保障创新连续性的作用。在行使过程中主要包括两个制度性安排:一是创投公司的持续创业投资行为。投资者具有持续性推动创新发展的动机,雄厚的资金储备也为创新研发活动提供了坚实的后备力量。二是以大学为主导建设的政产学研合作创新平台。大学是人才培养与储蓄的基地,大学的学术氛围与环境是凝聚创新知识的内在驱动力,而政产学研协同创新过程是知识创新与产品创新的协同,是将理论知识转化为市场动力的过程,是在创新平台上产生创新成果并进入市场流转的过程。更进一步说,创新收益维护与创新动力保障离不开协同创新机制的激励管理。作为体制机制创新的试验田,协同创新网络系统可以以绩效考核评价改革为关键,通过激励制度创新,提高协同创新参与人员的工作积极性与动力。

3.4.6 政产学研协同创新绩效评价机制

绩效评价是对政产学研协同创新成果效果进行测评,为了更好地测度政产学研协同创新中的管理效果与技术成果,必须建立健全科学有效的绩效评价机制。为了保障评价结果的客观公平,必须引入第三方机构制定完善的考核标准,并根据评价结果制定科学的激励制度与利益分配制度。绩效评价不仅关注创新最终成果,还要对政产学研创新过程进行关注与评价。在公平合理的导向下,综合考虑新产品销售收入、专利、论文、获奖等成果,建立动态、科学、合理、有序的评价机制。在分析政产学研协同创新特点和梳理现有研究的基础上,从组织兼容性、创新能力、协同能力三个方面对政产学研协同创新绩效进行评价,如图3-8所示。

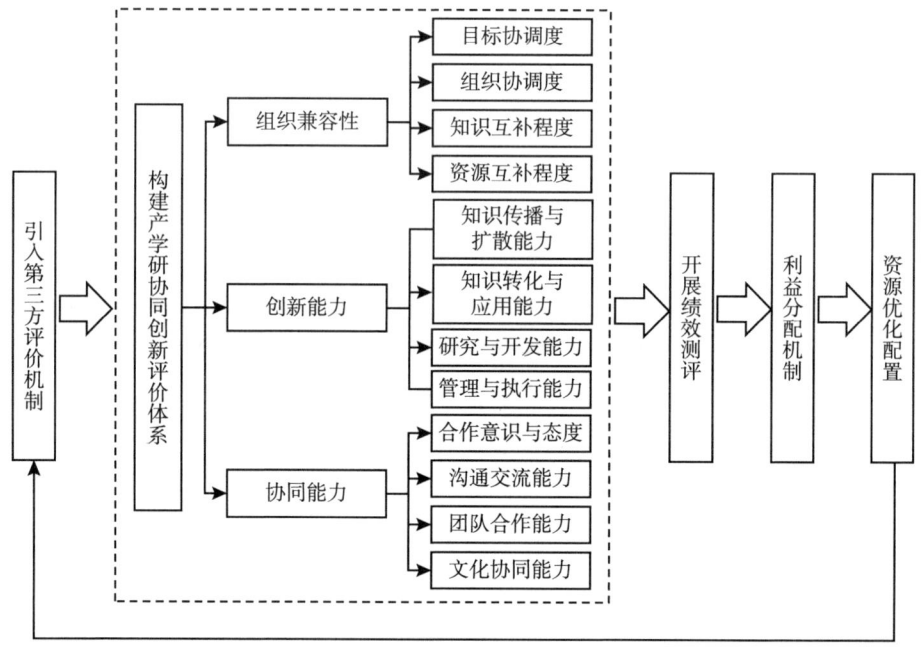

图 3-8　政产学研协同创新绩效评价机制

（1）组织兼容性。

在政产学研协同创新中，组织兼容性是指行为主体相互协调配合、整合各方资源的程度。协同双方在工作时能够相互配合、稳定地工作，能够进一步产生规模效应与协同效用，说明组织兼容性较强，反之则说明组织兼容性较差。因此，政产学研协同创新主体间的兼容、协调与互补是推进产学研协同创新的关键。组织兼容性主要包括目标协调度、组织协调度、知识互补程度和资源互补程度。

目标协调度是指协同创新主体间行为目标和动机的一致性；组织协调度是指加强组织管理以提高政产学研协同创新管理效率、避免多头管理和管理混乱；知识互补程度是协调各方在技能专长、研究方向、知识结构等方面的互补程度；资源互补程度指合作各方拥有的资金、信息、人才、平台等方面的资源的互补程度。

（2）创新能力。

创新能力是指创新活动中提出具有经济价值、社会价值的新思想、新理论、新方法和新发明的能力。创新能力是政产学研协同创新过程的必备能力，是影响协同创新效果的重要因素。由于政产学研各方间存在差异性，并不是完全相容的，因此创新能力并不是各方创新能力的简单加总。关于政产学研协同创新组织创新能力的评价可以从知识传播与扩散能力、知识转化与应用能力、研究与开发能力、管理与执行能力四个方面开展。

知识传播与扩散能力是指相关知识理论技能在政产学研协同创新组织间的流动与扩散程度；知识转化与应用能力是行为主体将相关理论知识与技能知识应用于协同创新过程中并创造知识的过程；研究与开发能力是指行为主体运用现代信息技术与科学知识发现与解决问题的能力；管理与执行能力是指行为主体各方对协同创新过程的计划、组织、协调能力。

（3）协同能力。

政产学研协同创新是典型的政产学研合作形式，注重合作者之间的合作创新与协同发展，因此政产学研相关行为主体的协同能力是测度政产学研协同创新绩效的一个重要指标。协调能力包括合作各方的合作意识和态度、沟通交流能力、团队合作能力和文化协同能力。

合作意识与态度是影响政产学研协同创新资源共享与信息共通的关键因素；沟通交流能力代表行为主体之间信息传递、平等交流的能力，决定了政产学研系统内部的信息交流的有序性与稳定性，决定了政产学研系统内部的学习积极性与活跃性；团队合作能力指相关主体内部成员的协调能力、合作意愿与凝聚精神等；文化协同能力指行为主体对于不同文化间差异的接受性与包容性。

3.5 本章小结

本章对协同创新的主体结构、形成动因、发展模式与运作机制进行了分析研究。通过文献梳理与分析发现，政产学研协同创新的主体包括政府、企业、学研机构与中介机构。其中，政府是协同创新的动力源；企业是协同创新的突破口；高校及科研院所是协同创新的着力点；中介机构是协同创新的润滑剂。政产学研协同创新目前存在法律法规不健全、政策引导和资金支持不到位、激励作用不充分、评价机制不健全、利益分配机制不完善等创新动力不足现象。但是政产学研协同创新还包括需求、法律、市场、技术、利益、资金、金融、评价等外部动力以及信任沟通、利益共享、激励约束、资源共享、风险共担等内部动力推动协同创新。本章还对协同创新发展模式进行了分类总结：基于参与主体将政产学研协同创新分为政府主导模式、企业主导模式、学研主导模式以及联合开发模式；基于合作程度将政产学研协同创新分为技术转让模式、委托研究模式、联合攻关模式以及共建基地模式；基于创新要素将政产学研协同创新分为技术共建模式、人才培养模式、共建实体模式、资源共享模式。最后将政产学研协同创新的作用机制分为动力发展机制、知识转移机制、风险控制机制、利益分配机制、激励保障机制以及绩效评价机制。

第4章 政产学研协同创新的动态演化

政产学研协同创新系统是一个复杂、非线性的共生系统,由于无法捕捉准确的中介机构数据,政产学研协同创新中四大种群——政府、企业、高等院校以及科研院所交织形成相互竞争、协调创新的合作演化机制。本章以两大种群为切入点,引入分析三大种群动态演化,且紧扣共生理论研究基础,运用 Logistic 增长模型,构建多种群共生演化动力学模型,运用数值仿真与实证分析相结合的方法,解释不同共生模式下种群共生演化规律,最后运用耦合协调度模型测算政产学研协同创新共生度,实证分析京津冀政产学研协同创新系统 2010~2019 年共生演化趋势。

4.1 政产学研协同创新机理——基于共生理论的分析

共生(Symbiosis)的概念最初是由德国真菌学家德贝里提出的,指的是基于生存需要,处于同一时空下生活在一起的两种或多种生物之间必然按照某种模式,相互作用、相互影响,形成相互生存、协同进化的互动关系。共生理论大部分用于生态学领域中,近年来其适用范围拓展至社会学、经济学、公共管理学领域,用以探讨多个因素或个体及组织之间的动态关联和相互作用关系。袁纯清(1998)将共生理论拓展至社会学中,通过建立一般的分析框架并对小型经济进行研究,建立了共生理论在社会科学中的分析框架,并运用共生理论对小型经济进行了研究,他指出,"共生"是指共生单元在一定的共生环境中按某种共生模式形成的关系,并给出了共生描述的方式,提出了质参量兼容、能量生成、共生界面选择、共生系统相变和共生系统进化的共生基本原理。采用共生理论分析政产学协同创新机理具有较强适用性,基于此,本书主要从共生单元、共生环境、共生模式三个方面分析政产学研协同创新的机理,共生状态是基于共生单元、共生环境、共生模式的函数。共生关系中,共生单元是政产学研协同存在的基础,共生环境是共生关系存在的条件,共生模式是政产学研协同的重点。

4.1.1 政产学研协同创新的共生单元

共生单元是指构成共生系统中的基本元素,是形成共生关系的物质前提。存在两个因素可以描述共生单元的内在形式:一是象参量,用以反映共生单元外部特征参数;二是质参量,用以反映共生单元内部特征参数。质参量的兼容程度决定了共生单元之间共生关系是否存在,且质参量的兼容方式是影响共生模式的基本要素。在政产学研协同创新过程中,涉及的共生单元主要为政府、企业、高等院校及科研院所这四类。政府主要作用在于制定战略规划及提供政策、平台等支持;企业主要是科技成果转化的主要场地及创新的生力军;高等院校及科研院所主要作用在于通过发挥科学技术研发职能进行技术、知识创新。

4.1.2 政产学研协同创新的共生环境

共生环境主要反映的是共生单元外部环境和内部环境的集合。通过分析其对共生体的作用方向可将其划分为三种类型,即正向推动环境、中性维持环境、反向抑制环境。在环境作用于共生体的同时,共生体也会对环境产生影响,同样可以将其分成三类:正向作用、中性作用、反向作用,如表4-1所示。当然,环境和共生体的关系并非一成不变的,而是随着时空变化不断发展,在双方相互作用中而不断进化的。在政府、企业、高等院校及科研院所形成的共生系统中,外部环境主要体现为作用于共生单元的各类政治、经济、文化、社会、法律等环境,正向的政策环境、优质的网络环境、完善的信息环境、相近的空间环境、完善的法律环境和良好的融资渠道,都会促进产学研合作良好进行;内部环境主要体现为政产学研共生系统内部的协同氛围、平台等。

表 4-1　　　　　　　　共生单元与共生环境的关系

共生体/共生环境	正向	中性	反向
正向	双向激励	共生激励	环境反抗 正向激励
中性	环境激励	激励中性	环境反抗
反向	共生反抗 正向激励	共生反抗	双向反抗

4.1.3 政产学研协同创新的共生模式

共生模式是指共生单元之间相互作用的类型。从共生组织模式上,我们可以将政产学研协同分为点共生、间歇共生、连续共生、一体化共生四种模式。

点共生是指高等院校或者科研院所将自身拥有的专利技术,以一定的价格有偿转让给企业的合作方式,这种合作方式是一次性的,共生关系比较简单,开放性较差,稳定性也较差,有时还容易产生合作矛盾。2018 年西南交通大学就"超临界水蒸煤"进行专利技术转化所得 1.5 亿元收益,将其中的 70%（1.05 亿元）用于对该技术研发的郭烈锦科研团队的股权奖励,技术作价入股到该技术产业化项目公司,其余的 30%（0.45 亿元）作为学校公共收入；2021 年 9 月 10 日科技部成果转化与区域创新司及教育部科学技术与信息化司联合发布《关于首批高等院校专业化国家技术转移机构建设试点启动的通知》,确定了清华大学、北京理工大学、北京大学、上海交通大学、浙江大学、四川大学、西南交通大学、东南大学、华中科技大学、中山大学、华南理工大学、北京交通大学、同济大学、华东理工大学、苏州大学、复旦大学、江南大学、西安交通大学、南京大学、山东大学等首批 20 所高等院校进行专业化国家技术转移机构建设试点,试点期限为 2 年。

间歇共生是指在一定的不连续的时期内,由大学或科研院所与企业订立合同共同开发或企业委托科研院所开发,在双方约定的时间内完成交割,研发机构获得报酬的行为。2018年华中科技大学与美国ANSYS公司开展协同育人项目合作，ANSYS公司提供教研经费和技术支持，更好地服务于华中科技大学的教学和科研；2021年燕山大学与吉利汽车集团双方协议共建燕大—吉利智能汽车现代产业学院、研究生联合培养基地，通过共同搭建合作平台，开启合作新模式，与机械工程学院、材料科学与工程学院、车辆与能源学院、艺术与设计学院在人才培养、科学研究、毕业生招聘等领域携手并进，开创未来，为民族汽车工业做出贡献；2021年西南交通大学与中铁隆昌公司合作进行四川旅游项目山地轨道交通齿轨扣件和高速铁路扣件自动化精调车等项目的研发，为深入推进校企合作，充分发挥学院和中铁隆昌公司各自优势，双方签订了《西南交通大学校外实习基地协议书》，共同建立西南交通大学—中铁隆昌铁路器材有限公司校企合作实习基地。

连续共生是指大学或科研院所与企业在连续的时间里合作研究开发，科研院所和企业利用各自的优势资源（技术、设备、厂房、人员、信息、资金等）相互合作的方式，这种合作方式连续性比较强，稳定性也比较强。2018年湖北大学与湖北元一投资有限公司共建科技研究院，湖北元一投资有限公司向学校捐建先进材料研发大楼，向"双一流"建设基金·材料人才引进基金注资1000万元，湖北元一投资有限公司希望通过捐建先进材料研发大楼、共建科技研究院等，与湖北大学零距离地开展产学研合作，开拓转型发展的新方向，实现双方互利共赢，树立校企合作的典范；2020年江苏省民政厅与南京中医药大学合作共建养老服务与管理学院，加强老年科研、管理等高层次、专业化人才培养，建立养老服务人才培养长效机制，深化医养结合，对于推动江苏省养老服务高质量发展具有重要意义；2021年天津大学电气自动化与信息工程学院与大港油田电力公司共建天津大学电气自动化与信息工程学院教学科研实习基地，该教学科研实习基地实现了7大电力主体工种的基本实训功能，具有承办大型电力工种技能竞赛能力、电力人才培养和技术研发等实训功能。双方将利用这一平台进行人才培训培养，为学生提供岗位实习机会，为教师提供专业实验机会，为毕业学生就业积累实践经验，为职工提供继续教育支持；将在电力系统建设运行、信息化建设、新能源开发等领域，实现科技创效。

一体化共生是指大学、科研院所和企业在合作时，不是独立存在的一方，而是通过诸如共建（也有部分自建形式的存在）有限责任公司、股份有限公司、研究所等形式进行的合作，这种一体化的合作方式稳定性强，系统开放性较弱，是政产学研合作的最高级合作方式。2018年上海交通大学与昆明赛诺制药共建"创新生物药物及技术研发联合实验室"，该联合实验室主要开展创新双特异抗体、免疫毒素、ADC以及重组蛋白药物的研究开发，双方从细胞工程及抗体药物的前期研究，到产业化关键技术和工程的放大开展良好合作，推动资源共享、互惠互利、合作共赢，实现"产学研"的完美结合，共同开展创新技术研究，开发生物医药产业技术，创造良好社会效益；2019年中山大学与重庆连芯光电技术研究院有限公司开展共建"重庆量子光学技术联合实验室"的合作，形成一批科技创新成果，培育形成战略性新兴产业，同时培养一批量子与光电技术复合型人才；2021年新绿色药业出资1700万元人民币，与成都中医药大学共建共享创新研发中心，探索校企合作体制和机制的创新，搭建校企一体的优质高效的实验和创新研发平台。

政产学研协同创新共生模式组织形式类型如表4-2所示。

表4-2　　　　　政产学研协同创新共生模式组织形式类型

共生模式	主要合作形式	时间特征	稳定性
点共生	专利、技术转让	一次性	弱
间歇共生	委托	非连续	较弱
连续共生	共同开发	连续	较强
一体化共生	合作共建	连续	较强

共生从行为方式上可以分寄生、偏害共生、偏利共生、竞争共生、非对称互惠共生、对称互惠共生关系等。寄生指的是某些共生单元生活于另一共生单元的内部，并利用其养分生存，前者获益而后者受损；偏害共生指的是共生系统中一些共生单元受损，另一些共生单元无影响；偏利共生指的是共生系统中一些共生单元获利，另一些共生单元不受影响；竞争共生指的是各共生单元相互抑制、相互阻碍；互利共生指的是共生单元之间形成良性互动，双方获益。政产学研协同创新系统中，实现互利共生是各主体能够达到帕累托改进的最优的行为方式。

4.2 政产学研协同创新系统共生演化模型

4.2.1 政产学研协同创新系统的种群共生演化模型基本分析

共生演化是不同层次的种群形态结构的逐步演化，是由复杂化到完善化的过程，是由一种低级层次阶段的生态模式过渡到高级层次阶段的生态状态转移。我们将政产学研协同创新的共生演化过程划分为四种动力源和四个时期。四种动力源分别为经济驱动、政产学研协同创新系统平衡、竞争协同以及政策调控，四个时期分别为初始期、发育期、成熟期和饱和期。四种动力源在不同时期所发挥的作用不尽相同。初始期和发育期受经济驱动主导，核心竞争力得到培育；成熟期和饱和期受系统生态平衡主导，不断地进行自我调整、螺旋上升；竞争协同和政策调控则伴随政产学研共生演化整个生命周期。政产学研共生演化包含共生单元、共生模式和共生环境三个部分，共生效应是共生单元之间在一定的共生环境中按照特定的共生模式形成的共生关系。将政产学研协同创新系统映射到创新生态系统中可以具体理解为：共生单元指政府、企业、高等院校和科研院所，共生环境指社会所提供的创新环境，共生模式指共生单元之间相互联系、作用的形式。生态学理论认为，种群增长规律有 Malthus 增长和 Logistic 增长两种，分别称为 Malthus 模型和 Logistic 模型。前者是内增长率为常数的 J 型增长，后者是一定资源环境下的 S 型增长。政产学研协同创新系统受经济、技术、知识等约束，因此政产学研协同创新过程中的共生演化过程符合 Logistic 增长规律。基于以上分析，提出如下假设：

假设 1：政产学研协同创新系统个体数量为连续变量，并且不考虑个体周期差异；

假设 2：一定资源环境下，政产学研协同创新系统最大值为 y_m，当达到最大值时，系统数量不再增加；

假设 3：一定资源环境下，政产学研协同创新系统密度的增加对增长率作用无滞后性。

第4章 政产学研协同创新的动态演化

基于上述假设,构建政产学研协同创新系统共生演化的 Logistic 模型为:

$$\begin{cases} \dfrac{\mathrm{d}y(t)}{\mathrm{d}t} = ry(t)\left\{1 - \dfrac{y(t)}{y_m}\right\} \\ y(0) = y0 \end{cases} \quad (4-1)$$

其中,r 为共生单元内生增长率,y_m 为资源环境最大承载量;$\dfrac{1}{y_m}$ 为共生单元平均消耗资源量;$y(0)$ 为初始时刻共生单元的个体数量,$y(t)$ 为 t 时刻共生单元总量;$\dfrac{y(t)}{y_m}$ 表示共生单元消耗总资源量;$\dfrac{1-y(t)}{y_m}$ 为系统剩余资源限制项,代表共生单元相对于生态系统最大承载量的相对距离。

当 $t = \ln\left(\dfrac{y_m}{y_0} - 1\right)^{r-1}$、$y(t) = \dfrac{y_m}{2}$ 时,共生单元演化曲线达到拐点(如图 4-1 所示);当 $t \to 0$ 时,$y(t) \to y_0$ 则表示时间、资源环境尚未被利用,共生单元呈指数增长;当 $t \to +\infty$ 时,$y(t) \to y_m$ 表示资源环境得到充分利用,共生单元达到饱和状态。

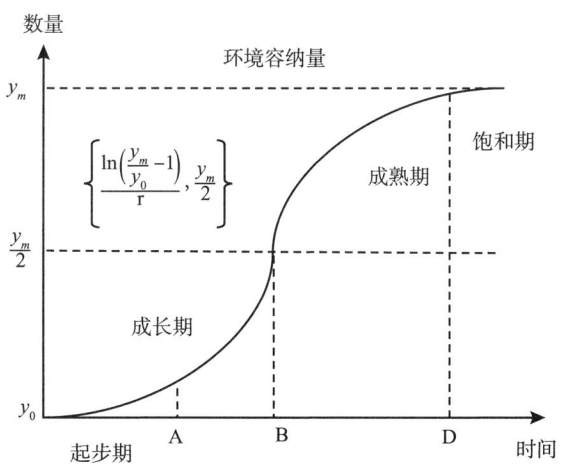

图 4-1 共生单元演化 Logistic 曲线

共生单元演化经历初始期、发育期、成熟期和饱和期四个阶段。原生态系统也随之向高级层次阶段的生态状态演进。在前两个时期,共生单元个体数量较少,共生环境比较优越,属于种群蓄势待发阶段。随着共生单元不断发展,个体数量增长逐步加快,呈现出指数式增长。进入成熟期后,环境容量趋紧,需求供给达到平衡,个体数量增速减慢,共生单元稳定在饱和状态。

4.2.2 政产学研协同创新系统的两种群共生演化分析

(1) 两种群共生演化模型构建。

设政产学研协同创新系统中的两类创新主体,即高等院校和科研院所创新主体的规模分别为 y_1 和 y_2;$\mathrm{d}y_1(t)$ 和 $\mathrm{d}y_2(t)$ 分别代表高等院校和科研院所在 t 时刻的数量;自然增长率分别为 r_1 和 r_2。用 y_{1m} 和 y_{2m} 分别表示在创新要素给定情况下两类创新主体规模的最大值。政产学研协同创新系统中高等院校和科研院所两类创新主体的动态演化方程可表示为:

$$\begin{cases} \varphi_1(y_1(t),\ t) = \dfrac{\mathrm{d}y_1(t)}{\mathrm{d}t} = r_1 y_1 \left(1 - \dfrac{y_1}{y_{1m}}\right),\ y_1(0) = y_{10} \\ \varphi_2(y_2(t),\ t) = \dfrac{\mathrm{d}y_2(t)}{\mathrm{d}t} = r_2 y_2 \left(1 - \dfrac{y_2}{y_{2m}}\right),\ y_2(0) = y_{20} \end{cases} \quad (4-2)$$

其中,y_{10} 和 y_{20} 分别表示政产学研协同创新系统中两类创新主体的初始种群规模;$r_1 y_1$ 和 $r_2 y_2$ 分别反映高等院校和科研院所两类主体的自身发展趋势;$1 - \dfrac{y_1}{y_{1m}}$ 和 $1 - \dfrac{y_2}{y_{2m}}$ 是 Logistic 系数,分别表示由于两类创新主体对有限创新资源的消耗而产生的对其本身规模增长的阻滞作用。

(2) 两种群共生演化稳定性分析。

当高等院校和科研院所两类创新主体在同一政产学研协同创新系统中生存时,可能存在寄生、偏利共生、非对称互惠共生和对称性互惠共生关系。当政产学研协同创新系统中两类创新主体相互作用时,每一类创新主体的增长率不仅受自身种群规模的影响,而且与另一类创新主体种群的规模相关。基于 Logistic 方程,考虑两类创新主体的共生关系,可以得到政产学研协同创新系统中两类创新主体相互作用的共生动态演化模型:

$$\begin{cases} \varphi_1(y_1(t),\ t) = \dfrac{\mathrm{d}y_1(t)}{\mathrm{d}t} = r_1 y_1 \left(1 - \dfrac{y_1}{y_{1m}} - \varphi_{12}\dfrac{y_2}{y_{2m}}\right),\ y_1(0) = y_{10} \\ \varphi_2(y_2(t),\ t) = \dfrac{\mathrm{d}y_2(t)}{\mathrm{d}t} = r_2 y_2 \left(1 - \dfrac{y_2}{y_{2m}} - \varphi_{21}\dfrac{y_1}{y_{1m}}\right),\ y_2(0) = y_{20} \end{cases} \quad (4-3)$$

第4章 政产学研协同创新的动态演化

在式（4-3）中，共生度 φ 表示种群 n 对种群 m 共生效应，其大小表示共生强弱。因此，φ_{12} 表示科研院所主体对高等院校创新主体的共生作用系数，φ_{21} 表示高等院校创新主体对科研院所创新主体的共生作用系数。φ_{12} 和 φ_{21} 的取值范围决定了这两类创新主体的共生模式，如表4-3所示。

表4-3　共生作用系数 ϕ_{12}、ϕ_{21} 的取值范围及其对应的共生模式

φ_{12}、φ_{21} 取值	共生模式	特点
$\varphi_{12}=0$，$\varphi_{21}=0$	独立生存	高等院校和科研院所两种群互不影响，各自独立发展
$\varphi_{12}>0$，$\varphi_{21}>0$	竞争	高等院校和科研院所两种群争夺同类创新资源
$\varphi_{12}<0$，$\varphi_{21}>0$ 或 $\varphi_{12}>0$，$\varphi_{21}<0$	寄生	高等院校和科研院所种群分别存在寄生关系，一类协同创新种群受益（共生系数为负），另一类协同创新种群受损（共生系数为正）
$\varphi_{12}<0$，$\varphi_{21}<0$	互利共生	当共生作用系数为负且大小不同时，两类创新主体之间为非对称互惠共生；共生作用系数；负且大小相同时，两类创新主体之间为对称互惠共生
$\varphi_{12}=0$，$\varphi_{21}<0$ 或 $\varphi_{12}<0$，$\varphi_{21}=0$	偏利共生	一类种群受益（共生系数为负），另一类种群无影响（共生系数为零）

可见，政产学研协同创新系统中不同创新主体之间共生演化的结果取决于共生作用系数的取值。为了研究区域创新网络中不同创新主体之间共生演化的结局，需要对方程组的平衡点进行稳定性分析。平衡点就是使方程组为零时的实数解。令 $\dfrac{\mathrm{d}y_1(t)}{\mathrm{d}t}=0$，可得到政产学研协同创新系统中不同创新主体共生演化的四个局部平衡点，分别是 $G_1(y_{1m},0)$、$G_2(y_{2m},0)$、$G_3\left(\dfrac{y_{1m}(1-\varphi_{12})}{1-\varphi_{12}\varphi_{21}},\dfrac{y_{2m}(1-\varphi_{21})}{1-\varphi_{12}\varphi_{21}}\right)$ 和 $G_4(0,0)$。

对于一个由微分方程系统描述的政产学研协同创新系统中不同创新主体之间共生演化过程，其平衡点的稳定性可由该系统得到的雅可比矩阵（Jacobian Matrix）的局部稳定分析得到。对微分方程组依次求关于 y_1 和 y_2 的偏导数，可得出政产学研协同创新系统中不同创新主体之间共生演化的雅可比矩阵为：

$$J = \begin{cases} r_1\left(1 - \dfrac{2y_1}{y_{1m}} - \varphi_{12}\dfrac{y_2(t)}{y_{2m}}\right) - \dfrac{r_1\varphi_{12}y_1}{y_{2m}} \\ -\dfrac{r_2\varphi_{21}y_2}{y_{1m}} \quad r_2\left(1 - \dfrac{2y_2}{y_{2m}} - \varphi_{21}\dfrac{y_1(t)}{y_{1m}}\right) \end{cases} \tag{4-4}$$

用雅可比矩阵来判断平衡点是否处于局部渐进稳定状态的方法是：当系统平衡点使得 $det(J) > 0$ 且 $tr(J) < 0$ 时，那么它就是稳定的平衡点。此时，平衡点处于局部渐进稳定状态。所以政产学研系统中不同创新主体之间共生演化的均衡条件也就是 $det(J) > 0$ 且 $tr(J) < 0$。具体的分析结果如表 4-4 所示。

表 4-4　政产学研协同创新系统共生演化的平衡点及稳定性分析

均衡点	$det(J)$	$tr(J)$	稳定条件
$G_1(y_{1m}, 0)$	$-r_1r_2(1-\varphi_{21})$	$-r_1+r_2(1-\varphi_{21})$	$\varphi_{21} > 1$
$G_2(0, N_{2m})$	$-r_1r_2(1-\varphi_{12})$	$-r_2+r_1(1-\varphi_{12})$	$\varphi_{12} > 1$
$G_3\left(\dfrac{y_{1m}(1-\varphi_{12})}{1-\varphi_{12}\varphi_{21}}, \dfrac{y_{2m}(1-\varphi_{21})}{1-\varphi_{12}\varphi_{21}}\right)$	$\dfrac{r_1r_2(\varphi_{12}-1)(\varphi_{21}-1)}{1-\varphi_{12}\varphi_{21}}$	$\dfrac{r_1(\varphi_{12}-1)+r_2(\varphi_{21}-1)}{1-\varphi_{12}\varphi_{21}}$	$\varphi_{21} < 1$ $\varphi_{12} < 1$
$G_4(0, 0)$	r_1r_2	r_1+r_2	不稳定

在得到政产学研系统共生演化的平衡点后，可以用相轨迹示意图描述政产学研系统中两类创新主体之间的共生演化过程。令：

$$\begin{cases} g_1 = 1 - \dfrac{y_1(t)}{y_{1m}} - \varphi_{12}\dfrac{y_2(t)}{y_{2m}} \\ g_2 = 1 - \dfrac{y_2(t)}{y_{2m}} - \varphi_{21}\dfrac{y_1(t)}{y_{1m}} \end{cases} \tag{4-5}$$

在式（4-5）中，g_1 和 g_2 分别表示政产学研协同创新系统中高等院校和科研院所创新主体的 Logistic 系数。令 $g_1 = 0$ 和 $g_2 = 0$，将相平面分为若干区域。以 $\varphi_{21} < 1$，$\varphi_{12} < 1$ 为例，相平面可分为 S_1、S_2、S_3 和 S_4 这 4 个区域，如图 4-2 所示。

各区域内两类创新主体的增长速度分别为：

第 4 章 政产学研协同创新的动态演化

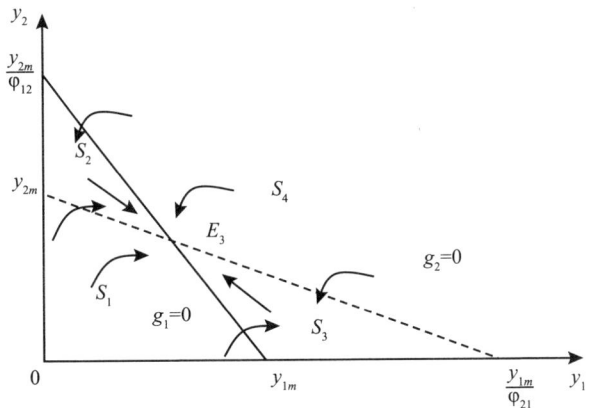

图 4-2 区域创新网络共生演化相图（$\varphi_{21}<1$，$\varphi_1<1$）

$$S_1: \frac{dy_1(t)}{dt}>0, \frac{dy_2(t)}{dt}>0$$

$$S_2: \frac{dy_1(t)}{dt}>0, \frac{dy_2(t)}{dt}<0$$

$$S_3: \frac{dy_1(t)}{dt}<0, \frac{dy_2(t)}{dt}>0$$

$$S_4: \frac{dy_1(t)}{dt}<0, \frac{dy_2(t)}{dt}<0$$

S_1 区域位于斜线 $g_1=0$ 和斜线 $g_2=0$ 的下方，在该区域内高等院校和科研院所两个创新主体的规模增长率均大于零。S 区域位于斜线 $g=0$ 的下方，斜线 $g=0$ 的上方，在此区域内高等院校创新主体的规模增长速度大于零，科研院所创新主体的规模增长速度小于零。S 区域位于斜线 $g=0$ 的上方，斜线 $g=0$ 的下方，在此区域内高等院校创新主体的规模增长速度小于零，科研院所创新主体的规模增长速度大于零。S_4 区域位于斜线 $g_1=0$ 和斜线 $g_2=0$ 的上方，在该区域内高等院校和科研院所创新主体的规模增长率均小于零。

如果初始点落在 S_1 区域，由于在此区域内高等院校和科研院所两类创新主体的规模增长率均大于零，两类创新主体的规模都会随着时间的增加而扩大，若相点从稳定点 $G\left(\dfrac{y_{1m}(1-\varphi 12)}{1-\varphi_{12}\varphi_{21}}, \dfrac{y_{2m}(1-\varphi_{21})}{1-\varphi_{12}\varphi_{21}}\right)$，或者进入 S_2 区或 S_3。

若相点进入 S_2 区域，由于在此区域内高等院校创新主体的规模增长速度大于零，科研院所创新主体的规模增长速度小于零，若从此区域出发，相点会向右下方移动，它要么进入 S_4 区域，要么趋向平衡稳定点 G_3。如相点从 S_2 区域进入 S_4 区域，由于在此区域内两类创新主体的规模增长速度均小于零，若相点从 S_4 区域出发，相点会向左下方移动，一是趋向平衡稳定点 G_3，二是进入 S_2 区域。如果相点进入 S_2 区域，根据前面的分析，它会趋向平衡稳定点 G_3。

若相点进入 S_3 区域，由于在此区域内高等院校创新主体的规模增长速度小于零，科研院所创新主体的规模增长速度大于零，若从此区域出发，相点会向左上方移动，它要么趋向平衡稳定点 G_3，要么进入 S_4 区域。如相点从 S_3 区域进入 S_4 区域，由于在此区域内两类创新主体的规模增长速度均小于零，若相点从 S_4 区域出发，两类创新主体的规模都会随着时间的增加而缩小，相点会向左下方移动，一是趋向平衡稳定点 G_3，二是进入 S_3 区域。如果相点进入 S_3 区域，根据前面的分析，它会趋向平衡稳定点 G_3。

由以上分析可知，当 $\varphi_{21}<1$，$\varphi_{12}<1$ 时，政产学研协同创新系统中两类创新主体的共生演化的平衡点是 G_3，即无论初始相点在哪里，政产学研系统两类创新主体的共生演化最终都将在平衡点 G_3 处获得稳定。

4.2.3 政产学研协同创新系统的三种群共生演化分析

（1）三种群共生演化模型构建。

政产学研协同创新系统从生成到成长发展的演化过程实质上是系统内部协同创新种群数量不断增加，协同创新主体能力不断提高，创新水平不断优化提升的过程。借鉴生物学领域共生理论思想，建立政产学研协同创新共生演化系统模型。其中，两种群共生演化主要围绕政产学研协同创新共生系统中高等院校和科研院所进行研究；充分考虑到高等院校和科研院所间的共生关系，三种群的研究中，将高等院校和科研院所合成学研机构来进行研究。在政产学研协同创新共生系统中，政府、企业、学研机构是协调创新的主体力量，基于这三种群共生不断演化进而形成多边多向交流机制，表现出相互影响程度不一、共生效应强度不同的特点。因此，结合不同的种群彼此之间竞争、协作共生关系的现象，构建政产学研协同创新三种群共生演化动力学模型为：

第4章 政产学研协同创新的动态演化

$$\begin{cases} \varphi_1(y_1(t), t) = \dfrac{dy_1(t)}{dt} = r_1 y_1 \left(1 - \dfrac{y_1}{y_{1m}}\right), & y_1(0) = y_{10} \\ \varphi_2(y_2(t), t) = \dfrac{dy_2(t)}{dt} = r_2 y_2 \left(1 - \dfrac{y_2}{y_{2m}}\right), & y_2(0) = y_{20} \\ \varphi_3(y_3(t), t) = \dfrac{dy_3(t)}{dt} = r_3 y_3 \left(1 - \dfrac{y_3}{y_{3m}}\right), & y_3(0) = y_{30} \end{cases} \quad (4-6)$$

其中，y_{10}、y_{20} 和 y_{30} 分别表示政产学研协同创新系统中企业种群、政府种群、学研机构种群的初始规模；$r_1 y_1$、$r_2 y_2$ 和 $r_3 y_3$ 分别反映企业种群、政府种群和学研机构种群各自发展趋势；$1-\dfrac{y_1}{y_{1m}}$、$1-\dfrac{y_2}{y_{2m}}$、$1-\dfrac{y_3}{y_{3m}}$ 分别表示企业种群、政府种群和学研机构种群三类协同创新种群对系统内协同创新资源的消耗而产生的对自身发展的阻滞作用，即系统内剩余协同创新资源占总协同创新资源的比例。

基于政产学研协同创新系统是以企业种群为核心，企业种群与政府种群、学研种群分别存在独立、竞争、寄生、偏利共生、互利共生五种种群关系，企业种群的动态演化不仅受到自身规模的影响，而且受到学研机构种群和政府种群的规模影响，政府种群的动态演化受到企业种群规模的影响，学研机构种群的动态演化受到企业种群规模的影响。基于 Logistic 方程，考虑三类协同创新种群之间的共生关系，得到企业种群、政府种群和学研机构种群相互作用的共生动态演化模型：

$$\begin{cases} \varphi_1(y_1(t), t) = \dfrac{dy_1(t)}{dt} = r_1 y_1 \left(1 - \dfrac{y_1}{y_{1m}} - \varphi_{21}\dfrac{y_2}{y_{2m}} - \varphi_{31}\dfrac{y_3}{y_{3m}}\right), & y_1(0) = y_{10} \\ \varphi_2(y_2(t), t) = \dfrac{dy_2(t)}{dt} = r_2 y_2 \left(1 - \dfrac{y_2}{y_{2m}} - \varphi_{12}\dfrac{y_1}{y_{1m}}\right), & y_2(0) = y_{20} \\ \varphi_3(y_3(t), t) = \dfrac{dy_3(t)}{dt} = r_3 y_3 \left(1 - \dfrac{y_3}{y_{3m}} - \varphi_{13}\dfrac{y_1}{y_{1m}}\right), & y_3(0) = y_{30} \end{cases}$$

$$(4-7)$$

其中，φ_{21} 表示政府种群对企业种群的共生作用系数，φ_{31} 表示学研机构种群对企业种群的共生作用系数，φ_{12} 表示企业种群对政府种群的共生作用系数，φ_{13} 表示企业种群对学研机构种群的共生作用系数。依据共生系数的取值，政产学研协同创新系统中三类创新种群的共生关系如表 4-5 所示。

表 4-5　　　　　共生系数及共生模式

φ_{21}、φ_{31}、φ_{12}、φ_{13} 取值	共生模式	特点
$\varphi_{21}=0$，$\varphi_{31}=0$，$\varphi_{12}=0$，$\varphi_{13}=0$	独立生存	三类协同创新种群互不影响，各自独立发展
$\varphi_{21}>0$，$\varphi_{31}>0$，$\varphi_{12}>0$，$\varphi_{13}>0$	竞争	三类协同创新种群争夺同类创新资源
$\varphi_{21}\varphi_{12}<0$，$\varphi_{31}\varphi_{13}<0$	寄生	企业种群与政府种群、学研机构种群分别存在寄生关系，一类协同创新种群受益（共生系数为负），另两类协同创新种群受损（共生系数为正）
$\varphi_{21}<0$，$\varphi_{31}<0$，$\varphi_{12}<0$，$\varphi_{13}<0$	互利共生	其他种群与政府种群、学研机构种群分别存在互利共生关系，共生系数为负
$\varphi_{21}=0$，$\varphi_{12}<0$ 或 $\varphi_{21}<0$，$\varphi_{12}=0$ 或 $\varphi_{31}=0$，$\varphi_{13}<0$ 或 $\varphi_{31}<0$，$\varphi_{13}=0$	偏利共生	其他种群与政府种群、学研机构种群分别存在偏利共生关系，一类协同创新种群受益（共生系数为负），另两类协同创新种群无影响（共生系数为零）

（2）三种群共生演化均衡态分析。

政产学研协同三种群共生是一个动态演化过程，企业种群、学研机构种群与政府种群之间相互独立，又相互依存。企业种群的发展规模不仅受到自身经济实力及战略决策的影响，还受到政府种群的政策限制以及学研机构种群的规模影响。学研机构种群的发展，在基于自身发展规模的基础上，依赖于企业种群的资金技术支持以及政府种群的经费投入和政策供给支持。同样地，政府种群的活动也受到其他两个种群的影响与制约。演化均衡态需满足某平衡态的任何小领域内发出的轨线最终都演化趋于该平衡态。根据上述分析可知，政产学研协同创新系统三种群共生演化是多种群共生演化的具体应用，因此可以将公式（4-7）进行化简，令公式（4-7）方程组等于 0 可得到：

第4章 政产学研协同创新的动态演化

$$\begin{cases} \varphi_1(y_1(t), t) = \dfrac{\mathrm{d}y_1(t)}{\mathrm{d}t} = r_1 y_1 \left(1 - \dfrac{y_1}{y_{1m}} - \varphi_{21}\dfrac{y_2}{y_{2m}} - \varphi_{31}\dfrac{y_3}{y_{3m}}\right) = 0 \\ \varphi_2(y_2(t), t) = \dfrac{\mathrm{d}y_2(t)}{\mathrm{d}t} = r_2 y_2 \left(1 - \dfrac{y_2}{y_{2m}} - \varphi_{12}\dfrac{y_1}{y_{1m}}\right) = 0 \\ \varphi_3(y_3(t), t) = \dfrac{\mathrm{d}y_3(t)}{\mathrm{d}t} = r_3 y_3 \left(1 - \dfrac{y_3}{y_{3m}} - \varphi_{13}\dfrac{y_1}{y_{1m}}\right) = 0 \end{cases} \quad (4-8)$$

根据雅克比矩阵定性分析生态系统的局部稳定性和稳定条件,求解(4-8)得出政产学研协同创新共生演化系统存在八个特殊均衡点 G_1、G_2、G_3、G_4、G_5、G_6、G_7、G_8,这八个均衡点构成三种群共生演化生态系统的边界,其中 G_1、G_2、G_7、G_8 未处于均衡态,G_3、G_4、G_5、G_6 处于均衡状态,具体数值如表4-6所示。

表4-6　　　　　　　三种群共生演化均衡点及均衡条件

均衡点	$det(J)$	$tr(J)$	稳定条件
$G_1(0, 0, 0)$	正值	正值	不存在
$G_2(y_{1m}, 0, 0)$	正值	?	$\varphi_{12}<1$,$\varphi_{13}>1$ 或 $\varphi_{12}>1$,$\varphi_{13}<1$
$G_3(0, y_{2m}, 0)$	正值	负值	$\varphi_{21}>1$ 且 $\varphi_{21} > \dfrac{r_1 - r_2 + r_3}{r_1}$
$G_4(0, 0, y_{3m})$	正值	负值	$\varphi_{31}>1$,$\varphi_{31} > \dfrac{r_1 - r_3 + r_2}{r_1}$
$G_5\left\{\dfrac{y_{1m}(\varphi_{31}-1)}{\varphi_{31}\varphi_{13}-1}, 0, \dfrac{y_{31}(\varphi_{13}-1)}{\varphi_{31}\varphi_{13}-1}\right\}$	正值	负值	$\varphi_{13}<-1$ 且 $\varphi_{31}<-1$
$G_6\left\{\dfrac{y_{1m}(\varphi_{31}-1)}{\varphi_{31}\varphi_{13}-1}, \dfrac{y_{31}(\varphi_{13}-1)}{\varphi_{31}\varphi_{13}-1}, 0\right\}$	正值	负值	$\varphi_{12}<-1$ 且 $\varphi_{31}<-1$
$G_7(0, y_{2m}, y_{3m})$	正值	?	$\varphi_{21}+\varphi_{31}<1$
$G_8\{p_0, q_0, k_0\}$	?	负值	$-1<\varphi_{13}<1$,$-1<\varphi_{31}<1$, $-1<\varphi_{31}<1$,$-1<\varphi_{13}<1$

通过计算得到八个均衡点对应的 $det(J)$ 和 $tr(J)$,以及局部渐进稳定分

析结果，如表 4-6 所示。政产学研协同创新系统共生演化具有四个稳定点：$G_3(0, y_{2m}, 0)$、$G_4(0, 0, y_{3m})$、$G_6\left\{\dfrac{y_{1m}(\varphi_{31}-1)}{\varphi_{31}\varphi_{13}-1}, \dfrac{y_{31}(\varphi_{13}-1)}{\varphi_{31}\varphi_{13}-1}, 0\right\}$、$G_5\left\{\dfrac{y_{1m}(\varphi_{31}-1)}{\varphi_{31}\varphi_{13}-1}, 0, \dfrac{y_{31}(\varphi_{13}-1)}{\varphi_{31}\varphi_{13}-1}\right\}$

现分别对这四种情况进行讨论：

①当 $\varphi_{21}>1$ 且 $\varphi_{21}>\dfrac{r_1-r_2+r_3}{r_1}$ 时，政府种群与企业种群存在竞争共生关系，且政府种群在创新资源的争夺中相比企业和学研机构具有较明显的竞争优势，最终导致企业种群和学研机构种群规模为零，即没有发展，而政府种群规模达到极值 y_{2m}。同理，当 $\varphi_{31}>1$、$\varphi_{31}>\dfrac{r_1-r_3+r_2}{r_1}$ 时，学研机构与企业之间存在竞争共生关系，但这种竞争关系是单向的恶性竞争，学研机构具有绝对的竞争优势，在竞争过程中，种群增长到极值 y_{3m}，而企业种群和政府种群由于缺少创新资源，没有实现种群的繁衍发展。

②当 $\varphi_{12}<-1$ 且 $\varphi_{31}<-1$ 时，企业种群与政府种群存在互利共生关系，且由于共生系数小于 -1，说明这两类创新种群的共生联系较为紧密，任一种群规模的增长都有利于另一创新种群的规模的增长，形成企业种群与政府种群资源共享、互惠互利的协同创新局面，有利于政产学研协同创新系统的形成和发展。同理，当 $\varphi_{13}<-1$ 且 $\varphi_{31}<-1$ 时，企业种群与学研机构种群也存在强联系的互利共生关系，企业种群和学研机构种群彼此促进，种群规模随着时间增加不断扩大，共同推动政产学研协同创新系统的发展。政产学研协同创新系统演化的过程中，某一创新种群具有较强的资源竞争力，会形成种群独自增长，压制其他种群发展的情况，而这种情况的出现会导致政产学研协同创新系统难以形成。或者是企业种群与政府种群或学研机构种群形成强联系的互利共生关系，创新种群间协同共生，种群规模快速增长，有效促进系统发展。

（3）三种群共生演化数值仿真。

根据表 4-5 和表 4-6，共生度的不同组合决定了不同的共生模式。共生度的大小决定了生态系统均衡点是否为均衡态。通过数值仿真和图像显示方法，在不同共生度组合下，更能直观呈现三种群共生模式演变规律和共生演化轨迹。基于上述分析，假设政府种群、企业种群及学研机构种群自然增长率分别为 0.01、0.15、0.1；初始规模均为 100；一定资源环境下，三种群发展规模最大值均为 1000；演化周期为 500。

①独立共生模式。政府种群、企业种群和学研机构种群之间的共生度均为零，三种群互不产生共生效应、独立发展。当三种群处于平衡状态时，其规模上限为独立发展时的最大规模。独立共生模式是在理想条件下的一种共生模式。现实创新生态系统中并不存在，如图 4-3 所示。

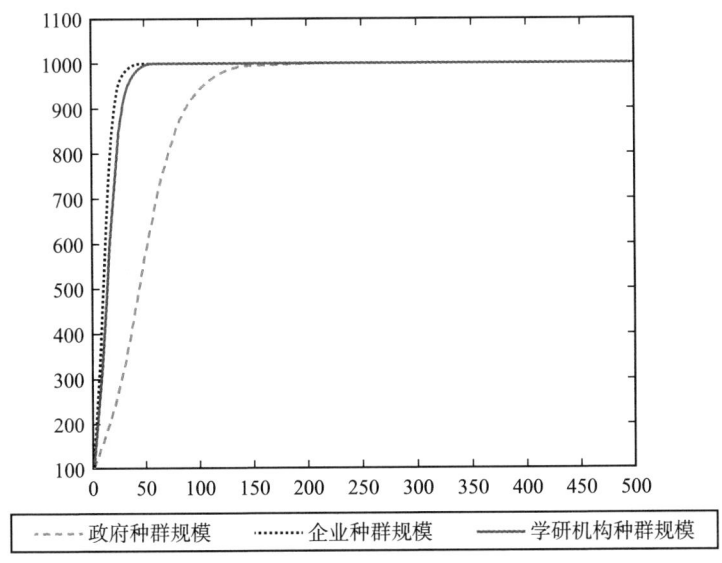

图 4-3 独立共生模式

②竞争共生模式。竞争共生模式有平等竞争共生和恶性竞争共生两种模式。这两种共生模式的结果正好相反。平等竞争共生模式满足的条件是共生度均小于 0 且大于 1，基于此，假设政府种群、企业种群以及学研机构种群之间的作用系数为 $\varphi_{12} = -0.1$，$\varphi_{13} = 0.2$，$\varphi_{21} = -1.2$，$\varphi_{23} = 0.3$，$\varphi_{31} = -1.1$，$\varphi_{32} = 0.4$，运用 MATLAB 对数据进行仿真结果如图 4-4 所示。恶性竞争共生模式只需满足其中一个种群对另外两个种群共生度均小于 1，后者被前者消耗大量资源而率先衰亡，前者则得以继续生存和发展。由此假设 $\varphi_{12} = 0.1$，$\varphi_{13} = 0.2$，$\varphi_{21} = 0.3$，$\varphi_{23} = 0.2$，$\varphi_{31} = 0.1$，$\varphi_{32} = 0.4$。此外，若后者至少有一个对前者共生度远大于前者对后者共生度，则前者资源将被后者大量消耗而率先衰亡，如图 4-5 所示。

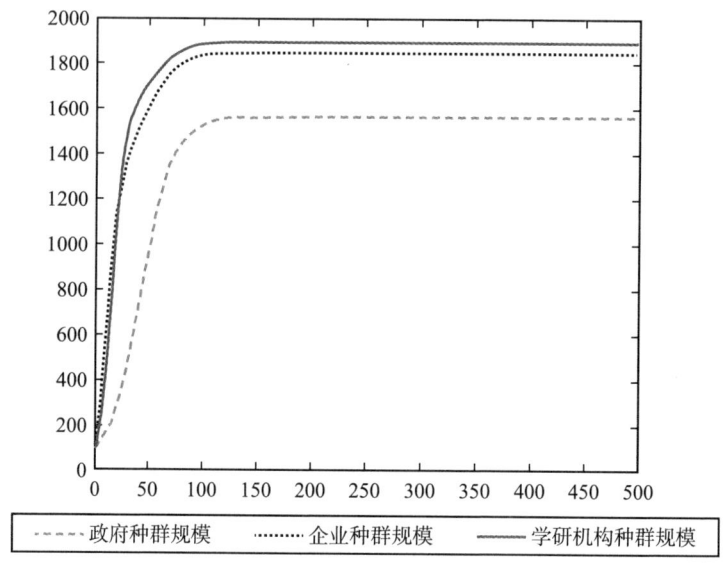

图 4-4　平等竞争模式

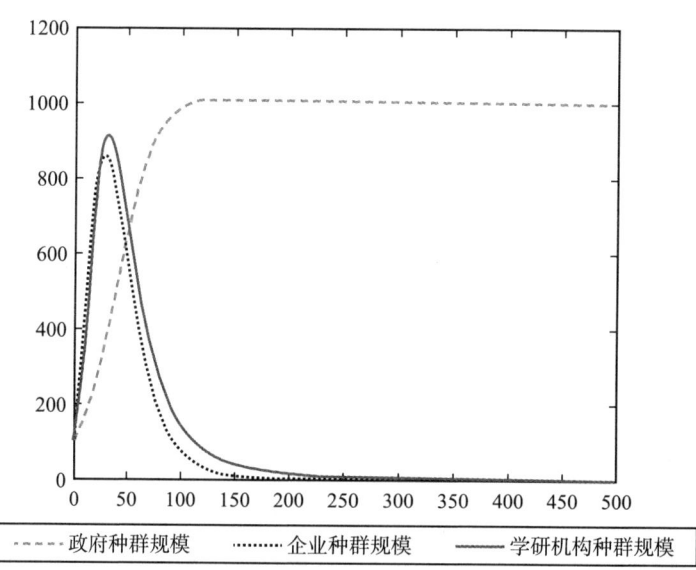

图 4-5　恶性竞争模式

③寄生共生模式。寄生共生模式需满足任意两种群之间共生度互为相反数，被寄生种群的资源受到寄生种群消耗，最终稳定规模小于最大规模。寄生

种群获益于被寄生种群。最终稳定规模高于独立共生下最大规模。由此假设政府种群、企业种群以及学研机构种群之间的作用系数 $\varphi_{12}=0.1$，$\varphi_{13}=0.2$，$\varphi_{21}=-0.2$，$\varphi_{23}=0.6$，$\varphi_{31}=-0.2$，$\varphi_{32}=-0.1$。寄生共生模式是创新生态中最为常见的一种共生模式。每个种群都希望寄生在其他种群中最大化自己利益，如图4-6所示。

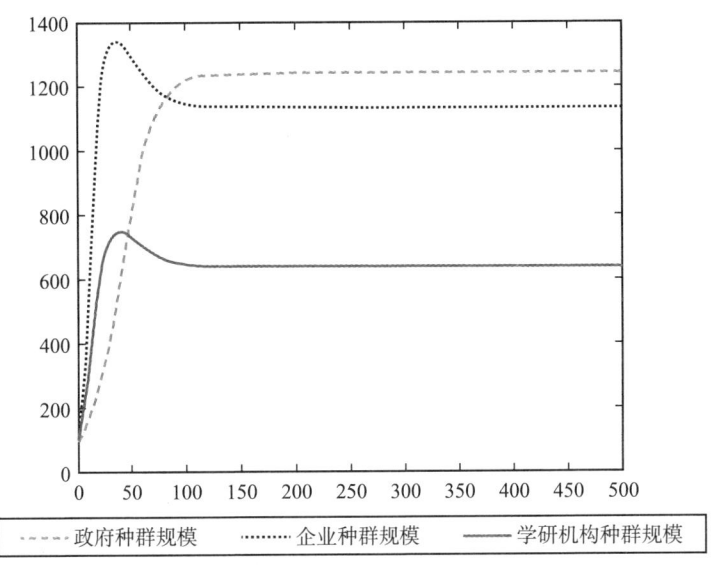

图4-6 寄生共生模式

④偏共生模式。偏共生模式有偏利共生和偏害共生两种模式。偏共生模式在现实中也是比较常见的创新种群共生模式。如子母公司之间、兄弟部门之间等。偏利共生模式需满足任意两种群共生度一个等于零，一个大于零。假设政府种群、企业种群以及学研机构种群之间的作用系数 $\varphi_{12}=0.4$，$\varphi_{13}=0.2$，$\varphi_{21}=0$，$\varphi_{23}=0.2$，$\varphi_{31}=0$，$\varphi_{32}=0$，数值仿真结果如图4-7所示；假设政府种群、企业种群以及学研机构种群之间的作用系数 $\varphi_{12}=0$，$\varphi_{13}=0$，$\varphi_{21}=0.1$，$\varphi_{23}=0.2$，$\varphi_{31}=0$，$\varphi_{32}=0$，数值仿真结果如图4-8所示。相应地偏害共生模式需满足任意两种群共生度一个等于零，一个小于零。当政府种群、企业种群以及学研机构种群之间的作用系数 $\varphi_{12}=-0.4$，$\varphi_{13}=-0.2$，$\varphi_{21}=0$，$\varphi_{23}=-0.2$，$\varphi_{31}=0$，$\varphi_{32}=0$，数值仿真结果如图4-9所示；同理，当政府种群、

企业种群以及学研机构种群作用系数为 $\varphi_{12}=0$，$\varphi_{13}=0$，$\varphi_{21}=-0.1$，$\varphi_{23}=-0.2$，$\varphi_{31}=0$，$\varphi_{32}=0$，数值仿真如图4-10所示。

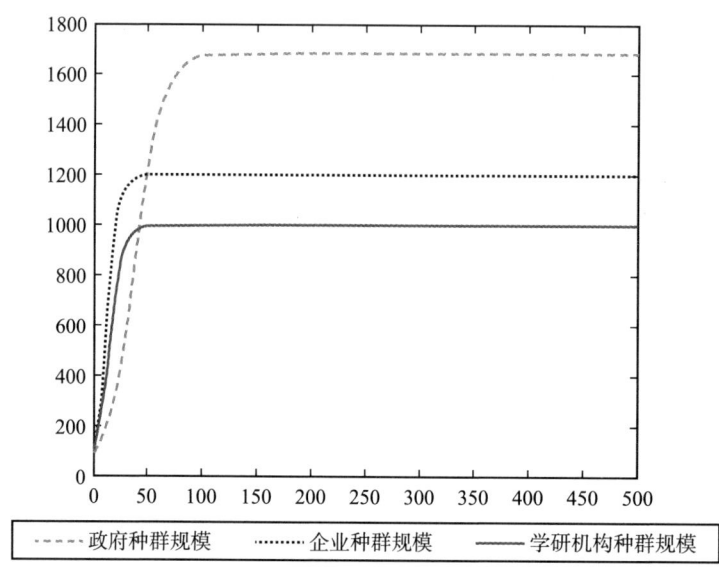

图4-7 偏共生模式

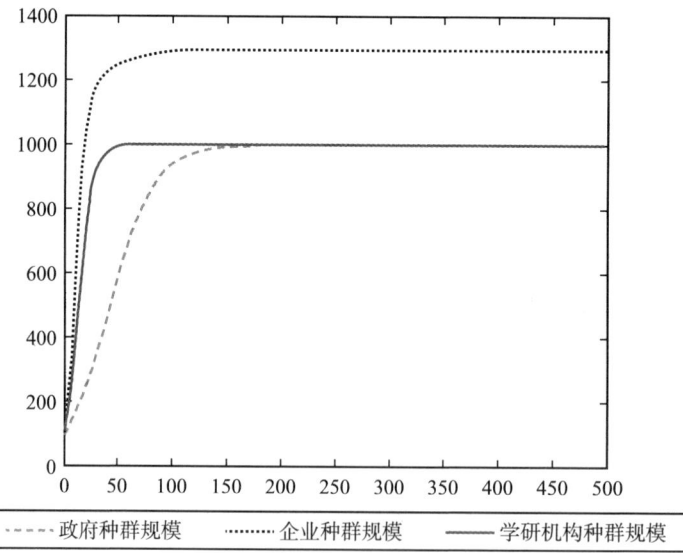

图4-8 偏共生模式

第4章 政产学研协同创新的动态演化

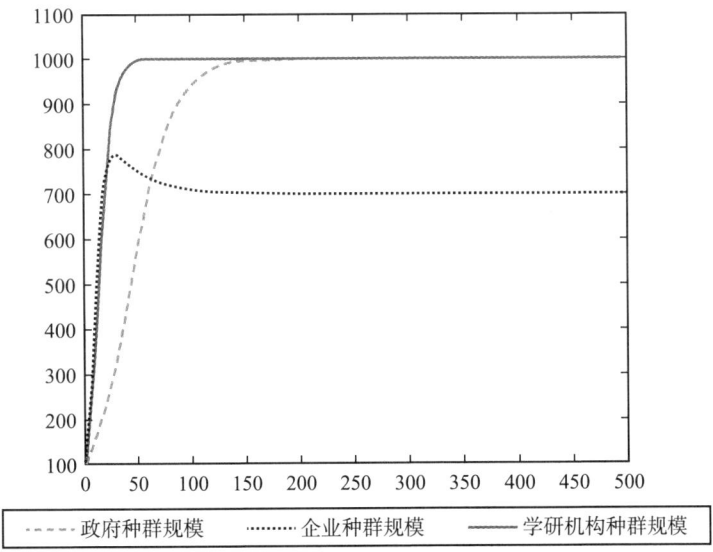

图4-9 偏共生模式

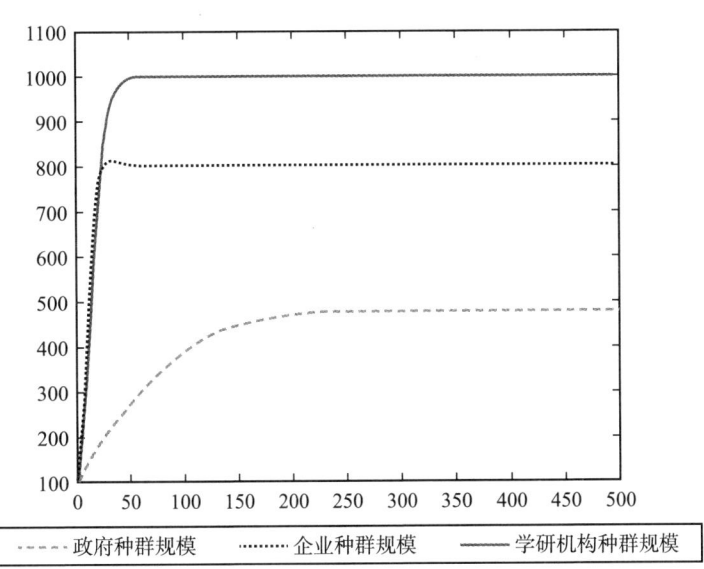

图4-10 偏共生模式

⑤互利共生模式。互利共生模式是政产学研创新生态系统最佳共生演化模式。此共生模式下政府种群、企业种群及学研机构种群协同演化、互利共赢，

形成协同创新联盟,能够催生出共生价值大于单个主体之和。促使原协同创新系统向高阶协同创新系统演化进阶。此外,互利共生模式能够打破组织壁垒,冲破环境资源限制,实现协同创新联盟之间的技术创新和价值共创,是宏观政策调控所要达到的目的。根据共生理论,互利共生模式仅需满足任意两种群之间共生度均为正数,即 $\varphi_{12}=0$,$\varphi_{13}=0$,$\varphi_{21}=-0.1$,$\varphi_{23}=-0.2$,$\varphi_{31}=0$,$\varphi_{32}=0$,此时各种群最终稳定状态均大于独立发展的最大规模,如图 4-11 所示。

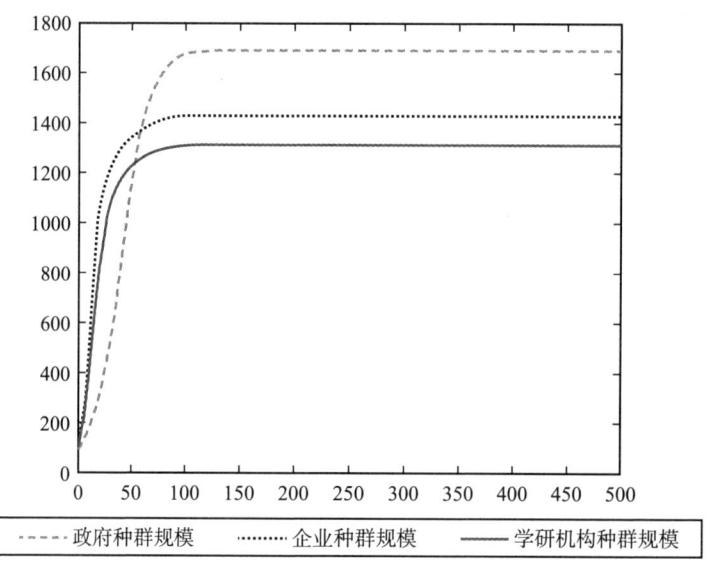

图 4-11 互利共生模式

4.3 政产学研协同创新系统共生度测算

实证分析是对数值仿真的有效补充。采用客观数据验证多种群共生演化动力学模型的科学性和实用性,在解释实际问题基础上预测我国政产学研协同创新生态系统未来演化趋势。通过上述分析,以京津冀政产学研协同创新系统中政府种群、企业种群及学研机构种群共生演化为例,采用耦合协调度模型对 2010~2019 年京津冀地区政产学研协同创新共生度进行统计分析。

4.3.1 政产学研协同创新系统共生度测算方法

（1）熵权法。

目前有很多种关于对指标赋权的方法，这些赋权方法总体分为客观和主观两种。为了避免人为主观因素引起的评价误差，利用熵值法确定指标评价体系中各指标的权重。熵值法确定指标权重的步骤如下：

第一步，建立原始数据矩阵。设有 m 个评估对象，n 个评估指标，建立原始数据矩阵。

$$X_{ij} = \begin{bmatrix} X_{11} & X_{12} & \cdots & X_{1n} \\ X_{21} & X_{22} & \cdots & X_{2n} \\ \vdots & \vdots & \vdots & \vdots \\ X_{m1} & X_{m2} & \cdots & X_{mn} \end{bmatrix} \tag{4-9}$$

第二步，指标的标准化处理。通过对原始数据标准化处理，消除量纲的影响，使指标之间可以进行数量的运算。对于正向指标而言，数值越大越好，对于负向指标而言，数值越小越好，两种指标的标准化处理均采用极差标准化方法。

正向指标标准化：

$$X_{ij} = \frac{X_{ij} - \min(X_{ij})}{\max(X_{ij}) - \min(X_{ij})} \tag{4-10}$$

负向指标标准化：

$$X_{ij} = \frac{\max(X_{ij}) - X_{ij}}{\max(X_{ij}) - \min(X_{ij})} \tag{4-11}$$

第三步，计算指标占评价指标权重。

$$y_{ij} = \frac{X_{ij}}{\sum_{i=1}^{m} X_{ij}}, j = 1, 2, \cdots, n \tag{4-12}$$

第四步，计算信息熵。

$$E_i = -\ln(n)^{-1} \sum_{i=1}^{m} y_{ij} \ln y_{ij} \tag{4-13}$$

第五步，确定各指标权重。W_i 为第 i 项评价指标的权重。

$$W_i = \frac{1 - E_i}{\sum (1 - E_i)}, \quad i = 1, 2, \cdots, n \qquad (4-14)$$

(2) 耦合度模型。

耦合作为物理学中的概念，是指两个或两个以上系统之间存在相互作用与影响的现象。政府、企业、高等院校与科研院所的关系本质是相互作用、相互影响的共生关系。为研究四者之间的互动融合程度，借助物理耦合模型构建政府、企业、高等院校与科研院所的耦合度模型，利用耦合度对四者之间的作用状态、程度进行描述与测度，以此反映政府、企业、高等院校与科研院所的影响效果。数值越大，表明系统之间或系统内部各耦合元素之间的发展方向越有序；数值越小，表明系统之间或系统内部各耦合元素的发展方向越具有无序性，同时各因素之间的关系也就缺乏稳定性。设 C 为政府、企业、高等院校与科研院所协同创新耦合系统的耦合度，U_1、U_2、U_3 及 U_4 分别为四个系统的得分。包含 4 个子系统的"政府—企业—高等院校—科研院所"耦合系统的耦合度评价模型为：

$$C = \left\{ \frac{U_1 \times U_2 \times U_3 \times U4}{[U_1 + U_2 + U_3 + U4]^4} \right\}^{\frac{1}{4}} \qquad (4-15)$$

其中，耦合度 $C \in [0, 1]$，C 的取值越接近于 1，耦合性与协调性越好，当 $C = 1$ 时，政产学研协调创新系统间的耦合状态达到最优；C 的取值越接近于 0，稳定性与有序性越差，若 $C = 0$，表明政产学研协同创新系统耦合元素失序，呈现出不稳定和无序性。

(3) 耦合协调度模型。

耦合度指标虽然在一定程度上反映了政府、企业、高等院校、科研院所间的耦合程度，但难以表示出这四者总体上的协调发展水平。故进一步构建耦合协调度模型，在充分反映出四个系统之间的耦合协调程度的基础上，更加深入测度四者协调发展水平的相对高低以及系统之间或系统内部的协调度好坏。政府—企业—高等院校—科研院所间的协调度评价模型如下：

$$T = aU_1 + bU_2 + cU3 + dU4 \qquad (4-16)$$

$$D = \sqrt{CT} \qquad (4-17)$$

其中，耦合协调度 $D \in [0, 1]$；C 为耦合度；T 为综合协调指数，反映政府、企业、高等院校与科研院所的整体水平。a、b、c 和 d 分别反映政府、企业、高等院校及科研院所的相对重要程度，为待定权重。由于政产学研协同创新系统中各主体的相互作用是不对称的，政府在协同创新过程中起宏观调控以及政策资金投入的角色，能够通过外界影响和促进企业、高等院校及科研院所的发展。同时高等院校及科研院所属于创新链，企业属于产业链，两者属于一个顺承的逻辑，能够为政府进一步发展提供有力支撑。基于此认为政府和企业的作用同等重要，高等院校及科研院所的作用同等重要，得出假定 $a = b = 0.3$，$c = d = 0.2$。为了直观反映政产学研协同创新中协调度所处的阶段，借鉴已有研究，关于协调度大小的评价标准，确定耦合协调类别划分标准如表 4-7 所示。

表 4-7　　耦合协调度评价标准

耦合度 C	耦合阶段	耦合协调度 D	协调等级
$0 \leq C < 0.3$	低水平耦合	$0 \leq D < 0.1$	极度失调阶段
		$0.1 \leq D < 0.2$	严重失调阶段
		$0.2 \leq D < 0.3$	中度失调阶段
$0.3 \leq C < 0.5$	拮抗阶段	$0.3 \leq D < 0.4$	轻度失调阶段
		$0.4 \leq D < 0.5$	濒临协调阶段
		$0.5 \leq D < 0.6$	勉强失调阶段
$0.5 \leq C < 0.8$	磨合阶段	$0.6 \leq D < 0.7$	初级协调阶段
		$0.7 \leq D < 0.8$	中度协调阶段
$0.8 \leq C < 0.9$	高水平耦合	$0.8 \leq D < 0.9$	良好协调阶段
		$0.9 \leq D < 1$	优质协调阶段

4.3.2　政产学研协同创新系统测算数据来源与处理

（1）指标体系构建原则。

为了使指标体系科学化、规范化，在指标体系的选取过程中，应遵循以下四个原则：

①科学性原则。政产学研协同创新效率评价指标应建立在科学基础上，尽

可能客观真实地反映政产学研协同创新投入与产出的活动规律，正确反映出所选择指标之间的内在关系及特征。

②可比性原则。政产学研协同创新效率的评价指标应在范围选择、计算量度上具有一致性。选择指标时也要充分考虑是否可以进行定量式处理，且规范使用指标单位，以确保评价结果有效形成对比。

③可行性原则。政产学研协同创新评价指标数据应在理论基础研究下，尽量选择便于收集信息、真实客观、现实可操作性的指标，统一采用京津冀三地统计部门的公开数据，以增强指标数据的真实可靠性，进而有效反映京津冀政产学研协同创新合作间的现状与问题。

④系统性原则。政产学研协同创新评价指标之间要具备一定的逻辑关系，能够从不同层面反映出京津冀三地政产学研协同创新合作内部间的情况，且各个指标之间既相互独立，又要有一定的关联性，以共同构成一个有机统一体。

（2）指标体系要素选择。

政产学研作为一个复杂的综合系统，投入产出指标众多，评价指标体系的建立迄今仍未有统一标准。因此，在构建评价指标体系时应多角度、有重点地选择投入和产出指标来进行效率评价，以达到客观分析问题的目的。

所选取的指标可从不同方面反映京津冀政产学研协同创新合作间投入与产出情况，但要有序合理分析政产学研协同创新内部发展状况，需理解其实质内涵、核心内容，从而基于理论基础构建相关评价指标体系。参考和借鉴已有相关文献指标的选择，以指标体系构建原则为出发点，围绕政产学研协同创新的内涵，选取相应投入指标：规模以上企业研发经费、规模以上工业企业研发全时当量、科研机构和高等院校的研发人员全时当量、研发内部经费支出以及政府科技支出占总财政支出比重、教育支出占总财政支出的比重、政策文件数量；选取相应产出指标：专利授权数、发表科技论文数、有效发明专利数、新产品开发项目数、出版科技著作数以及新产品销售收入。由于政府产出指标、中介机构的投入与产出指标难以衡量与计算，暂时未设计指标。指标选取时所参考的文献如表4-8所示。

第4章 政产学研协同创新的动态演化

表4-8 政产学研协同创新系统评价指标参考文献

子系统	指标	参考文献
政府 (Y_1)	政府科技支出占总财政支出比重 (X_1)	张士运、倪红福（2013）；兰秋蓬（2014）；史郁（2016）；何玉凤（2016）；武学超，徐雅婷（2018）；杨子刚（2018）；张梦迪（2020）；杨建仁，田渊（2021）
	教育支出占总财政支出的比重 (X_2)	兰秋蓬（2014）；刘一新，张卓（2020）；张梦迪（2020）；扶晓政，林向阳，林治翔（2021）
	政策文件数量 (X_3)	兰秋蓬（2014）；黄永生（2018）；武学超，徐雅婷（2018）；运城学院学报（2021）
企业 (Y_2)	规模以上企业研发经费 (X_4)	赵晓明和冯玫（2011）；齐斌华（2020）
	规模以上企业研发全时当量 (X_5)	赵晓明和冯玫（2011）；王天擎，李琪（2018）
	新产品销售收入 (X_6)	赵晓明和冯玫（2011）；何玉凤（2016）；陈怀超等（2018）；魏国江（2018）
	有效发明专利数 (X_7)	赵晓明和冯玫（2011）；何玉凤（2016）
	新产品开发项目数 (X_8)	赵晓明和冯玫（2011）；何玉凤（2016）
高等院校 (Y_3)	研发全时当量人员投入 (X_9)	范德成，李盛楠（2019）；张曼，菅利荣（2020）；朱巍，张景，安然（2021）
	研发内部经费支出 (X_{10})	李洪伟，任娜，陶敏，姜秀娟（2012）；封伟毅，张肃（2017）；范德成，李盛楠（2019）；黎友焕，方田（2019）；张曼，菅利荣（2020）；朱巍，张景，安然（2021）
	专利授权数 (X_{11})	李洪伟，任娜，陶敏，姜秀娟（2012）；何玉凤（2016）；范德成，李盛楠（2019）；张梦迪（2020）；齐斌华（2020）；陈福时，李文丹，万贤贤，高建平（2021）；李皓辰，王利，熊燕（2021）
	发表科技论文数 (X_{12})	朱巍，张景，安然（2021）；陈怀超等（2018）；魏国江（2018）；王天擎，李琪（2018）；黎友焕，方田（2019）；张曼，菅利荣（2020）；陈伟，王秀锋，曲慧，魏轩，林超然（2020）；齐斌华（2020）；张梦迪（2020）；刘玲，杨欣玥（2020）；陈福时，李文丹，万贤贤，高建平（2021）
	出版科技著作 (X_{13})	齐斌华（2020）；陈福时，李文丹，万贤贤，高建平（2021）；朱巍，张景，安然（2021）

续表

子系统	指标	参考文献
科研院所 (Y_4)	研发内部经费支出 (X_{14})	许继琴，杨少华（2009）；庞文，韩笑（2010）；韩磊，赵文华（2010）；李娟，任利成，吴翠花（2010）；卢方元，赵银虎（2012）；史彦虎（2013）；杨妮娜（2015）；郜林平，鲁勇兵（2016）；陈怀超等（2018）；李佳，韩君辉（2020）；张梦迪（2020）；王璐，辛裴裴，郭书君（2021）
	研发全时当量人员投入 (X_{15})	庞文，韩笑（2010）；史彦虎（2013）；郜林平，鲁勇兵（2016）；戴先红，谈应权（2017）；张晓月，甄伟君（2018）；张梦迪（2020）；
	专利授权数 (X_{16})	庞文，韩笑（2010）；韩磊，赵文华（2010）；李娟，任利成，吴翠花（2010）；卢方元，赵银虎（2012）；史彦虎（2013）；郜林平，鲁勇兵（2016）；戴先红，谈应权（2017）；张梦迪（2020）；
	发表论文数 (X_{17})	刘洋，庞文（2010）；史彦虎（2013）；郜林平，鲁勇兵（2016）；戴先红，谈应权（2017）；赵俊芳，郑鑫瑶（2019）；张梦迪（2020）；齐斌华（2020）
	出版科技著作 (X_{18})	史彦虎（2013）；赵俊芳，郑鑫瑶（2019）；郜林平，鲁勇兵（2016）

注：文献均来自 CNKI 期刊，自 2009 年起按时间顺序排列。

投入指标包括以下七个方面：

①规模以上工业企业研发全时当量，指报告期研发人员按实际从事研发活动时间计算的工作量，以"人年"为计量单位。

②规模以上工业企业研发经费。规模以上工业企业的衡量标准是年主营业务收入在 2000 万元及以上的工业企业。研发经费具体指的是企业在产品、技术、材料、工艺、标准的研究、开发过程中发生的各种费用。

③研发人员全时当量。研发人员是研究与试验发展活动的主体，全时当量是国际上通用的一个量度指标，比单纯的统计研发人员更能反映人力资源的投入力度，反映了自主创新人力资源的投入规模和总体实力，是衡量创新投入的重要指标。

④研发内部经费支出，指政府科技活动支出或科技拨款中用于研究与开发机构内部的实际支出，经常性支出含人员劳务费，资产性支出含仪器和设备，

第4章 政产学研协同创新的动态演化

反映了一个地区科技投入水平的强度及开展研发活动的规模。

⑤政府科技支出占总财政支出比重,用以衡量政府对政产学研协同创新资金投入。

⑥教育支出占总财政支出比重,用以衡量政府对政产学研协同创新中教育的投入。

⑦政策文件数量:用以衡量政府对政产学研协同创新政策供给强度和重视程度。

产出指标包括以下六个方面:

①专利授权数,是指报告年度由专利行政部门对专利申请无异议或经审查异议不成立的,作出授予专利权决定,发给专利证书,并将有关事项予以登记和公告的专利数。

②发表科技论文数,是衡量高等院校、科研院所研发能力的重要指标。主要体现了所在地区高等院校和科研院所的创新能力和水平,发表的科技论文最后会为创新活动提供理论支撑,是一项重要的创新成果。

③有效发明专利数,是指经国家知识产权局审批已经授权的专利的数量。

④新产品开发项目数,新产品既包括经政府有关部门认定并在有效期内的新产品,也包括企业自行研制开发,未经政府有关部门认定,从投产之日起一年之内的新产品。

⑤出版科技著作数,是指对科技成果进行理论分析和实践总结形成的著作出版数量。

⑥新产品销售收入,是指企业在主营业务收入和其他业务收入中销售新产品实现的收入。

(3) 数据来源。

为深入研究政府、企业、高等院校、科研院所的耦合协调演变特征,并对京津冀三地的政产学研协同创新能力水平进行对比分析,采用的政府、企业、高等院校及科研院所协同创新评价指标数据来源于2010~2019年《中国科技年鉴》《中国城市统计年鉴》《北京统计年鉴》《天津统计年鉴》《天津科技统计年鉴》《河北科技年鉴》以及这三地历年统计公报、整理的公开资料。

(4) 数据处理。

考虑到评价指标体系中来源数据的量纲、数量级以及属性各有不同,将整理得到所涉及的 2010～2019 年京津冀三地的初始指标数据进行无量纲化处理，运用熵值法中的指标标准化处理公式（4－10）处理正向指标、公式（4－11）处理负向指标。得出政产学研协同创新系统指标体系及权重，如表 4－9 所示。

表 4－9　　　　政产学研协同创新系统指标体系及权重

子系统	指标	单位	权重
政府（Y_1）	政府科技支出占总财政支出比重（X_1）	%	0.3297
	教育支出占总财政支出的比重（X_2）	%	0.3366
	政策文件数量（X_3）	个	0.3338
企业（Y_2）	规模以上企业研发经费（X_4）	万元	0.2018
	规模以上企业研发全时当量（X_5）	人年	0.1998
	新产品销售收入（X_6）	万元	0.1968
	有效发明专利数（X_7）	件	0.2039
	新产品开发项目数（X_8）	项	0.1978
高等院校（Y_3）	研发全时当量人员投入（X_9）	人年	0.2006
	研发内部经费支出（X_{10}）	万元	0.2023
	专利授权数（X_{11}）	件	0.1982
	发表科技论文数（X_{12}）	篇	0.1984
	出版科技著作（X_{13}）	种	0.2007
科研院所（Y_4）	研发内部经费支出（X_{14}）	人年	0.2042
	研发全时当量人员投入（X_{15}）	万元	0.2013
	专利授权数（X_{16}）	件	0.1990
	发表论文数（X_{17}）	篇	0.2001
	出版科技著作（X_{18}）	种	0.1954

4.3.3　政产学研协同创新系统共生度测算结果与分析

（1）京津冀政产学研协同创新基本情况分析。

①政府参与协同创新情况。

政府在政产学研协同创新中的作用主要体现为政策支持及财政支持。在政策文件数量方面,政策支持主要以北京市、天津市及河北省政府官方网站、科技厅中与科技创新主题相关的政策文件数量进行衡量(如图4-12所示)。从总体来看,2010~2019年北京市出台的政策文件数量呈现出波动状态,政策文件数量在2011年达到顶峰,2012年的9篇政策文件数量成为2010~2019年期间的最低值;天津市出台政策文件数量在2010~2016年呈现稳定态势,而在2017年出现猛增,2018年回归平稳,2019年出现第二次骤增,反映出天津市对政产学研协同创新的重要性认识程度呈现平稳增长的状态。相比京、津两市,河北省有关科技创新的政策文件在2012年达到波峰,2011年政策文件数量为最低值。总体来看,河北省的政策文件数量与北京市一样呈现波动状态,并且在2015年后逐渐呈现平稳态势。通过对比北京、天津与河北,考察期内北京对政产学研协同创新的重视程度逐渐稳定,河北省在京津冀协同发展战略下对政产学研协同创新的重视程度在2012年、2013年以及2014年较强,在考察期天津对政产学研协同创新的认识程度不断加深。

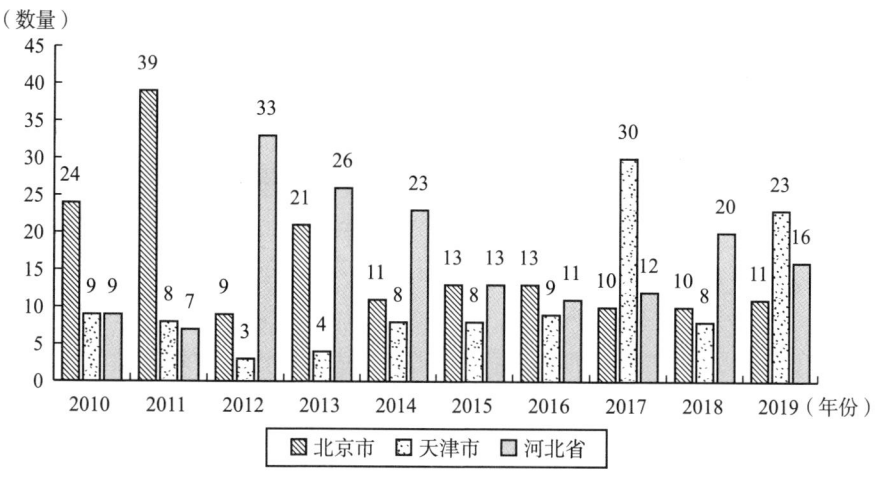

图4-12 京津冀地区政府政策出台情况

2010~2019年京津冀三地政府科技支出占总财政支出比重情况如图4-13所示,通过图4-13可以看出,北京市呈现出较为剧烈的波动状态,天津市和河北省总体呈现出平稳状态,但天津市主要呈现出先逐渐上升后逐渐下降的态势,河北省在2015年到达0.81%的谷底。基于地区的考察可以看出,北京市的政府科技支出占总财政支出比重远远高于天津市和河北省，天津市的政府科技支出占总财政支出比重次之，河北省的政府科技支出占总财政支出比重最小。

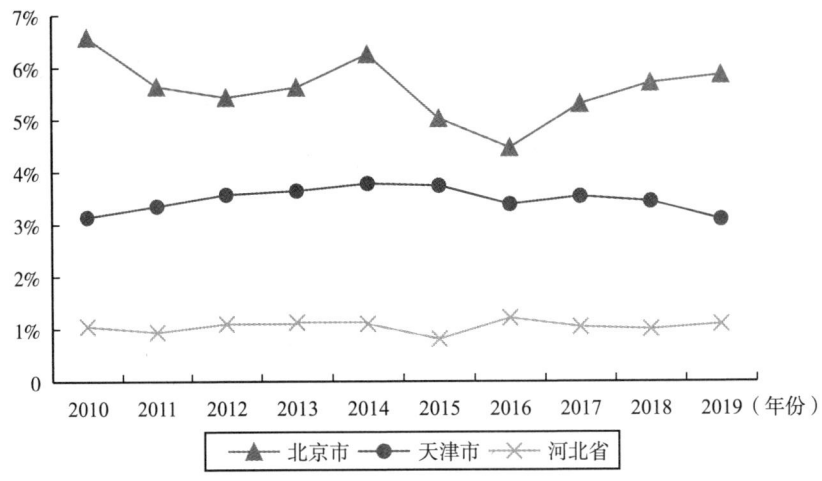

图 4-13　京津冀地区政府科技支出占总财政支出比重

2010~2019年京津冀三地在教育支出占总财政支出的比重如图4-14所示，通过图4-14可以看出，北京市的教育支出占总财政支出的比重呈现出轻微的波动，在2012年达到最高的17.05%，在2018年的最低值为13.73%，在2019年缓慢上升；天津市的教育支出占总财政支出的比重呈现出先上升、后下降，再上升、再下降的态势，第二次的上升与降低的幅度小于第一次，并且在2019年达到13.15%的最低值；河北省教育支出占总财政支出的比重总体呈现出与天津市一样的态势，但其幅度明显小于天津市。通过比较发现，河北省的教育支出占总财政支出的比重远远高于天津市和河北省，而在2010~2016年，天津市的教育支出占总财政支出的比重高于北京市，但2017年北京市的教育支出占总财政支出的比重高于天津市，而在2018年又出现了相反的情况。

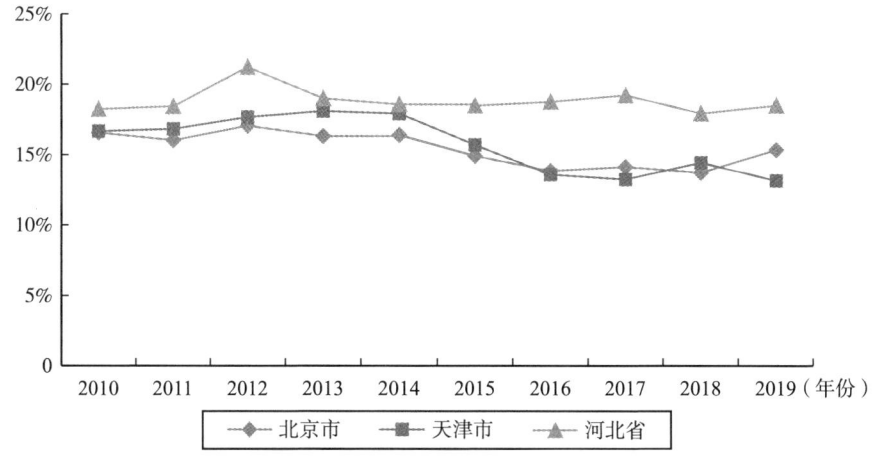

图 4-14　京津冀地区教育支出占总财政支出的比重

②企业参与协同创新情况。

在投入方面，主要通过规模以上企业研发经费及规模以上企业研发全时当量从财政投入及人员投入两个方面进行度量。在规模以上企业研发经费方面，从图 4-15 可以看出，北京市和河北省两地的经费投入逐年增加，北京市的增加速度快于河北省，两者之间的差异不断扩大。相比之下，天津市虽然总体呈现出增长的态势，但是在 2017 年达到峰值 641421 万元之后，逐渐出现回落现象。基于地区比较的维度，除去 2011 年北京市规模以上企业研发经费投入高于河北省以外，其他年份河北省一直稳居首位，天津市规模以上企业研发经费投入远远落后于北京市和河北省。

规模以上企业研发全时当量方面，如图 4-16 所示，2010~2019 年河北省总体反映出现逐渐增加的情况，但在 2018 年存在一定波动情况，出现极值点为 68956 人年，北京市总体展现出倒"U"形状，但 2019 年规模以上企业研发全时当量大于 2010 年的 29225 人年，2010~2019 年总体规模以上企业研发全时当量增加。基于地区对比发现，规模以上企业研发全时当量的投入河北省高于北京市，并远远高于天津市。同时，天津市对于科研人员投入的平稳程度远远低于河北省和北京市。

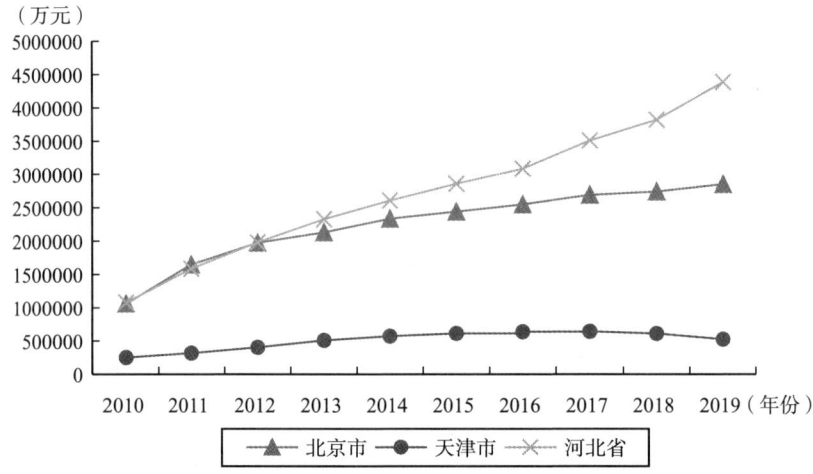

图 4-15　京津冀地区规模以上企业研发经费情况

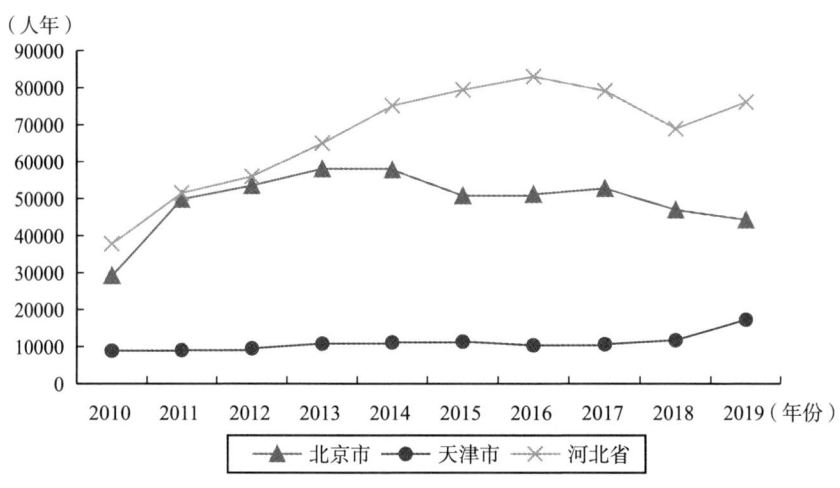

图 4-16　京津冀地区规模以上企业研发全时当量情况

在产出方面,主要用新产品销售收入数、有效发明专利数及新产品开发项目数来进行衡量。

在新产品销售收入方面,如图 4-17 所示,纵向来看河北省呈现逐年增加的态势,2019 年出现最高收入 64847324 万元,这可能与河北省的规模以上企业研发经费与规模以上企业研发全时当量的投入逐年增加有关,说明新产品销售收入与科研经费及人员存在高度正相关关系。相比之下,天津市新产品销售收入基本上呈现出稳定态势,波动较小。同时,北京市新产品销售收入总体呈现增长态势,存在轻微波动情况,并在2019年达到最高值52201988万元。横向来看,在2016年之前北京市、天津市及河北省新产品销售收入排序为:北京市最高,河北省第二,天津市最低,而在2016年之后三地新产品销售收入排序调整为河北省最高,北京市第二,天津市最低。

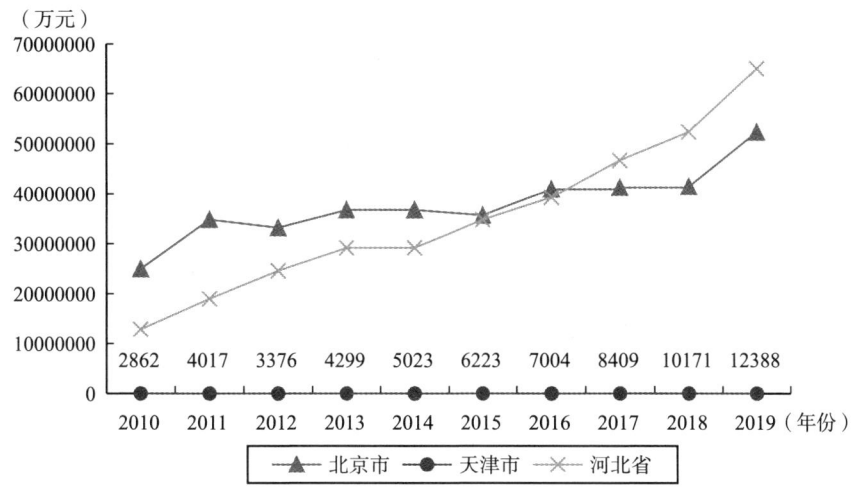

图4-17 京津冀地区新产品销售收入情况

如图4-18所示,2010~2019年北京市与河北省有效发明专利数呈现出逐渐增加的态势,并且分别在2019年到达峰值48656件和21487件。相比之下,天津市的有效发明专利数整体上呈现出递增趋势,但是极值点值出现在2017年的28644件。对比来看,北京市有效发明数量远远大于河北省,在2016年之前天津市有效发明专利数高于北京市,在2015年之后天津市有效发明专利数位于河北省与北京市之间,河北省最低。

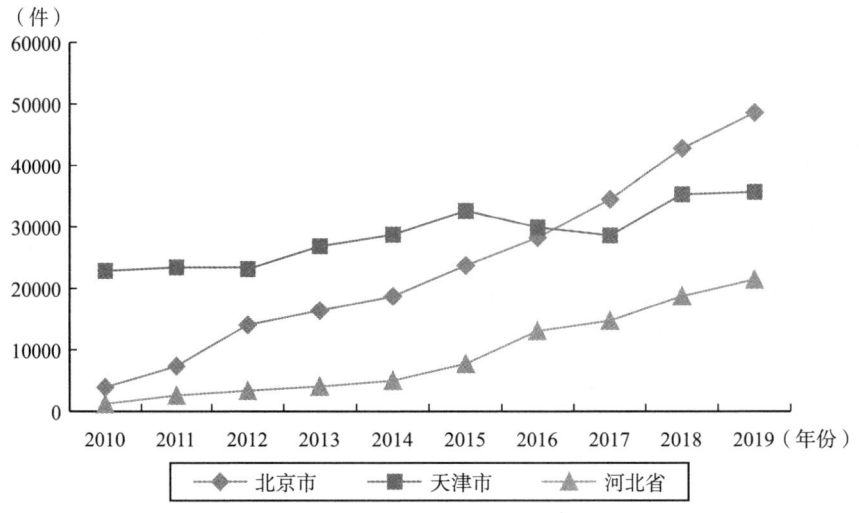

图4-18 京津冀地区企业有效发明专利数量

在新产品开发项目数方面,如图4-19所示,天津市总体表现平稳,但随着年份的增加逐渐出现下降的趋势;而河北省总体呈现波动上升态势,在2010年出现最小值4048项,2019年达到最大值14913项;相比之下,北京市出现"N"字形走势,2010年出现最小值4848项,2013年出现最大值13310项,2013年之后有所下降,直至2016年的极点10304项,然后出现缓慢上升

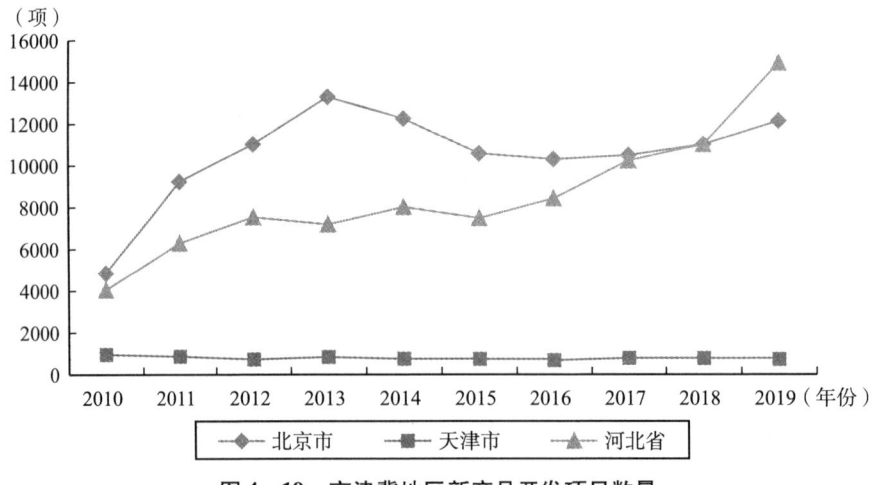

图4-19 京津冀地区新产品开发项目数量

的态势。通过比较可以看出，在2018年之前三地新产品开发项目排序为北京市第一、河北省第二以及天津市最后，但在2018年之后河北省一跃成为首位。

③高等学校参与协同创新情况。

在投入方面主要通过高等学校研发内部经费支出与研发全时当量人员投入进行衡量。在高等学校研发内部经费支出方面，从图4-20可以看出，河北省高等学校研发内部经费支出大致呈现逐年增长态势，自2010年的74597万元增长至2019年的253766万元，增加了2.4倍，年平均增长率约为24%；天津市高等学校研发内部经费支出主要呈现先增加后缓慢下降的趋势，2010~2017年逐年增长，在2017年出现峰值，研发内部经费支出达到了641421万元，随后的2018~2019年两年间研发内部经费支出开始下降，一直降至2019年的524717万元；相较于河北省和天津市，北京市高等学校研发内部经费支出远远超过天津市和河北省的总和，且基本呈现出逐年增加的势态，尤其在2016年后，出现了陡然式增长，年增长率高达30%，2019年更是达到了2808088万元的峰值。总体来看，北京市在高等学校研发内部经费支出方面一直处于绝对首位，将河北省和天津市远远甩在身后。

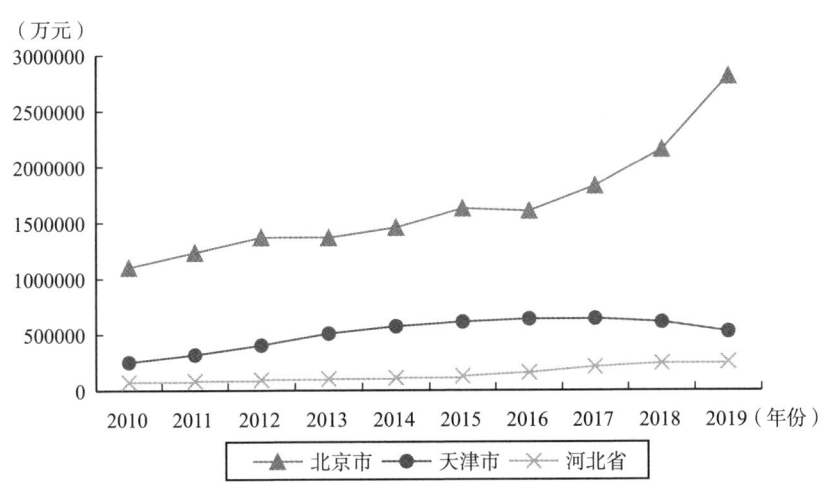

图4-20　京津冀地区高等学校研发内部经费支出

在高等学校研发全时当量人员投入方面，如图4-21所示，河北省高等学校研发全时当量人员投入大致呈现出逐年增长态势，从2010年的7388人增加到了 2019 年的 12885 人，十年间增加了 5169 人，年平均增长 500 多人；天津市高等学校研发全时当量人员投入总体上呈现出波动式的上升，在 2015～2016 年出现了短暂下滑，随即保持继续增长；北京市高等学校研发全时当量人员投入虽在 2016 年略微有所下降，但总体仍是呈现出平缓上升的态势，尤其是在 2018～2019 年间，研发全时当量人员投入由 36546 人增加到了 63119 人，增长了近一倍。通过对比可以看出，北京市高等学校研发全时当量人员投入方面远高于天津市和河北省，处在第一位，天津市次之，河北省排在最后。

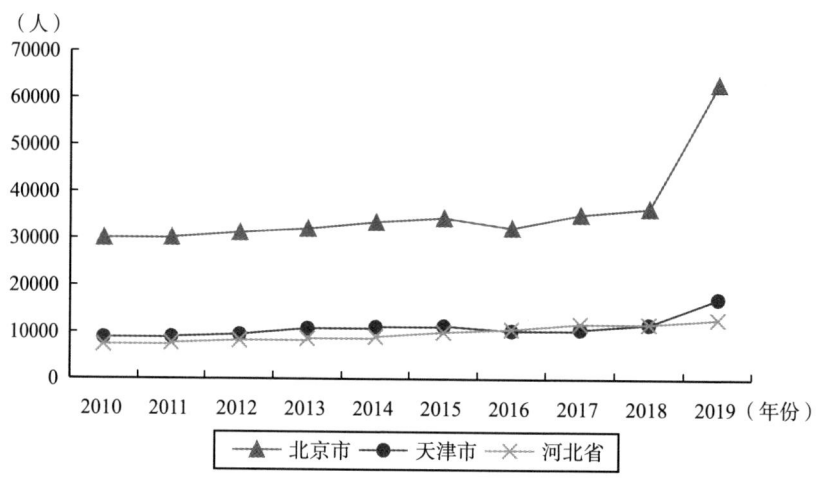

图 4-21　京津冀地区高等学校研发全时当量人员投入

在高等学校专利授权数量方面，基于时间维度观察发现北京市、天津市及河北省的高等学校在考察期内虽然呈现出小幅度波动，但总体呈现出增长趋势，且增长速度越来越快。北京市与天津市在 2012 年出现轻微下降，分别为 21859 件、3376 件，在 2019 年达到峰值分别为 59498 件、12388 件。基于北京市、天津市及河北省三地的对比，发现北京市高等院校专利授权数量远远高于天津市及河北省，北京市高等院校专利授权数大约是天津市的 4 倍左右，是河北省的 10 倍左右。北京市高等院校专利授权数遥遥领先的原因可能与北京作为国家首都的资源集聚功能有关，如北京大学、清华大学、中国人民大学等知名高等学府汇集于北京，天津市知名高等院校次之，而河北省落后。从增长速度来看，北京市高等学校专利授权数量的增长速度远远大于天津市和河北省。

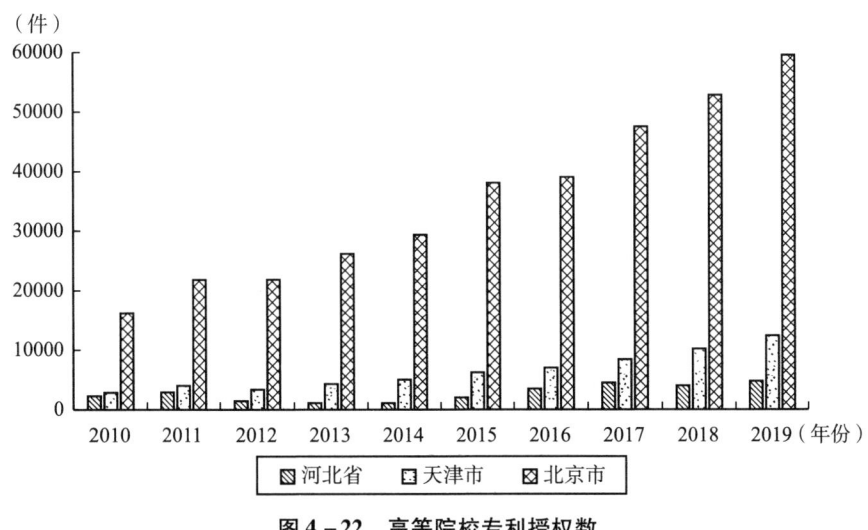

图 4-22 高等院校专利授权数

在高等院校发表论文数量方面,如图 4-23 所示,河北省高等院校发表论文数大致呈现出波浪式上升的态势,其峰值出现在 2017 年,发表论文数达到了 37524 篇;天津市高等院校发表论文数量在 2010~2015 年持续增加,2015 年后则出现了转折,连续两年发表论文数量呈现下降的态势,2018 年开始又回归持续增长的趋势,尤其是 2018 年相比 2017 年,高等院校发表论文数量增加了 6678 篇,说明随着科研投入力度的加大,科研成果也显著增加;北京市高等院校发表论文数呈现出逐年增加态势,每年高等院校发表论文数量均在十万篇以上,尤其是在 2019 年创造出新高,达到了 131118 篇。通过对比可以发现,北京市高等院校众多,科研投入力度巨大,结合人才和资金双重优势,高等院校发表论文数量常年处在首位,且比河北省和天津市的总和还多,可见北京市的高等院校科研实力非常雄厚。

在高等院校出版科技著作方面,从图 4-24 可以看出,河北省高等院校出版科技著作数量逐年增长。尤其在 2015~2016 年期间,高等院校出版科技著作数量由 1112 种增加至 1554 种,年增长率达到了 39.7%;天津市高等院校出版科技著作数量大致呈现出逐年递减的趋势,虽在 2013 年和 2017 年两年有回升趋势,但总体仍是递减态势,其中在 2016 年高等院校出版科技著作数量降低到了极点,当年天津市高等院校出版科技著作数量仅为 681 种;北京市高等院校出版科技著作数量自 2010 开始逐年递减,从 2010 年的 5747 种降至 2019 年的 4568 种,十年间降低了 25.8 个百分点。通过比较可以发现,北京市高等院校出版科技著作数量处在三个地区中的首位,且远高于天津市和河北省,河北省自 2013 年起高等院校出版科技著作数量跃至第二位并保持至今,天津市则降至第三位。

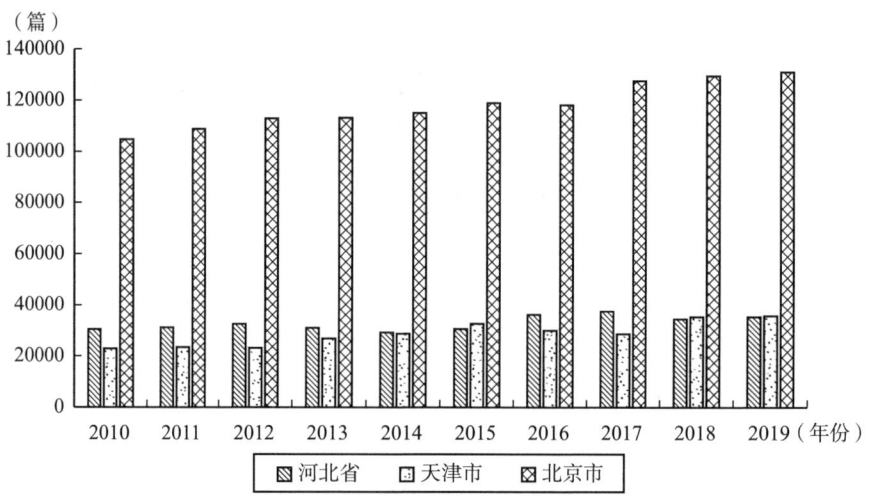

图 4-23 京津冀地区高等院校发表论文数量

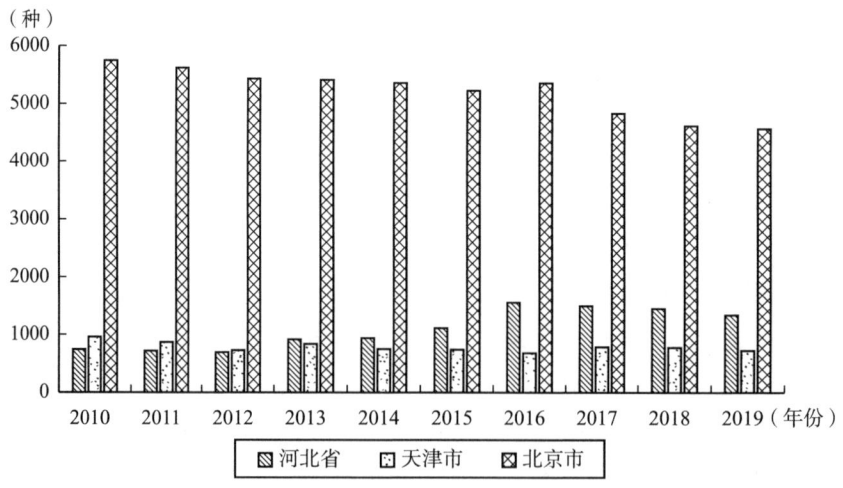

图 4-24 京津冀地区高等院校出版科技著作情况

④科研院所参与协同创新情况。

在投入方面主要通过科研院所研发内部经费支出和研发全时当量人员投入两个方面进行衡量。在科研院所研发内部经费支出方面，从图4-25可以看出，河北省科研院所研发内部经费支出大致呈现出先上升再下降最后再上升的态势，下降段主要出现2016年，但总体趋势是逐年增长，从212541.7万元增长至487782.8万元，十年间增长了一倍。天津市科研院所研发内部经费支出呈现出波浪式的上升趋势，其中在2014年和2018年出现减少现象，总体而言，天津市科研院所研发内部经费支十年间增加了282244.7万元，年均增长率为11.5%。北京市科研院所研发内部经费支出总体呈现逐年增加态势，由2010年的4017111万元增加至2019年的9942382.5万元，年平均增长592527万元。比较三个地区发现，北京市科研院所研发内部经费支出常年处于首位，远超过天津市和河北省。

图4-25　京津冀地区研发内部经费支出

在科研院所研发全时当量人员投入方面，从图4-26可以看出，河北省科研院所研发全时当量人员投入自2010开始逐年持续增加，从6201人增加到10916人，十年间增加了4715人，增加了76个百分点；天津市科研院所研发全时当量人员投入在2010～2017年呈现出逐年递增的态势，但在2018年出现了短暂的减少，随即在2019年继续恢复了递增态势，其中在2017年出现了峰值，科研院所研发全时当量人员投入达到了12333人；相比河北省和天津市，北京市科研院所研发全时当量人员投入遥遥领先，且逐年增长，到2018年后北京市科研院所研发全时当量人员投入首次超过十万人次，迎来了全新时期。

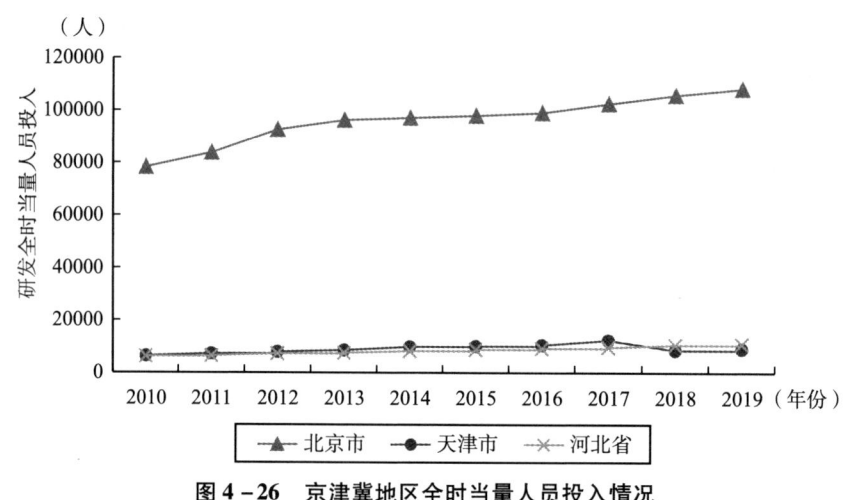

图4-26 京津冀地区全时当量人员投入情况

在产出方面，主要通过科研院所的专利授权数量、发表论文数量以及科技著作数量进行衡量。

如图4-27所示，2010~2019年北京市和天津市科研院所专利授权数量均呈现出逐年递增的趋势，河北省相较而言，在2013年出现短暂下滑，但总体趋势大致呈现逐年增长的态势。其中北京市不仅在科研院所专利授权数量上远超过天津市和河北省，还在专利授权数量的增长速度上远高于天津市和河北省，天津市和河北省的科研院所专利授权数仅为北京市的零头。

如图4-28所示，河北省科研院所发表论文数量发展趋势较为曲折，在2011年出现了峰值，发表了2761篇论文；天津市科研院所发表论文数量呈现出增长—降低—增长的发展态势，其变化较为平缓；北京市相比于天津市和河北省，则表现出了雄厚的科研实力，每年科研院所发表论文数量远超天津市和河北省，在2019年北京市科研院所发表论文数量甚至是天津市和河北省的20倍以上，足以看出北京市科研院不仅数量众多，其科研成果数量也遥遥领先。

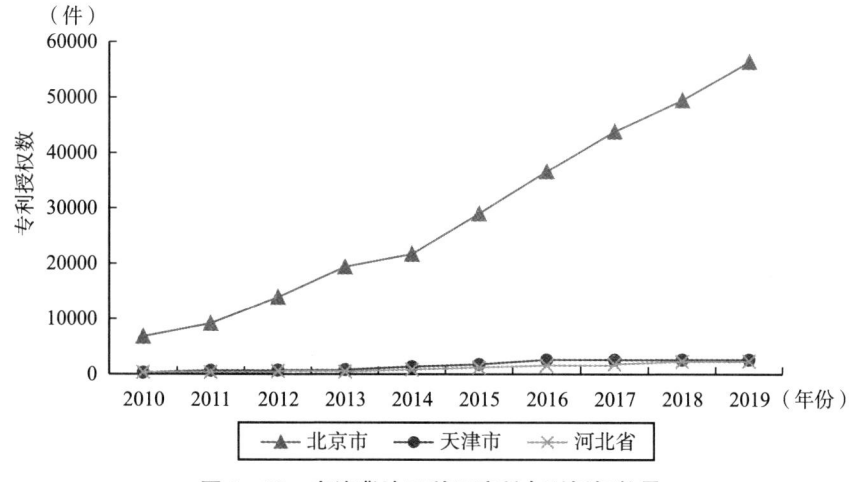

图4-27 京津冀地区科研院所专利授权数量

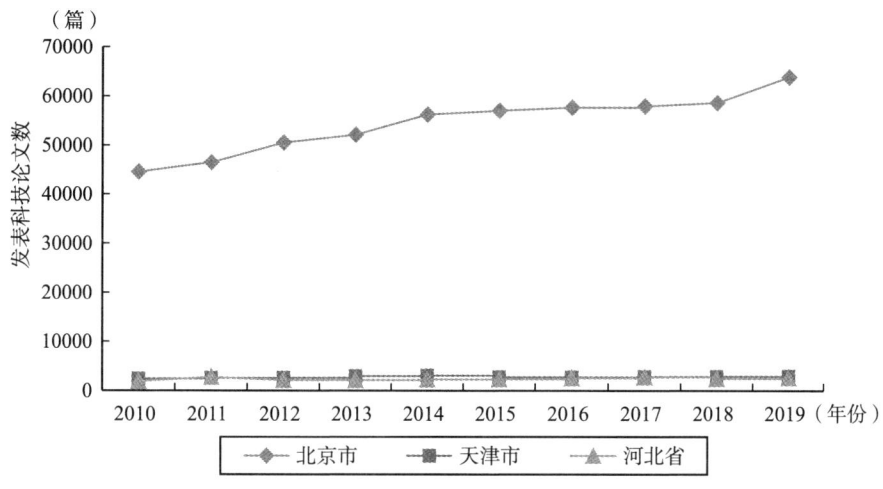

图4-28 京津冀地区科研院所发表论文（科技）数量

在科研院所科技著作数量方面，如图4-29所示，北京市、天津市、河北省的变化趋势均有微小波动，其中，北京市的波动情况明显大于天津市和河北省，同时北京市在2018年达到了峰值2581部，相比于2010年增长了1.5倍之多。河北省科研院所科技著作峰值为2013年的122部，总体呈现增长趋势。相比之下，天津市的科研院所科技著作数量峰值出现在2010年的101部，谷底出现在2015年,最大值与最小值之间相差一半,考察期内总体呈现出"U"型。通过比较可以看出,北京市的科研院所科技著作数量居于京津冀地区的首位,远远高于河北省和天津市。天津市和河北省的科研院所科技著作数量,随着时间的演进存在交叠部分。

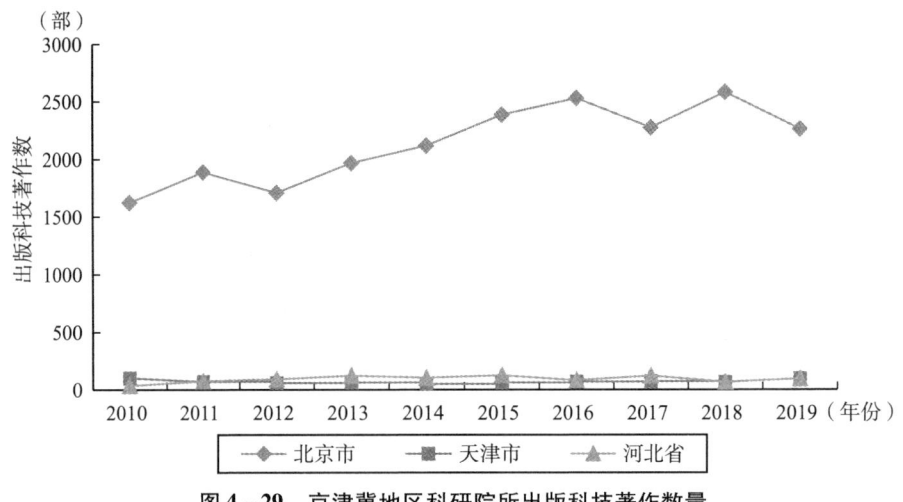

图4-29 京津冀地区科研院所出版科技著作数量

(2)京津冀政产学研协同创新系统耦合协调比较分析。

①政产学研协同创新各子系统发展水平演化。

政府创新子系统。如图4-30所示,北京市、天津市、河北省政府子系统协同创新发展水平波动较大,均值保留四位小数,分别为0.4895、0.3336、0.3807。从政府创新子系统整体协调发展水平来看,北京市在2011年协调发展水平达到0.7296,既是北京市近十年政府创新子系统协调发展水平的最高值,也是京津冀地区政府创新子系统协调发展水平最高值。究其原因,政策文件数量在衡量政府子系统协调创新耦合度下比重较大,2011年北京市出台了39份文件来促进政产学研系统协同创新动态发展,而天津市和河北省的出台文件数分别为8份和7份,说明这两地政府的投入较少、重视程度有待提高。天津市2016年的政府创新子系统协调发展水平0.2207,是京津冀地区的最低值;通过分析地原始指标数据,天津市政府在科技支出占总财政支出比重要低于北京市、高于河北省，其教育支出占总财政支出的比重均低于北京市、河北省，且政策文件出台数量上也均低于北京市、河北省，表明在 2016 年天津市政府创新子系统内部协调工作力度较北京市、河北省低一些。

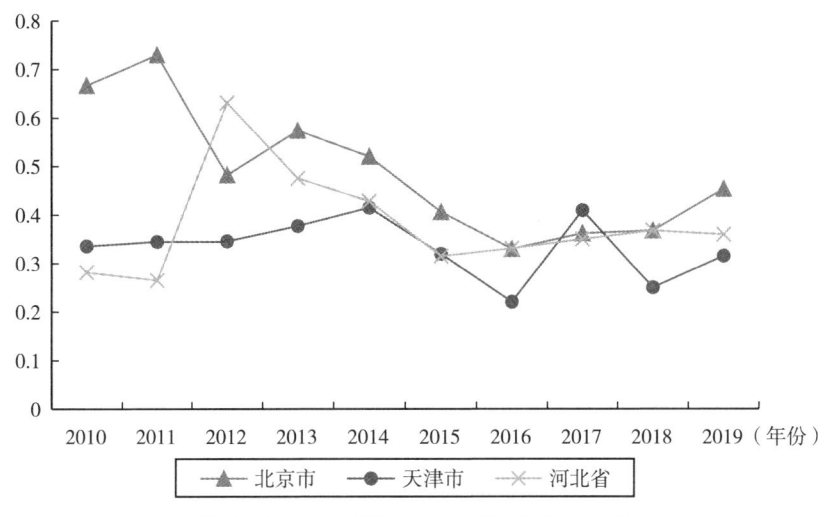

图 4-30　京津冀地区政府子系统演化情况

企业创新子系统。由于北京市在资金、技术、人才、资源等方面具有绝对优势，其企业创新子系统协调创新发展水平增长幅度要略高天津市和河北省。因此，通过分析比较京津冀企业创新子系统动态演化，得出 2010~2019 年北京市、天津市、河北省企业创新子系统协同创新发展水平均值分别为 0.5551、0.1382、0.5282，如图 4-31 所示。其中，北京市的企业创新子系统协同发展水平最高，其次为河北省，天津市最低。2010~2015 年，北京市的和河北省企业创新子系统协同创新发展水平迅速增长，天津市企业创新子系统协同创新发展水平增长缓慢，原因在于河北省与北京市、浙江省等多地共建产学研联动机制，签署了相关合作发展战略协议，促使北京市相关产业向河北省转移。2015~2017 年，北京在经历了 2015 年企业子系统协同发展水平下降后，呈现持续增长的趋势；河北省企业子系统协同创新发展水平在这一阶段始终呈现快速提高态势，天津市企业子系统协同创新发展水平呈缓慢波动趋势。2017~2019 年，北京市、河北省企业子系统协同创新发展水平均呈现上升趋势，河北省企业子系统协同创新发展水平高于北京市,且河北省企业子系统在2019年达到了近十年协同发展水平的最高值。

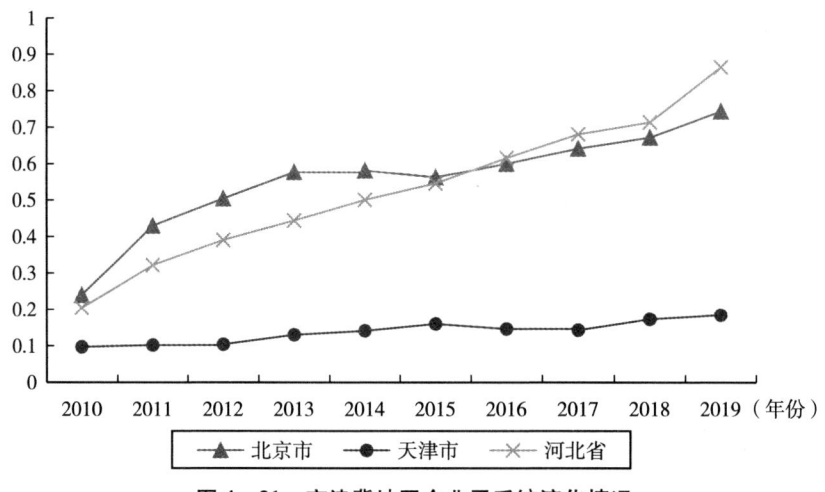

图4-31 京津冀地区企业子系统演化情况

高等院校创新子系统。北京市、天津市、河北省的高等院校子系统协同创新发展水平均值分别为0.6882、0.0786、0.0544,可以看出,北京市高等院校子系统协同创新发展水平明显高于天津市和河北省(见图4-32所示)。具体来说,北京市高等院校子系统协同创新发展水平自2010年的0.5571逐步增长至2019年的0.9546,其发展水平始终高于河北省和天津市,表明北京市高等院校间始终注重内部协同创新发展。2010~2012年,天津市和河北省高等院校子系统协同创新发展水平增速基本保持一致,且呈现缓慢增长态势,直至2013年,天津市和河北省高等院校协同创新子系统有了差异化波动,究其原因,天津市高等院校对协同创新发展投入水平提高,如研发内部经费支出由2010年的251848万元增长至2013年的508186万元,提升了2倍;研发全时当量人员投入不断增加,由2010年的8888万元增长至2013年的10833万元。由此可见,天津市高等院校子系统投入水平不断增加助推了产出水平的提高,进而推动天津市高等院校协同创新子系统在2013~2016年间波动较大。而河北省高等院校协同创新子系统由于在投入力度和产生力度上不断增强,发展水平在2013~2016年有所波动,但与北京市、天津市相比仍存在差距,北京市

第4章 政产学研协同创新的动态演化

高等院校研发资金投入和科技成果产出是天津市和河北省的5倍多，而河北省高等院校子系统部分科技成果产出还呈现下降趋势，导致它们在高等院校科技创新上存在明显发展差异。2016~2017年，北京市高等院校子系统由0.6902增长至0.7433，而天津市与河北省高等院校子系统协同发展水平趋势基本但保持在0.85~0.096，天津市、河北省与北京市相比仍存在较大差距。2018~2019年，北京市、天津市高等院校子创新系统分别达到各自地区近十年的最高峰，发展指数分别为0.9546、0.1332，从数据可看出，天津市高等院校子系统虽然达到近十年的高峰值，但仍与北京市存在很大差距。

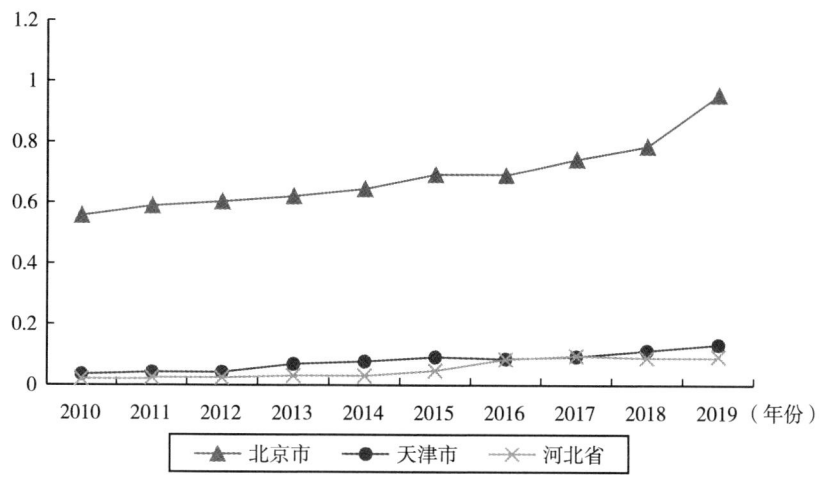

图4-32 京津冀地区高等院校子系统演化情况

科研院所子系统。2010~2019年北京市科研院所创新子系统协调发展水平呈现波动上升趋势，而天津市、河北省科研院所子系统协调发展水平基本呈稳定趋势，均值分别为0.7431、0.0198、0.0166（如图4-33所示）。具体来说，2010年北京颁布《中关村国家自主创新示范区条例》，旨在把北京建设为我国创新发展的核心，因此，北京市越来越重视科研院所协调发展，在研发内部经费支出与研发全时当量人员投入上加大资金扶持，如研发内部经费支出由2010年的4017111万元增至2019年9942382.5万元，且伴随着科研院所投入水平的提高，产出水平也得到了提升，专利授权数量、发表科技论文数量、出版科技著作等发表数量总体上均呈现上升趋势，投入与产出成正比促进了北京市科研院所子系统协调发展水平的提高。而天津市、河北省科研院所创新子系统协调发展水平基本处于平稳状态,说明天津市、河北省科研院所子系统中指标参量协调发展度较低,在协调创新发展过程中遇到障碍,虽然天津市滨海新区及河北省石家庄高新技术园区的建立,均为科研院所内部协同创新发展提供了良好发展空间环境,但由于北京作为首都,在人才、技术、资源以及政策等多方面占有优势,同时北京市与天津市、河北省的科研院所之间存在信息对接不衔接、市场发展空间狭小等问题,导致北京市科研院所子系统与天津市、河北省的科研院所子系统的协调度存在较大的差距。

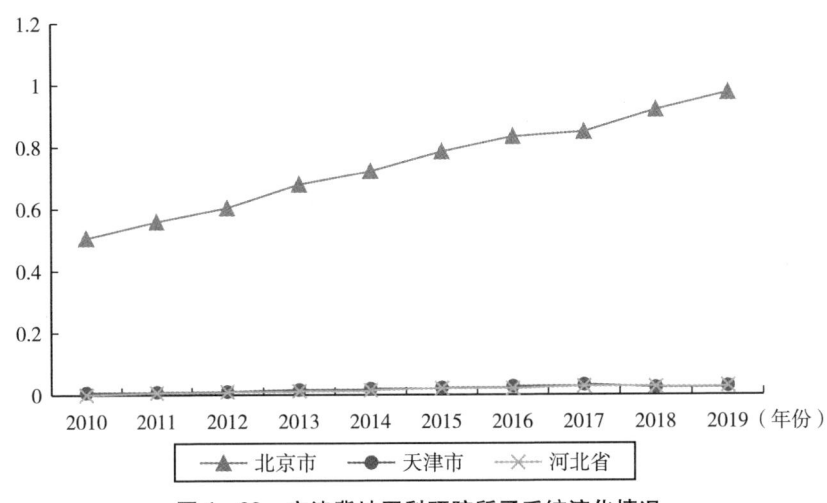

图4-33 京津冀地区科研院所子系统演化情况

综上所述,对比企业、政府、高等院校和科研院所子系统协同创新发展水平,企业子系统创新发展水平在所研究的2010~2019年期间总体上高于政府、高等院校和科研院所,处于领先地位。如河北省企业分别与高等院校、科研院所子系统创新发展水平之间得分差距从2010年的0.2040、0.1837扩大到2019年的0.8355、0.7705,反映出企业创新子系统在京津冀政产学研协同创新合作中地位作用越来越重要。分析其原因之一是受国家战略方针政策的影响,《国家中长期科学与技术发展规划纲要(2006—2020年)》中首次提出确立企业作为技术创新主体地位后,通过强化企业创新主体地位、提高自主创新能力成为实施创新阻动发展战略的着力点和落脚点,企业投入力度、政府对企业研发资金投入、新产品开发项目数、有效发明专利数等方面均呈增长式,表明企业创新能力不断增强,企业新产品销售收入不断增加,成为京津冀政产学研协同创新合作发展的有力支撑。

②政产学研协同创新系统耦合度的时间序列分析。

利用式(4-15)至式(4-17),建立四大系统综合评价模型以及政府—企业—高等院校—科研院所耦合协调度的计算模型,求得京津冀2010~2019年政府—企业—高等院校—科研院所四类系统的评价指标 Y_1、Y_2、Y_3、Y_4,耦合度 C、协调指数 T 和耦合协调度 D。

通过分析京津冀政产学研协同创新系统耦合度演化情况,发现京津冀政产学研协同创新系统的耦合度大体呈波动增长式,且始终存在低水平耦合阶段。如图4-34所示,2010~2015年,北京市政产学研协同创新系统的耦合数值处于0.2~0.25,天津市政产学研协同创新系统的耦合数值处于0.1~0.2,河北省政产学研协同创新系统的耦合数值处于0.05~0.15,北京市基本稳定在0.25水平线上,天津市、河北省在此阶段的耦合度呈现逐步上升趋势,说明京津冀三地均逐渐重视政产学研内部协同创新合作与发展,并取得较显著成效。2015~2017年,北京市政产学研协同创新系统的耦合度呈现由下降转上升的趋势,天津市和河北省政产学研协同创新系统的耦合度呈现由上升转下降的趋势。2017~2019年,北京市政产学研协同创新系统的耦合度呈现较平稳状态,天津市政产学研协同创新系统的耦合度呈现由上升转下降的趋势,河北省政产学研协同创新系统的耦合度呈现由上升转下降的趋势。

③政产学研协同创新系统耦合协调度空间演变特征。

通过分析京津冀政产学研协同创新系统耦合协调度整体演化结果可以发现,京津冀政产学研协同创新系统耦合协调度大体呈现稳定增长的趋势。如图4-35所示,北京市从2010年的0.3367增长至2019年的0.4224,由轻度失调逐步调整为濒临协调阶段;天津市从2010年的0.1265增长至2019年的0.1835,一直处于严重失调阶段;河北省从2010年的0.0853增长至2019年的0.2231,由极度失调逐渐过渡到中度失调阶段。

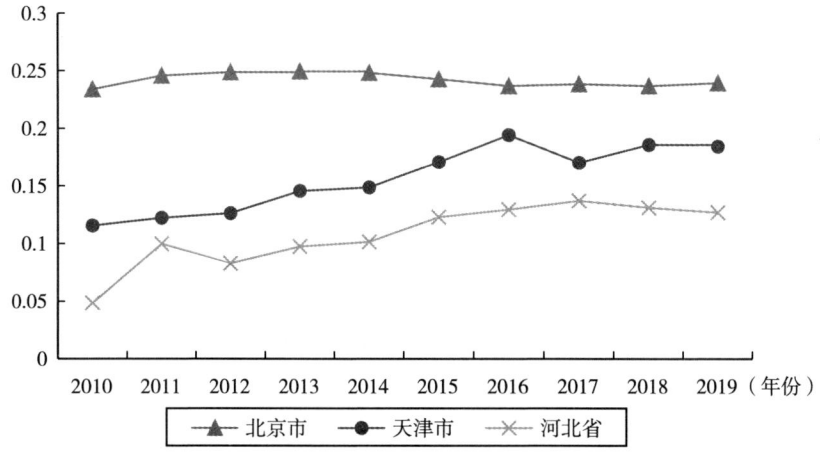

图 4-34　京津冀政产学研协同创新系统耦合度演化情况

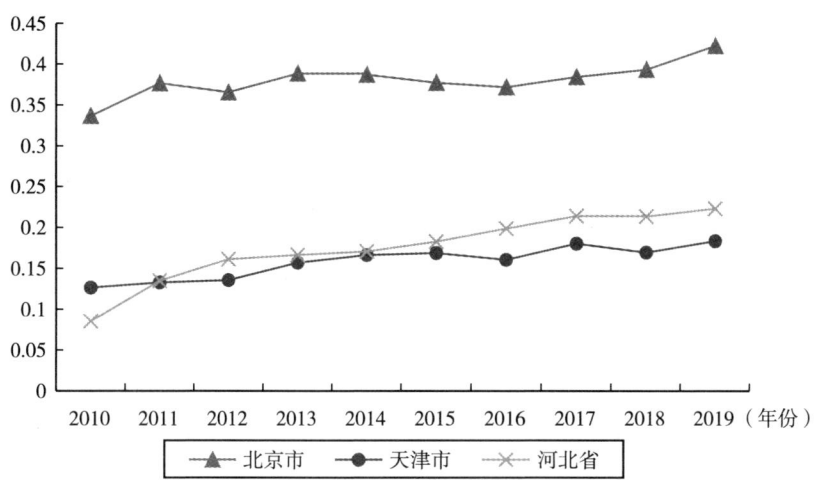

图 4-35　京津冀政产学研协同创新系统耦合协调度演化情况

北京市、天津市、河北省政产学研内部耦合协调度差距较大，北京政产学研协同创新系统的耦合协调度水平最高，河北次之，最后为天津。说明天津市和河北省政产学研协同创新子系统内部指标量存在不足，主要表现在北京市拥有丰富的创新资源，科技成果转化能力强于天津市和河北省且对这两地影响较小，天津市和河北省政产学研投入和产出水平较低，从而导致北京市、天津市、河北省的内部政产学研协同创新耦合协调水平存在差距。具体分析京津冀

第 4 章 政产学研协同创新的动态演化

三区域之间创新系统耦合协调度发现：北京市政产学研创新系统耦合协调度起点最高且增长最快，在研究期内从轻度失调阶段跨至濒临协调；天津市政产学研创新系统耦合协调度虽然大体呈增长趋势，但与河北省相比，在近十年发展过程中，河北省政产学研协同创新系统耦合协调度的增长速度快于天津市，且协调程度高于天津市。

综上所述，京津冀区域政产学研协同创新系统耦合度及协调度整体呈现波动上升态势。自 2010 年以来，对照京津冀政产学研协同创新系统耦合度演化情况，可知京津冀区域政产学研协同创新系统耦合度整体处于低水平耦合状态，且京津冀政产学研协同创新耦合协调度状态较为波动，只有北京市政产学研协同创新系统耦合协调度达到濒临协调状态。分析原因主要在于，京、津、冀三地之间企业、高等院校、科研院所协同创新合作程度较为离散，且存在信息传递沟通不畅、政府政策引导和财政支持不到位、政产学研四方主体合作目标和利益不一致、能力水平不均衡等问题。

4.4 本章小结

本章基于共生理论相关基础，构建分析政产学研协同创新系统中两种群、三种群共生演化模型，并分别对模型演化的稳定性进行分析，进而对不同共生模式下政产学研协同创新种群共生演化过程进行仿真，揭示了政产学研协同创新系统共生演化规律。最后，以京、津、冀为例测算这三地政产学研协同创新系统共生度，验证了政产学研协同创新系统共生演化模式正是互利共生模式。政产学研不同种群间的协同创新和价值共创仍存在较大上升空间，尤其是在主体协同度、合作运行机制、政府政策激励、绩效考核机制等方面。

第 5 章　政产学研协同创新的效应评估

本书第 4 章以两大种群为切入点,引入分析三大种群动态演化,且紧扣共生理论研究基础,运用 Logistic 增长模型、数值仿真与实证分析、耦合协调度模型测算政产学研协同创新共生度,实证分析京津冀政产学研协同创新系统 2010~2019 年共生演化趋势。本章将在此基础上分别从政策、知识、技术等不同构成要素对高质量发展进行效应评估,来进一步探讨政府、企业、高等院校以及科研院所交织成相互竞争、协调创新的合作演化机制,并给出相对应的建议。

5.1　政产学研协同创新政策供给效应评估

5.1.1　政产学研协同创新过程中的政府政策供给

从传统的供需关系角度来看,一个完整的市场活动受到供给与需求的双向制约。供给方力量的强大会导致需求方地位的下降,从而导致消费者落于供给市场,失去价格谈判权。反之,在需求不足,供给过剩的情况下,消费者会带价观望,完全掌握买方市场的主导权。市场供求在不断地上下波动中保持相对稳定,直到市场失灵的出现。此时,政府会以特殊的角色进入市场运行环节,作为宏观调控者,政府通过补贴或者征税来调节供需均衡点,来维持市场供需关系的稳定。政府作为特殊的市场主体,参与到市场运行之中,遵循市场主体行为规范，尊重市场规律。

在产学研协同的过程中，政府同样作为一个特殊的角色出现。在有些产学研协同模式中，如政研互助或者政企合作中，政府作为产学研协同链条的一个环节，时而作为需求方，向企业或者科研院所提供某些科研需求来完成自身某些公共政策的执行，与此相对的，政府需要付出相应的政策或者财政资金倾斜来保证研发活动的正常进行。而在更多的产学研协同模式中，政府干脆就作为一个产学研协同过程中的宏观外部力量出现。产学研协同运转过程中产生的大量正外部效应是政府关注的重点，因此政府会给予大量政策优惠和资金支持。如对参与研发资金每年超过一定比例的高新技术企业，减征企业所得税；对生产研发能力较弱的中小型企业，加大资金扶持力度，保证产学研协同向中小企业扩展等。

我们以京津冀地区为例，探讨产学研协作中政府的政策供给力量。自2014年以来，北京市开始了首都非核心功能的"去中心化"过程。北京市众多制造业以及不符合北京城市定位功能的工业企业被疏解到河北省和天津市。众多企业的搬迁入驻为京津冀地区产学研发展提供了大量机会。河北省政府紧抓京津冀协同发展与雄安新区落地的契机，积极推动雄安新区产教融合进程，出台优惠政策推动北京、天津的一流大学落地雄安，建设先进的产学研实训基地，积极建设一流的国家级产业园。2021年9月4日，河北省科技厅发布《关于2021年拟支持创新型园区建设试点的公示》，涵盖石家庄高新区、保定高新区、燕郊高新区等8个创新试点园区，旨在积极推进河北省科研技术水平。天津市2021年投入550亿元经费用于科技研发支出，推动天津市创新驱动战略进程。天津市政府重视京津冀资源协同整合，充分吸收北京市科技创新知识及技术溢出资源，注重"筑巢引凤"，积极吸引海内外优秀人才入驻，推动科技创新与研发。北京市作为国家首都及政治文化中心，虽然经历了2016年的"去中心化"过程，首都经济中心功能分离，但是北京市科技创新能力仍居国家前列，北京市坐拥中国排名前二的两大学府，北京大学和清华大学每年与企业研发共建实验室的研发成果丰硕，为全国产学研协同提供了借鉴经验。

5.1.2 产学研协同创新过程中的政策供给效应评估

产学研协同创新,是以企业、高校和科研机构为主体,在政府、金融机构、科技服务中介等相关组织的支持下共同开展技术创新活动,是提高企业创新绩效的重要途径。为保障政产学研合作的顺利推进,国家和政府制定了各类法律、法规和制度条例,即政产学研协同创新政策。

由于政府在国家运行中的特殊地位,我们很难对政府资源产出进行定量分析描述。一方面,政府对产学研的资源投入体现在政府资金及政策的支持,政府很少从中直接获得收益。这是因为政府作为国家行政力量,并不重视自身获取多少收益,其更关注社会公共利益的增长。政府在产学研协作过程中投入的资金政策虽然不能直接为其带来收益,但是由政府资金支持而研发推进的产学研研发活动将在无形中提高产学研联盟的技术水平及研发能力,并进一步强化区域内经济发展水平。另一方面,政府产出本身难以测度,政府科技产出、著作发表等很难在相关统计年鉴中找到系统的统计数据,政府收益主要来源于税收,这些税收又随时被政府以补贴等各种形式转移支付。因此目前国内许多专家测度政府政策效应的主要方式是采用部分具有主观打分意义的指标体系,而主观打分法的误差对评估结果往往具有一定影响,难以保证评估结果的准确性。因此我们将政府作为一个特殊的投入主体,在产学研协同 DEA 测度中,将政府力量汇集入投入指标体系中,不再将政府产出指标单独列出。

5.2 政产学研协同创新知识溢出效应评估

从科斯定理的角度来看,企业存在的价值是降低市场交易成本。城市是经济技术高度发达集中的场所,企业交易成本的降低以及规模效应的最优分工基本都在城市产生。阿罗在 1962 年提出了"干中学"效应,他认为人们在连续的生产经营中不断积累经验,在经验中不断总结知识,逐渐形成成熟的知识体系,这些知识不仅可以帮助企业本身提高生产效率,其溢出的正外部性也可以同时提高邻近其他厂商的生产效率。罗默认为知识是以利润为最终目标的企业在投资与决策过程中的产物,与普通商品不同的是,知识具有一定的溢出效应。以制造业为例,在改革开放以来的很长一段时间,中国的制造业一直处于"代工厂"的尴尬地位,所谓中国制造其实是披着中国外壳,而实际技术核心完全掌握在国外厂商手中的模式。而这些制造业在长期的代工生产中不断吸收西方企业的先进知识,如产品质量、数量的要求,工艺流程、原料的选取等,有时候还会接受国外公司的技术支持及信息服务,这对这些制造业企业具有重要意义。实际上,长期以来,虽然不能在代工生产链条中掌握产品生产的核心技术,但代工生产商依然对这种生产模式持积极态度。一是因为这种代工模式并不会威胁到国外公司的技术核心地位,而国外公司的产品与服务因核心技术优势又占有一定市场地位,可以给企业带来可观利润;二是在代工生产的过程中也可以提升企业自身的生产研发水平。

在产学研联盟中,以高校和科研院所为代表的学科知识溢出以及以企业为代表的工艺知识溢出,对高校与企业共建的研发实验室的科研活动具有重要意义。尤其是针对有些以企业需求为出发点设计的校企合作实验室模式,从科研研发到生产制造再到市场营销,整个新产品研发链条都在原有的成熟经验基础上不断吸收高校及企业的外溢知识,不断推陈出新,实现生产产品及服务的更新换代。一个典型的例子是同济大学的"环同济"模式。从2002年同济大学在杨浦主校区成立环同济知识圈模式到现在,其规模已经从不到10亿元扩大到500多亿元,成功孵化了近20家上市企业及三板企业。环同济模式以同济大学为核心,以同济大学的优秀学科基础带动周边区域经济发展,以同济大学的科研力量带动周边产业发展,形成高新技术产业集群和经济活动圈。目前,"环同济"模式已经相继在普陀、宝山、嘉定、虹口孵化基地形成增量创新集群。

5.2.1 知识溢出效应对政产学研协同创新的影响

首先,知识溢出具备一定的地域性。距离溢出主体越近,受到知识溢出影响越大,越容易推动技术的创新与产业的集聚。一般来说,在研究能力较强的高校附近,往往会形成高度密集的高新技术产业集群,这种以高校为核心的校企互利模式,不仅有利于企业研发水平的提高,也有助于高校基础学科的发展。

其次，知识溢出具备一定的多样性。知识溢出的主体并不一定是某个具体的主体，虽然高校拥有更多的研究人才、更全面的研究学科以及更系统的研究体系和更丰富的研究经验，但是作为产学研主体之一的企业，其在不断地生产研发与发明创造中培养起来的生产经验、管理模式、工艺流程等同样是知识溢出的重要部分。也恰恰由于知识溢出的多样性，在世界范围内形成了多种多样的产学研协同模式。如以政府为核心的产学研协作模式、以企业需求为核心的校企共建企业模式以及以高校为核心的联合共建实验室。具体产学研协作模式的选择应根据具体实际情况而定。早在2008年中国科学院就专门发文，解释了为什么在中国的市场环境下产学研协作要以企业为主体：以高校为例，高校虽然拥有成熟的科研体系，但是其一直以来都并不是一个独立的市场主体，没有独立面对市场竞争的经验与能力，在产学研联盟运行过程中，以高校为主体的产学研模式并不符合，或者整体上不符合中国实际国情。

最后，知识溢出具有选择性。并非所以知识溢出都可以被外界吸收借鉴。以企业为例，企业在生产实践中产生的知识可以粗略分为四个部分：一是企业的核心自主知识产权。这部分知识凝结了企业科研创新的核心成果，代表着企业创新能力水平，能够给企业市场地位带来重大改变，这部分知识是企业严格保密的核心内容，正常情况下不会以任何形式向外界泄露溢出。二是共有的常规知识。有些企业可能因起步较晚或者发展较慢等原因，当某个企业掌握某一部分知识时，这部分知识已经并非该企业所有，甚至该知识的大部分内核还是该企业吸收内化的外部知识溢出，这部分知识虽然对外界也有一定意义，但是与核心知识产权相比，其重要性要略逊半分。三是企业知识转移。知识转移一般发生在企业内部、跨国企业兼并、企业联盟以及产学研协作过程中，知识转移的核心是知识的共享，知识转移是一个知识吸收与转化的过程，对企业研发水平的提高有重要推动意义。四是隐性知识溢出。隐性知识与显性知识不同，它往往难以被定量和精准描述。它通常是企业的生产管理经验或者高校的教学经验模式，或者是科研院所的某种成熟有效的运行方案。目前国内研究隐性知识的相关文献较少，研究较为详细透彻的是胡刃锋2015年的博士论文《产学研协同创新隐性知识共享影响因素及运行机制研究》。实际上在产学研协同运行中，隐性知识的溢出与共享同样是一个应该受到重视的领域。如何实现企业内部隐性知识外部化并成功被高校及科研院所吸收消化，是产学研协同能否健康发展的重要影响力量。

5.2.2 完善科技创新政策，推进产学研协同创新发展

虽然知识的溢出为产学研协同中各主体的科学技术研究与创造水平创造了更多的提升机会，但是这也对产学研各主体的协同程度提出了更高的要求。如果产学研协同中各主体彼此权责不清、边界模糊、意识淡薄，知识溢出就不能得到最优的配置。因此政府要发挥好宏观调控能力，制定针对性政策，为产学研协同提供矫正性指导及帮扶性推进，为产学研协同创新发展营造良好的外部环境。

（1）充分发挥政府部门的宏观调控能力，制定针对性的帮扶支持政策体系。

在 2010~2019 的十年间，北京市政府部门出台科技创新与产学研相关政策 161 项，天津市 110 项，河北省 170 项，累计 441 项。相当于在京津冀地区每个月就有 3~4 个政策文件与科技创新和产学研相关。说明目前政府对产学研协同的支持力度还是维持在一个较高的水平。但是这么多的政策文件缺少有效的衔接，部分政策在第一年发布后，第二年就"无疾而终"。因此政府在制定产学研协同引导政策时，要充分评估论证，对政策的预期效果与收益有充分的认知与把握，避免出现政策从制定到执行"虎头蛇尾"的现象。政府在制定政策时，要立足实际，从自身经济发展水平出发。北京市科研实力雄厚，更需要产学研主体间的协调政策；河北省正处于经济转型期，科研水平相对较弱，因此可以优先出台财政资金帮扶政策，再根据河北省产学研发展现状，出台针对性的协调调整战略。在制定政策时，要充分认识到目前产学研协同中的核心问题，抓住主要矛盾。要保障产学研协同各主体的信息交流畅通，避免"信息孤岛"现象的出现。

（2）关注政策的可实施性，善于运用政策工具。

政府在政策制定过程中，要灵活运用各种政策工具。在不同时期、不同区域内相同的政策工具发挥的效果可能会有很大的差距，即使在同一水平条件下，不同的政策工具所带来的政策效果也有很大不同。因此应对产学研协同政策的选取进行详细调研，尽量使用混合政策工具。尤其是在税收优惠、财政支

持、政府采购等方面,应充分发挥政策工具的优势效应,加强政策工具之间的组合优势,制定符合具体实际的政策。政府在具体的政策制定环节,要充分注重政策的可实施性。为产学研协同创新各个主体创造优良的外部环境,增强产学研各个主体协同创新意愿。

(3) 从不同主体需求出发,建立第三方协调机制。

科学有效的协调机制能够减少知识产权冲突。在产学研协同创新背景下,各个主体应该更新价值理念,求同存异地寻找共同价值,减少各个主体之间的摩擦,整合资源,制定新的发展目标,同时要加强文化交流和学术交流,确保产学研协同创新得以顺利进行。第三方协调机制的引入能够减少知识产权交易成本。首先,应充分发挥第三方协调机制的中介作用,以第三方中介为平台与产学研协同创新各个主体之间产生联系,通过中介作用发挥使产学研协同创新各个主体的优势资源得以汇集进而推动项目创新。同时,第三方协调机构还应该为产学研协同创新主体增加金融保障,拓展服务领域,不断为产学研协同创新主体寻找资金来源,鼓励和引导金融机构参与到产学研协同创新项目之中,通过金融保障为产研协同创新提供强大动力。

5.2.3 高校及科研院所种群科技投入产出效率 DEA 分析

分析数据来源于 2010~2019 年《中国统计年鉴》和《中国科技统计年鉴》,选择与政产学研协同创新的相关指标数据进行分析。通过对数据进行横向比较,研究不同地区科研院所及高校种群科技创新发展现状并给予可行性政策建议。科研院所及高校种群的研究指标为:发表论文数量(科技)、出版科技著作数量、专利授权数量、研发内部经费支出、研发全时当量人员投入。

在进行科研院所及高校种群 DEA 分析前,首先对所引用的部分指标数据进行界定:

研发全时当量人员投入,指报告期研发人员按实际从事研发活动时间计算的工作量,以"人年"为计量单位,为国际上比较科技人力投入而制定的可比指标。研发人员指报告期研发活动单位中从事基础研究、应用研究和试验发展活动的人员,包括直接参加上述三类研发活动的人员,以及与上述三类研发活动相关的管理人员和直接服务人员,即直接为研发活动提供资料文献、材料供应、设备维护等服务的人员；不包括为研发活动提供间接服务的人员，如餐饮服务、安保人员等。研发全时当量，用于将总的工作时间，转化为等量的全职工作时间。全职工作时间为 8 小时/天，5 天/周，22 天/月，52 周/年。例如，1 月份，所有员工总工作时间为 7056 小时，则员工工作总时间/每月全职工作时间 = 7056/(22×8) = 40 全时当量。该指标在 2010 年以后的国家统计年鉴中有直接计算结果（分行业、分地区）。本次指标选取范围为河北省、天津市、北京市的省级汇总数据。

（1）科研院所 DEA 分析。

①河北省 2010~2019 年科研院所科技投入产出 DEA 分析。

首先是本次指标分析数据的描述统计量，本次数据包络分析共选取 5 项指标（如表 5-1 所示），其中研发内部经费支出、研发全时当量人员投入为投入指标；发表科技论文数量、出版科技著作数量以及专利授权数量为产出指标，每项指标选取 2010~2019 年 10 个样本（因 2021 年中国科技统计年鉴尚未发布，为减少数据误差，避免缺失值带来的影响，故时间节点选为 2019 年），共 50 个样本数据。

表 5-1　　　　　　　　河北省科研院所描述统计

项目	样本量	平均值	标准差
发表论文数量（科技）	10	2411.900	277.592
出版科技著作数量	10	241.100	470.575
专利授权数量	10	1184.700	781.128
研发内部经费支出	10	355155.830	111952.162
研发全时当量人员投入	10	8469.200	1639.603

接下来我们对详细分析结果进行解析。

技术效益反映技术因素带来的效率，该值等于 1 说明要素合理使用，该值小于 1 说明要素技术效率还有提升空间。

规模效益是指企业将生产要素等比例增加时，产出增加价值大于投入增加价值的情况。只有当经营规模扩大，其产量增加的比例大于全部要素投入量增加比例时，这种经营规模才具有规模效益。规模效应等于 1 则说明规模收益不变，处于最优状态，规模效益小于1说明企业处在规模报酬递增阶段，企业投入资源未得到完全合理利用，尚需继续加大投入。规模效益大于1说明企业资源投入过剩，需要减少资源投入以维持规模效益最佳状态，减少资源浪费。

综合效益反映决策单元DMU要素的效率情况，为技术效益与规模效益的乘积，该值小于或等于1。

结合综合效益、松弛变量S-和松弛变量S+三个指标，可判断DEA有效性。如果综合效益=1且松弛变量S-与松弛变量S+均为0，则DEA强有效；如果综合效益为1但松弛变量S-或松弛变量S+大于0，则DEA弱有效；如果综合效益<1则为非DEA有效。在表5-2中可以很清晰地看到，在提到的所有技术效益、规模效益、综合效益偏低的年份，DEA处于无效状态，或称为"非DEA有效状态"。

表5-2   河北省科研院所有效性分析

年份	技术效益 TE	规模效益 SE(k)	综合效益 OE(θ)	松弛变量 S-	松弛变量 S+	有效性
2010	1.000	1.000	1.000	0.000	0.000	DEA强有效
2011	1.000	1.000	1.000	0.000	0.000	DEA强有效
2012	1.000	1.000	1.000	0.000	0.000	DEA强有效
2013	1.000	1.000	1.000	0.000	0.000	DEA强有效
2014	1.000	0.997	0.997	0.000	2281.060	非DEA有效
2015	1.000	1.000	1.000	0.000	0.000	DEA强有效
2016	0.926	0.992	0.919	1353.947	3028.912	非DEA有效
2017	1.000	0.966	0.966	0.000	839.491	非DEA有效
2018	1.000	1.000	1.000	0.000	0.000	DEA强有效
2019	1.000	0.969	0.969	15.998	19718.811	非DEA有效

从表5-2中可以看出，除2010年、2011年、2012年、2013年、2015年以及2018年之外，其余年份河北省科研院所均处于非DEA有效状态。其中2014年、2017年、2019年规模效益不足，2016年技术效益与规模效应同时不足，但技术效益与规模效益不足的年份与其他年份相比差距不大。参照数据分

析结果，可以看出 2014 年以后河北省开始逐步加大对科技创新、产学研的重视力度，开始把创新发展作为贯穿当前和今后一个时期全省经济社会发展的一条主线。但仍会出现冗余或者不足，说明在政策扶持、资金投入、人才支撑等方面的投入出现偏差，由此表现不稳定、频繁波动的状况。在 2014~2019 年的技术效益和规模效益出现波动，说明河北省的科技投入、产出结果尚存提升空间，同时也需要针对造成数据波动的原因进行深入分析和探讨，提出稳定科技创新投入和产出的参考。

河北省科研院所从 2010~2019 年规模效应处于动态运动之中。其中，2010~2014 年较为稳定，2014 年以后开始出现剧烈起伏，并在 2016 年出现明显的差距，可以推测，河北省的科研院所 2016 年在科技创新发展过程中，在成果产出、科技成果转化阶段可能出现衔接不顺畅现象，需要河北省针对科研机构的稳定发展继续加大投入力度。

表 5-3　　　　　　　　河北省科研院所投入冗余分析

年份	松弛变量 S-分析				投入冗余率		
	发表论文数量（科技）	出版科技著作数量	专利授权数量	汇总	发表论文数量（科技）	出版科技著作数量	专利授权数量
2010	0.000	0.000	0.000	0.000	0.000	0.000	0.000
2011	0.000	0.000	0.000	0.000	0.000	0.000	0.000
2012	0.000	0.000	0.000	0.000	0.000	0.000	0.000
2013	0.000	0.000	0.000	0.000	0.000	0.000	0.000
2014	0.000	0.000	0.000	0.000	0.000	0.000	0.000
2015	0.000	0.000	0.000	0.000	0.000	0.000	0.000
2016	0.000	1353.947	0.000	1353.947	0.000	0.858	0.000
2017	0.000	0.000	0.000	0.000	0.000	0.000	0.000
2018	0.000	0.000	0.000	0.000	0.000	0.000	0.000
2019	0.000	15.998	0.000	15.998	0.000	0.170	0.000

通过表 5-3 可以得出，2016 年河北省科研院所出版科技著作冗余约 1354 篇，2019 年冗余约 16 篇，其余年份未出现投入冗余状况。通过分析数据和现

有政策，2016年河北省进入第十三个五年规划时期，进一步强调创新发展的重要性，进一步加大科研投入，以创新刺激经济发展，在此过程中出现了各种资源投入过量，无法全部应用和转化成科技成果产出，由此可能造成了资源浪费，对河北省科研院所的发展起到抑制作用。依据2019年河北省科技厅政府信息工作年度报告显示，由于工作仍存在政府政策宣传解读不到位、信息公开不全面等现象，从而出现该年份在科技投入过程中出现冗余。

接下来分析河北省科研院所2010~2019年的产出不足，并对产出不足的原因和结果进行分析。

通过表5-4可以看出，在2014年、2016年、2017年、2019年产出不足。主要原因在于：2014年提出京津冀协同发展计划以来，极大地促进了这三个省市经济的发展，从而带动了产学研创新的发展。由于河北省的地理位置和历史发展，科研院所的发展容易吸引高水平科研人员和各种高水平技术装备，从而促进产学研成果的产出，开发新技术和产品。但在上述年份仍出现产出不足的结果，可能是由于各种资源的投入与成果产出衔接不畅，匹配度不足，产学研协同创新效率不高，导致河北省科研院所的产出量波动式发展。针对上述结果，河北省科研院所在未来科技创新、产学研的发展上需要进一步进行稳控，探索各种手段和方式，促进创新要素的流动和汇聚，使产学研科技合作实现常态化和长效化。挖掘省内发展潜能，借助京津冀协同发展优势，保证河北省创新能力稳步提升。

表5-4　　　　　　　　河北省科研院所产出不足分析

年份	松弛变量S+分析			产出不足率	
	研发内部经费支出	研发全时当量人员投入	汇总	研发内部经费支出	研发全时当量人员投入
2010	0.000	0.000	0.000	0.000	0.000
2011	0.000	0.000	0.000	0.000	0.000
2012	0.000	0.000	0.000	0.000	0.000
2013	0.000	0.000	0.000	0.000	0.000

续表

年份	松弛变量 S + 分析			产出不足率	
	研发内部经费支出	研发全时当量人员投入	汇总	研发内部经费支出	研发全时当量人员投入
2014	2281.060	0.000	2281.060	0.008	0.000
2015	0.000	0.000	0.000	0.000	0.000
2016	3028.912	0.000	3028.912	0.008	0.000
2017	0.000	839.491	839.491	0.000	0.087
2018	0.000	0.000	0.000	0.000	0.000
2019	19718.811	0.000	19718.811	0.040	0.000

②天津市 2010~2019 年科研院所科技投入产出 DEA 分析。

天津市地处我国华北地区，位于华北平原东北部，海河流域下游，东临渤海，北依燕山，西靠首都北京。天津是我国北方最大的港口城市、国家物流枢纽、全国先进制造研发基地、北方国际航运核心区、金融创新运营示范区、改革开放先行区、首批沿海开放城市。

天津市深入推进京津冀协同创新共同体建设，围绕"津城""滨城"双城发展，推动从北京中关村到天津滨海沿线各区形成布局合理、要素密集、环境卓越、活力强劲的科技创新发展带，加快高校和科技园等重要节点的创新发展。由此，我们对天津市科研院所的科技投入产出研究也采用前述 2 个投入指标以及 3 个产出指标，截取 2010~2019 年 10 年的数据作为分析样本，进行实证分析。统计描述量如表 5 - 5 所示。

表 5 - 5　　　　　　　　天津市科研院所描述统计

项目	样本量	平均值	标准差
研发内部经费支出	10	403260.460	105484.750
研发全时当量人员投入	10	9054.300	1726.145
专利授权数量	10	1608.000	948.172
发表论文数量（科技）	10	2795.300	193.295
出版科技著作数量	10	323.800	799.934

接下来进行有效性分析。

如表 5-6 所示,天津市科研院所在近十年中,仅 2010 年、2011 年、2016 年及 2018 年处于 DEA 有效状态,其余年份均为非 DEA 有效,有三年技术效益与规模效应均处于待优化状态,但通过数据所反映的结果显示,其余年份虽未达到最优化状态,但其仍然处于不断发展中。通过对天津市发展阶段以及现有政策分析,天津市地理位置、经济发展水平、高等教育规模、地方政府政策等都会对科技创新、产学研的发展产生一定程度的影响,但还需要采取一定的可行性措施对产学研的进一步发展进行调控,促使天津市科研院所能够借助京津冀协同发展战略的长效发展优势,带动地区发展和进步,继而推动创新发展进程,用创新实力反哺经济发展,进一步实现地区协调、可持续发展。

表 5-6　　　　　　　　　天津市科研院所有效性分析

年份	技术效益 TE	规模效益 SE(k)	综合效益 OE(θ)	松弛变量 S-	松弛变量 S+	有效性
2010	1.000	1.000	1.000	0.000	0.000	DEA 强有效
2011	1.000	1.000	1.000	0.000	0.000	DEA 强有效
2012	0.941	0.989	0.931	0.000	14.000	非 DEA 有效
2013	1.000	0.927	0.927	48266.483	48.622	非 DEA 有效
2014	1.000	0.947	0.947	0.000	705.101	非 DEA 有效
2015	0.885	0.992	0.878	0.000	865.478	非 DEA 有效
2016	1.000	1.000	1.000	0.000	0.000	DEA 强有效
2017	0.934	0.986	0.922	599.729	2504.674	非 DEA 有效
2018	1.000	1.000	1.000	0.000	0.000	DEA 强有效
2019	1.000	0.955	0.955	8856.484	0.000	非 DEA 有效

接下来对投入冗余与产出不足进行详细解析。

从表 5-7 可以看出,天津市科研院所在 2013 年出现了经费投入冗余,冗余量为 48266.483 万元,在 2019 年同样出现了经费冗余,冗余量低于 2013 年,约为 8856.484 万元。主要原因:第一,天津市 2013 年研发经费投入总量是 2001 年的 14.6 倍,年均增长 25%,远高于同期国内生产总值的平均增速

(15.1%)。综合科技进步水平始终保持全国前列,科技创新驱动经济社会发展的作用不断增强。从全国范围来看,研发经费投入强度超过全国平均水平的省市共8个,天津市仅次于北京市(6.08%)和上海市(3.60%),位居第三。作为国际通用的体现一个国家和地区科技投入规模和水平的研发经费投入强度,在天津市正在呈现逐年上升的趋势,反映出科学技术因素在促进经济增长方面发挥的作用越来越重要,对经济发展的贡献越来越大。第二,2019年天津市持续深入实施创新驱动发展战略,加快建设创新发展的现代化天津。研发经费投入强度位于北京市、上海市之后,排名全国第三位。全社会研发人员结构优化,高等院校开展研发项目活跃,高技术产业(制造业)质量效益提升,科研院所研发经费聚集明显,研发产出效率显著提升。由此就可能出现政策解读不到位、科技创新发展缓慢的现象,导致大量的资源投入出现冗余,侧面上抑制了科技创新、政产学研的发展进程。

表 5-7 天津市科研院所投入冗余分析

年份	松弛变量S-分析			投入冗余率	
	研发内部经费支出	研发全时当量人员投入	汇总	研发内部经费支出	研发全时当量人员投入
2010	0.000	0.000	0.000	0.000	0.000
2011	0.000	0.000	0.000	0.000	0.000
2012	0.000	0.000	0.000	0.000	0.000
2013	48266.483	0.000	48266.483	0.116	0.000
2014	0.000	0.000	0.000	0.000	0.000
2015	0.000	0.000	0.000	0.000	0.000
2016	0.000	0.000	0.000	0.000	0.000
2017	0.000	599.729	599.729	0.000	0.049
2018	0.000	0.000	0.000	0.000	0.000
2019	8856.484	0.000	8856.484	0.017	0.000

如表5-8所示,除2014年和2019年之外,其余处于非DEA阶段的年份均出现了产出不足现象。2012~2015年科技著作产出均不理想,且缺口呈逐

年递增趋势，其中 2015 年达到 865.478 的缺口量。大部分年份处于非 DEA 状态，反映了在这些年中，天津市在科研发展领域出现政策不稳定、变化频繁的现象，因此天津市科研院所应加大科研进度，促进科研成果的进一步转化，加大科技成果产出效率，避免再次出现产出不足的情况。

表 5-8　　　　　　　　天津市科研院所产出不足分析

年份	松弛变量 S+ 分析				产出不足率		
	专利授权数量	发表论文数量（科技）	出版科技著作数量	汇总	专利授权数量	发表论文数量（科技）	出版科技著作数量
2010	0.000	0.000	0.000	0.000	0.000	0.000	0.000
2011	0.000	0.000	0.000	0.000	0.000	0.000	0.000
2012	0.000	0.000	14.000	14.000	0.000	0.000	0.237
2013	0.000	0.000	48.622	48.622	0.000	0.000	0.772
2014	0.000	0.000	705.101	705.101	0.000	0.000	14.102
2015	0.000	0.000	865.478	865.478	0.000	0.000	13.959
2016	0.000	0.000	0.000	0.000	0.000	0.000	0.000
2017	0.000	0.000	2504.674	2504.674	0.000	0.000	34.787
2018	0.000	0.000	0.000	0.000	0.000	0.000	0.000
2019	0.000	0.000	0.000	0.000	0.000	0.000	0.000

③北京市 2010~2019 年科研院所科技投入产出 DEA 分析。

北京市的科技创新能力处于全国领先位置。相比于其他城市，北京市具有中心性，这一特性使其在科技创新方面表现为科技创新能力具有巨大的辐射力与资源聚集力。此外，北京市的科技创新也具有优越的知识创新能力和优良的创新环境。我们对北京市科研院所的科技投入产出研究也采用与河北省、天津市相同的 2 个投入指标和 3 个产出指标，截取 2010~2019 年 10 年的数据作为分析样本，进行实证分析。统计描述如表 5-9 所示。

第5章 政产学研协同创新的效应评估

表5-9　　　　　　　　　　北京市科研院所描述统计

项目	样本量	平均值	标准差
研发内部经费支出	10	6564491.790	1837825.414
研发全时当量人员投入	10	96175.900	9312.145
专利授权数量	10	28635.300	17352.768
发表论文数量（科技）	10	54532.500	5984.020
出版科技著作数量	10	5542.200	10919.516

接下来针对上述指标和数据进行有效性分析、投入冗余分析、产出不足分析等，并希冀借助数据结果，为北京市科研院所的发展提供可行性建议。

从表5-10可以看出，北京市科研院所在近十年中，仅在2010年、2016年、2019年处于DEA有效状态，其余年份为非DEA有效，2011年、2013年、2014年、2015年、2017年、2018年技术效益与规模效益均处于待优化状态。我们可以从数据分析得出，虽然大部分的年份北京市科研院所不能达到DEA有效状态，但是其也是在有效范围内波动。这说明，北京市作为首都，拥有的资源和投入均能够达到最优，但应发挥其巨大的包容性和凝聚力，保证全国科技创新发展能够均衡，从北京市自身而言，要在政策执行、资源转化等方面进行系统优化，确保其能够稳定发展。北京市科研院所从2010~2019年技术效益、综合效益均处于动态运动之中，且波动明显。相比之下，技术效益的波动较平稳。

表5-10　　　　　　　　　　北京市科研院所有效性分析

年份	技术效益TE	规模效益SE(k)	综合效益OE(θ)	松弛变量S-	松弛变量S+	有效性
2010	1.000	1.000	1.000	0.000	0.000	DEA强有效
2011	0.992	0.991	0.983	1196.939	0.000	非DEA有效
2012	1.000	0.975	0.975	3196.456	126.571	非DEA有效
2013	0.899	0.994	0.893	0.000	8885.595	非DEA有效
2014	0.938	0.999	0.937	0.000	14931.246	非DEA有效

续表

年份	技术效益TE	规模效益SE(k)	综合效益OE(θ)	松弛变量S-	松弛变量S+	有效性
2015	0.937	0.975	0.914	0.000	18022.341	非DEA有效
2016	1.000	1.000	1.000	0.000	0.000	DEA强有效
2017	0.887	0.959	0.850	415032.233	7245.199	非DEA有效
2018	0.889	0.947	0.842	1654294.908	2098.541	非DEA有效
2019	1.000	1.000	1.000	0.000	0.000	DEA强有效

接下来对投入冗余和产出不足进行分析。

通过表5-11可以看出，在2012年，北京市科研院所出版科技著作冗余约127篇，其余年份在该项目下均未出现投入冗余状况。可以说明出现非DEA状态的年份问题出现在产出的不足上。专利授权数量上，2013年约8886篇，2014年约14931篇，2015年约为18022篇，2017年约为7245篇，2018年约为2099篇。在DEA强有效的2010、2016、2019年，其不存在产出不足，产出不足率为0。

表5-11　　　　北京市科研院所产出不足分析

年份	松弛变量S+分析				产出不足率		
	专利授权数量	发表论文数量（科技）	出版科技著作数量	汇总	专利授权数量	发表论文数量（科技）	出版科技著作数量
2010	0.000	0.000	0.000	0.000	0.000	0.000	0.000
2011	0.000	0.000	0.000	0.000	0.000	0.000	0.000
2012	0.000	0.000	126.571	126.571	0.000	0.000	0.074
2013	8885.595	0.000	0.000	8885.595	0.458	0.000	0.000
2014	14931.246	0.000	0.000	14931.246	0.688	0.000	0.000
2015	18022.341	0.000	0.000	18022.341	0.622	0.000	0.000
2016	0.000	0.000	0.000	0.000	0.000	0.000	0.000
2017	7245.199	0.000	0.000	7245.199	0.165	0.000	0.000

续表

年份	松弛变量 S+ 分析				产出不足率		
	专利授权数量	发表论文数量（科技）	出版科技著作数量	汇总	专利授权数量	发表论文数量（科技）	出版科技著作数量
2018	2098.541	0.000	0.000	2098.541	0.042	0.000	0.000
2019	0.000	0.000	0.000	0.000	0.000	0.000	0.000

根据表5-12可知，在2010~2019年十年的发展进程中，在研发经费投入方面并未出现大范围浪费冗余现象，仅在2017年、2018年出现冗余。这说明北京市在经费利用率方面具有其独特的优势。2011年、2012年的研发人员全时当量出现冗余，可以推测当年的科技创新过程中人力资源投入过量，之后的年份未出现此现象，说明北京市科研院所的改革和提升发挥了作用，减少了资源浪费。

表5-12　　　　　　　　北京市科研院所投入冗余分析

年份	松弛变量 S- 分析			投入冗余率	
	研发内部经费支出	研发全时当量人员投入	汇总	研发内部经费支出	研发全时当量人员投入
2010	0.000	0.000	0.000	0.000	0.000
2011	0.000	1196.939	1196.939	0.000	0.014
2012	0.000	3196.456	3196.456	0.000	0.035
2013	0.000	0.000	0.000	0.000	0.000
2014	0.000	0.000	0.000	0.000	0.000
2015	0.000	0.000	0.000	0.000	0.000
2016	0.000	0.000	0.000	0.000	0.000
2017	415032.233	0.000	415032.233	0.050	0.000
2018	1654294.908	0.000	1654294.908	0.166	0.000
2019	0.000	0.000	0.000	0.000	0.000

(2) 高校种群 DEA 分析。

新时代,全球新一轮科技革命和产业变革正在加速演进,国家创新驱动发展战略深入实施,扎根中国大地"双一流"建设稳步开展,为高校科技创新提供了良好的机遇,同时也提出了严峻挑战。

党的十九大以来,我国高等教育改革发展取得了新成就、迈上了新台阶、进入了新阶段,对国家发展贡献度不断提高,国际影响力不断增强。我国正在从高等教育大国向高等教育强国迈进。高等院校的发展,能够为我国的科技创新、政产学研发展提供源源不断的人才力量,面对日益复杂的国际形势,未来国家之间的竞争就是人才的竞争,那么高等院校就需要发挥其特殊作用,用人才创新发展,带动科技创新进步难,促进国家整体实力的增强。

①北京市 2010~2019 年高校科技投入产出 EDA 分析。

北京市具有得天独厚的科技人力资源。高等院校、科研院所和企业的研发机构是科技人员的主要聚集地,北京拥有众多的高校、研究院以及一些大型企业的研发总部,所以在科技机构与科技人员的总量方面具有优势。根据第七次全国人口普查数据显示,在受教育方面,北京市每 10 万人口中拥有大学(大专及以上)教育的人数全国居首,达到了 41980 人。接下来,我们仍按照同样的方法和指标对北京市高校进行实证分析,试图从不同的角度和数据分析结果,来检验北京高校科研创新的发展水平,并借此给出合理化的建议。统计描述如表 5-13 所示。

表 5-13　　　　　　　　北京市高校描述统计

项目	样本量	平均值	标准差
研发内部经费支出	10	1654949.000	505628.464
研发全时当量人员投入	10	35881.200	9803.399
专利授权数量	10	35233.600	14557.885
发表论文数量	10	118041.900	8910.413
出版科技著作数量	10	5216.000	407.779

根据表 5-14 可看出,北京市高校在近十年中,2010 年、2011 年、2016 年、2017 年、2018 年处于 DEA 有效状态,其余年份为非 DEA 有效。其中

2014年的技术效益与规模效益处于待优化状态,2015年技术小于处于待优化状态,而规模小于处于有效状态。北京市高校2010~2019年的技术效益和规模效益均处于平稳发展中,这说明,北京市高校的政产学研、科技创新发展较好。尤其是在高校聚集区,自主创新的能力比较占据优势。

表 5-14　　　　　　　　　　北京市高校有效性分析

年份	技术效益TE	规模效益SE(k)	综合效益OE(θ)	松弛变量S-	松弛变量S+	有效性
2010	1.000	1.000	1.000	0.000	0.000	DEA强有效
2011	1.000	1.000	1.000	0.000	0.000	DEA强有效
2012	1.000	0.998	0.998	0.000	5948.424	非DEA有效
2013	1.000	0.982	0.982	0.000	297.118	非DEA有效
2014	0.984	0.984	0.969	357.294	332.120	非DEA有效
2015	0.980	1.000	0.980	1114.276	233.384	非DEA有效
2016	1.000	1.000	1.000	0.000	0.000	DEA强有效
2017	1.000	1.000	1.000	0.000	0.000	DEA强有效
2018	1.000	1.000	1.000	0.000	0.000	DEA强有效
2019	1.000	0.815	0.815	7367.801	30189.831	非DEA有效

根据表5-15,北京市高校在2014年、2015年、2019年出现了人员投入冗余,冗余量为357.294万元、1114.276万元、7367.801万元。2019年的冗余量远远高于2014年、2015年的总量。这反映出,自2014年国家实施京津冀协同发展战略以来,逐步对科技创新和发展摆在更加突出的位置。创新是引领高质量发展的核心动力,以北京首都为核心的发展将走在全国前列,通过自身投入和发展来带动天津市、河北省的发展。出现冗余结果,说明仅仅加大资源投入力度远不能满足科技均衡平稳发展,仍需要实施调控政策,充分发挥政府决策力度,确保资源与科技创新成果转化相匹配,使资源发挥到最优,从而实现用科技创新带动国家经济的发展,提升国家综合实力。

表 5-15　　　　　　　　　北京市高校投入冗余分析

年份	松弛变量 S - 分析			投入冗余率	
	研发内部经费支出	研发全时当量人员投入	汇总	研发内部经费支出	研发全时当量人员投入
2010	0.000	0.000	0.000	0.000	0.000
2011	0.000	0.000	0.000	0.000	0.000
2012	0.000	0.000	0.000	0.000	0.000
2013	0.000	0.000	0.000	0.000	0.000
2014	0.000	357.294	357.294	0.000	0.011
2015	0.000	1114.276	1114.276	0.000	0.032
2016	0.000	0.000	0.000	0.000	0.000
2017	0.000	0.000	0.000	0.000	0.000
2018	0.000	0.000	0.000	0.000	0.000
2019	0.000	7367.801	7367.801	0.000	0.117

接下来，我们对产出不足进行分析，进一步从不同角度阐述制约科技创新发展、政产学研进程的影响因素。

从表 5-16 可以看出，2010～2019 年十年间，仅在 2012 年出现专利授权产出不足，为 5790 件，说明针对此指标，北京市能够发挥优势。2012～2015 年在出版科技著作指标上连续出现产出不足现象，说明虽然北京市对于科技创新的资源投入量加大，但是在科技成果的产出、科技成果转化方面仍然存在不足。可能的影响因素是：第一，技术成熟度不够；第二，技术开发的可行性不足；第三，技术创新型不足；第四，技术转化机制运行不畅。

表 5-16　　　　　　　　　北京市高校产出不足分析

年份	松弛变量 S + 分析				产出不足率		
	专利授权数量	发表论文数量	出版科技著作数量	汇总	专利授权数量	发表论文数量	出版科技著作数量
2010	0.000	0.000	0.000	0.000	0.000	0.000	0.000
2011	0.000	0.000	0.000	0.000	0.000	0.000	0.000

续表

年份	松弛变量 S+ 分析				产出不足率		
	专利授权数量	发表论文数量	出版科技著作数量	汇总	专利授权数量	发表论文数量	出版科技著作数量
2012	5790.736	0.000	157.687	5948.424	0.265	0.000	0.029
2013	0.000	0.000	297.118	297.118	0.000	0.000	0.055
2014	0.000	0.000	332.120	332.120	0.000	0.000	0.062
2015	0.000	0.000	233.384	233.384	0.000	0.000	0.045
2016	0.000	0.000	0.000	0.000	0.000	0.000	0.000
2017	0.000	0.000	0.000	0.000	0.000	0.000	0.000
2018	0.000	0.000	0.000	0.000	0.000	0.000	0.000
2019	0.000	28709.224	1480.606	30189.831	0.000	0.219	0.324

②天津市2010~2019年高校科技投入产出DEA分析。

天津市拥有优质的高等教育资源，共有54所高等院校，322所高等院校属研发科研机构，为天津市的科技进步与创新奠定了重要的基础。作为全国四个直辖市之一，天津市当前最紧迫的任务就是立足本市实际，充分发挥自身产业优势，紧抓京津冀协同发展的历史机遇，立足于创新，通过创新驱动经济可持续发展。接下来，我们按照同样的方法和指标对天津市高校创新发展进行实证分析，试图从不同的角度和数据分析结果，来检验天津市高校科研创新的发展水平，并借此给出合理化的建议。统计描述如表5-17所示。

表5-17　　　　　　　　　天津市高校描述统计

项目	样本量	平均值	标准差
研发内部经费支出	10	507697.300	138509.372
研发全时当量人员投入	10	11086.700	2378.647
专利授权数量	10	6377.200	3129.690
发表论文数量	10	28735.800	4781.032
出版科技著作数量	10	784.700	82.379

以上为设计五项指标所涵盖的基本信息，接下来进行有效性分析：

通过表5-18可以看出，天津市2012~2015年技术效益处于非DEA有效状态，其余年份为DEA有效状态。2012~2015年的技术效益围绕最优值波动，可以推测在此期间，天津市发布了许多科技创新政策，主要目的是推动开展技术创新活动，以创新发展促进天津市经济增长。此外天津市还出台了一系列财政补贴政策，继续规范平台建设。天津市应对高校的科技发展进行宏观调控，以推动科技创新进程。在2010~2019年天津市技术效益、规模效益和综合效益处于波动状态，在2012年处于状态最底端。2012~2019年处于波动上升阶段，推测在2012年之后天津市针对推动高校科技创新发展、政产学研进程所采取的相关政策发挥了作用。

表5-18　　　　　　　　　天津市高校有效性分析

年份	技术效益 TE	规模效益 SE（k）	综合效益 OE(θ)	松弛变量 S-	松弛变量 S+	有效性
2010	1.0000	1.0000	1.0000	0.0000	0.0000	DEA强有效
2011	1.0000	0.9807	0.9807	0.0000	56.7927	非DEA有效
2012	0.9389	0.9284	0.8717	20440.0715	1505.0404	非DEA有效
2013	0.8998	0.9881	0.8891	65282.3973	1428.2359	非DEA有效
2014	0.9100	0.9752	0.8874	47585.7215	2300.0952	非DEA有效
2015	0.9738	0.9859	0.9601	31628.3476	2987.3326	非DEA有效
2016	1.0000	0.9693	0.9693	107418.9617	1445.2168	非DEA有效
2017	1.0000	1.0000	1.0000	0.0000	0.0000	DEA强有效
2018	1.0000	1.0000	1.0000	0.0000	0.0000	DEA强有效
2019	1.0000	1.0000	1.0000	0.0000	0.0000	DEA强有效

分析表5-19可以看出，2012~2016年间规模报酬处于波动状态，总体呈现上涨趋势。数据分析结果表明天津市高校在此阶段资源投入不足，但随着国家对科技创新的重视，各种资源的投入力度加大，促使科技创新进程加速。但规模报酬仍没有达到最优状态，可以推测：在现阶段的政策支撑下，技术的转化效率也可能会影响政产学研的发展。所以未来高校的科技创新发展，可以将资源的管理和利用能力进行把控，共同促进科技发展。

表 5-19　　　　　　　　　天津市高校规模报酬分析

年份	规模报酬系数	类型
2010	1.000	规模报酬固定
2011	0.943	规模报酬递增
2012	0.825	规模报酬递增
2013	0.951	规模报酬递增
2014	0.906	规模报酬递增
2015	0.941	规模报酬递增
2016	0.866	规模报酬递增
2017	1.000	规模报酬固定
2018	1.000	规模报酬固定
2019	1.000	规模报酬固定

通过分析表 5-20，天津市在 2012~2016 年研发内部经费支出出现冗余，2012 年为 20440.072 万元、2013 年为 65282.387 万元、2014 年为 47585.721 万元、2015 年为 31628.348 万元、2016 年为 107418.962 万元，整体呈现波动上升趋势。发展环境上，2014 年 12 月国务院正式批复天津建设国家自主创新示范区，由此开启了以示范区为载体实施创新驱动发展战略的新征程。各种资源的投入力度加大、政策重点帮扶以河北促进天津发展，来实现京津冀协同一体化发展。但是在此过程中可能出现部分资源出现闲置和浪费的现象，进而影响科研绩效和资源利用率，一定范围内会影响天津市高校科研事业的长足发展，导致天津市科技创新的整体进程变缓。所以此时，政府更加发挥其职能优势，促进资源协调、合理配置，以实现地区均衡发展进步。

表 5-20　　　　　　　　　天津市高校投入冗余分析

年份	松弛变量 S-分析			投入冗余率	
	研发内部经费支出	研发全时当量人员投入	汇总	研发内部经费支出	研发全时当量人员投入
2010	0.000	0.000	0.000	0.000	0.000
2011	0.000	0.000	0.000	0.000	0.000

续表

年份	松弛变量 S - 分析			投入冗余率	
	研发内部经费支出	研发全时当量人员投入	汇总	研发内部经费支出	研发全时当量人员投入
2012	20440.072	0.000	20440.072	0.051	0.000
2013	65282.397	0.000	65282.397	0.128	0.000
2014	47585.721	0.000	47585.721	0.083	0.000
2015	31628.348	0.000	31628.348	0.052	0.000
2016	107418.962	0.000	107418.962	0.169	0.000
2017	0.000	0.000	0.000	0.000	0.000
2018	0.000	0.000	0.000	0.000	0.000
2019	0.000	0.000	0.000	0.000	0.000

表 5-21 显示，天津市在 2012~2016 年同时出现了产出不足，结合投入冗余数据结果分析得出，资源的合理配置在很大程度上影响了天津市高校科研进展，由此导致科技成果转化率降低，因此需要在后期高校科研发展中，注意资源分配，落实资源管理和利用结果，在此基础上加以政策引导，真正提高科研产出水平，从而提高科技成果转出效率。

表 5-21　　　　　　　　天津市高校产出不足分析

年份	松弛变量 S + 分析				产出不足率		
	专利授权数量	发表论文数量	出版科技著作数量	汇总	专利授权数量	发表论文数量	出版科技著作数量
2010	0.000	0.000	0.000	0.000	0.000	0.000	0.000
2011	0.000	56.793	0.000	56.793	0.000	0.002	0.000
2012	1505.040	0.000	0.000	1505.040	0.446	0.000	0.000
2013	1428.236	0.000	0.000	1428.236	0.332	0.000	0.000
2014	2300.095	0.000	0.000	2300.095	0.458	0.000	0.000
2015	2987.333	0.000	0.000	2987.333	0.480	0.000	0.000

续表

年份	松弛变量S+分析				产出不足率		
	专利授权数量	发表论文数量	出版科技著作数量	汇总	专利授权数量	发表论文数量	出版科技著作数量
2016	1445.217	0.000	0.000	1445.217	0.206	0.000	0.000
2017	0.000	0.000	0.000	0.000	0.000	0.000	0.000
2018	0.000	0.000	0.000	0.000	0.000	0.000	0.000
2019	0.000	0.000	0.000	0.000	0.000	0.000	0.000

③河北省2010~2019年高校科技投入产出DEA分析。

表5-22为河北省高校实证研究所涵盖的基本信息。

表5-22 河北省高校描述统计

项目	样本量	平均值	标准差
研发内部经费支出	10	146113.900	66631.478
研发全时当量人员投入	10	9837.400	1911.178
专利授权数	10	2764.100	1380.445
发表论文数	10	32836.500	2836.868
出版科技著作	10	1095.800	339.471

接下来进行有效性分析。

从表5-23可以很清晰得出,河北省2010~2019年的技术效益、规模效益和综合效益处于动态不平衡发展状态,2011~2014年处于持续下滑状态,之后才呈现上升状态。接下来对投入冗余进行分析。

表5-23 河北省高校有效性分析

年份	技术效益TE	规模效益SE(k)	综合效益OE(θ)	松弛变量S-	松弛变量S+	有效性
2010	1.000	1.000	1.000	0.000	0.000	DEA强有效
2011	1.000	1.000	1.000	0.000	0.000	DEA强有效

续表

年份	技术效益 TE	规模效益 SE(k)	综合效益 OE(θ)	松弛变量 S-	松弛变量 S+	有效性
2012	1.000	0.953	0.953	11505.515	1098.045	非 DEA 有效
2013	0.934	0.986	0.921	1163.886	1408.023	非 DEA 有效
2014	0.904	0.945	0.854	366.946	1369.446	非 DEA 有效
2015	0.887	1.000	0.887	0.000	3377.410	非 DEA 有效
2016	1.000	1.000	1.000	0.000	0.000	DEA 强有效
2017	1.000	1.000	1.000	0.000	0.000	DEA 强有效
2018	0.937	0.992	0.929	38241.708	1066.238	非 DEA 有效
2019	1.000	0.975	0.975	23993.133	4771.276	非 DEA 有效

从表 5-24 看出，2012 年、2013 年、2014 年、2018 年、2019 年分别出现研发内部经费支出冗余，说明在河北省科技创新发展进程中，资源分配比例不均衡，造成科技成果转化与资源协调性不足。其余年份均处于均衡状态。整体来看，2010~2019 年河北省的资源投入与科技转化处于逐渐发展均衡阶段，可以推测，由于国家对科技创新的认识和重视，以及京津冀协同发展战略的实施，河北省的地区优势，促使其能够得到资源投入，但产生的结果表现为省内协调和配置不均，资源管理能力不足。

表 5-24　　　　河北省高校投入冗余分析

年份	松弛变量 S-分析			投入冗余率	
	研发内部经费支出	研发全时当量人员投入	汇总	研发内部经费支出	研发全时当量人员投入
2010	0.000	0.000	0.000	0.000	0.000
2011	0.000	0.000	0.000	0.000	0.000
2012	11505.515	0.000	11505.515	0.120	0.000
2013	1163.886	0.000	1163.886	0.011	0.000
2014	366.946	0.000	366.946	0.003	0.000

第5章 政产学研协同创新的效应评估

续表

年份	松弛变量S-分析			投入冗余率	
	研发内部经费支出	研发全时当量人员投入	汇总	研发内部经费支出	研发全时当量人员投入
2015	0.000	0.000	0.000	0.000	0.000
2016	0.000	0.000	0.000	0.000	0.000
2017	0.000	0.000	0.000	0.000	0.000
2018	38241.708	0.000	38241.708	0.158	0.000
2019	23993.133	0.000	23993.133	0.095	0.000

根据表5-25可以清晰地看出，2012~2015年河北省高校产学研发展出现产出不足，尝试分析其原因，可以大致归纳为：第一，科技成果转化不畅；第二，政策解读、落实不到位；第三，技术效率偏低；第四，技术创新性不足；第五，地区科技发展缺乏相关科技人才。针对上述原因，需要河北省政府在促进政产学研进程中，充分发挥政府职能和角色担当，依靠京津冀协同发展优势，不断进行优化调整，从而促进科技成果转化，提升省内整体科技创新水平。

表5-25 河北省高校产出不足分析

年份	松弛变量S+分析				产出不足率		
	专利授权数量	发表论文数量	出版科技著作数量	汇总	专利授权数量	发表论文数量	出版科技著作数量
2010	0.000	0.000	0.000	0.000	0.000	0.000	0.000
2011	0.000	0.000	0.000	0.000	0.000	0.000	0.000
2012	998.325	0.000	99.720	1098.045	0.689	0.000	0.144
2013	1408.023	0.000	0.000	1408.023	1.268	0.000	0.000
2014	1369.446	0.000	0.000	1369.446	1.256	0.000	0.000
2015	816.776	2560.634	0.000	3377.410	0.403	0.084	0.000
2016	0.000	0.000	0.000	0.000	0.000	0.000	0.000

续表

年份	松弛变量 S + 分析				产出不足率		
	专利授权数量	发表论文数量	出版科技著作数量	汇总	专利授权数量	发表论文数量	出版科技著作数量
2017	0.000	0.000	0.000	0.000	0.000	0.000	0.000
2018	0.000	1066.238	0.000	1066.238	0.000	0.031	0.000
2019	0.000	4523.795	247.481	4771.276	0.000	0.128	0.185

5.3 政产学研协同创新技术溢出效应评估

技术溢出,又称外部性,是指在生产活动中产生的技术非自愿性扩散,不仅包括国内外先进技术生产部门引起其他生产部门的技术提升,还包括国外先进技术所带来东道国技术的提升。按照肯尼斯和理查德(Kenneth and Richard,2001)对外部性的理解,可以将其定义为由初始行动人向没有参与到初始行动人行为的接受行动人,所提供的、可持续并潜在可变的行动所产生的、对于接受行动人有影响的并未偿付的效应。外部性又可分为静态外部性与动态外部性。对于静态外部性,也是通常定义的外部性,是出现在典型的具有不变偏好与技术的 Arrow – Debreu 一般均衡中。而动态外部性,是指初始行动人持续的行动影响了接受行动人的行为或潜在的技术变化机会;接受行动人现有的技术价值可能因此而增加,或者帮助其建立了进一步改进技术的机会,动态外部性特征的表现主要取决于接受行动人的行动。遵照此法,技术的外部性也可划分为两类:技术的静态外部性是指初始行为人造成"技术存量"的提高从而带动了接受行动人的技术发展;技术的动态外部性是指接受行动人受初始行为人的影响,随同改进自身的技术。这两者的区别在于技术溢出中的接受行动是否主动追寻技术的外部性,即前者是被动,后者是主动。

技术又可分为一般目的技术和非一般目的技术。一般目的技术由布雷斯纳汉和特瑞滕贝格(Bresnahana and Trajtenberg,1992)首次引入,认为技术具有一种树状结构,主要的技术位于顶部,其他技术均由它们派生出来。他们定义的一般目的技术具有几个重要特征:普遍使用性、创新互补性和技术动力性。普遍使用性意味着一种一般目的技术能够在许多下游领域使用，因为其提供了一种基础性的功能；创新互补性是指下游领域的许多研究开发活动的生产率随一般目的技术创新而递增；技术动力性是指一般目的技术支持持续的创新活动与学习，而后者又导致一般目的技术的生产效率随时间而大大提高。一般目的技术在刚刚投入使用时都很原始，只具有有限的用途，它们能够在整个经济体系中扩散，其效率可以在扩散过程中得到极大的提高，应用范围也随之大大增加。在与其他企业进行技术合作时，它们具有较强的互补性，能够提高其他企业的技术效率并创造新的技术机会，可以说一般目的技术的外溢作用主要表现在互补性上。并且一般目的技术的动态外部性比静态外部性更为重要，更多表现为产业间的技术溢出。非一般目的技术是指一般目的技术派生出来的其他技术，它们处于树状结构的顶部之外其他部分，其非普遍使用的特征决定了它们只能在某一领域提供作用，保持专业性。非一般目的技术也可以具有互补性，静态外部性和动态外部性同等重要，其既可表现为产业内技术溢出又可表现为产业间技术溢出。但相比于一般目的技术，产业内技术溢出的比例会更大。

此外，技术溢出按照传导方式又可分为水平溢出和垂直溢出。水平溢出是利用共同技术知识而产生的外溢现象，在企业层面，表现为企业对已存在的先进技术或管理方式进行模仿，从而带来自身技术水平的提高。按照静态外部性和动态外部性理论，水平外溢具有两种外溢表现形式：静态水平外溢，主要是指共同的技术知识在不变的技术条件下对企业产生的直接外溢影响；动态水平外溢，一方面指同产业内企业为了获得知识外溢收益，即共享特定劳动力市场及关联产业的隐性知识，而主动利用公共的技术人员、知识存量、硬件设备提升获利能力并提升技术效率，也即为维护垄断利润而吸收公共技术并加速研发，另一方面指在具有多样化的产业环境内，企业为在竞争中生存所进行的技术吸收、研发追赶等，也即自由竞争所带来的技术溢出。垂直溢出是指技术知识的直接转移，表现为生产企业将技术转移给下游企业，如跨国公司的母公司向子公司传授技术等体现的产业内溢出，再如日本制造业的集团垂直控制结构促进知识外溢体现的产业间溢出。水平溢出和垂直溢出两者的主要区别在于，溢出是否通过物化型技术带来，其中，劳务输出和人口迁移等行为在两者中同时存在。

5.3.1　技术指标的量化及文献方法

技术是无形的并且是难以测量的，因此我们在设计技术测量研究中，要采用间接的方法来进行衡量，将其划分为三种方式：研发投入、专利、全要素生产率。但这三种要素各有其缺点：

（1）研发投入。

用此数据衡量的第一个缺点是，只能得到比较少数的较发达国家的研发数据，原因是比较发达的国家将研发支出花在技术创新上，而经济发展相对落后的国家将其研发支出花在如何提高本国的生产总值或者模仿他国先进技术和产品上。

第二个缺点是，忽视了创新过程的随机性，因此当前以研发支出流量来衡量一定时期的技术进步，需要进一步深度思考，包括对数据的精细化处理。

我国的研发支出主要是用来模仿外国先进技术和新产品所采用的投资，数据相对比较容易得到。可以说，我国的研发投入一般主要用来接收吸纳外国技术，不可作为技术衡量手段，而更倾向于反映对外来技术的吸收能力。

（2）专利。

专利，在中文中即指专有的利益，在英文中，此词包括"垄断"和"公开"两个方面的意思。在现今的法律层面，专利使其持有人拥有比较临时的法律垄断地位，赋予其可以在市场上以特定的价格向公众披露创新技术信息的权利（即专利说明）。创新是否值得申请专利，由专业的专利审查员来判断。

专利数据的收集时间较长，相比于研发数据有其独特优点，一些国家收集专利数据已经有超过150年的历史，即使经济发展比较落后的国家专利数据也有相当大的数量，然而，使用专利数据也存在缺陷。首先，记录在册的专利数据中的一小部分就已经代表了全部的价值，无法测量一些甚至很多简单专利的技术产出。其次，专利申请是部分公司出于技术成果保护的选择，在申请专利的倾向上会有很大不同，往往没有为大型的创新申请专利，并且有些专利的利益回报只有在足够大的市场才能实现。最后，技术成果无法被全部记录，所以用专利数据代表技术不全面。

(3) 全要素生产率。

全要素生产率是一个跨期的概念，指生产活动在不同时间内的效率变动。全要素生产率的增长率常常被视为科技进步的指标。在我国政产学研合作过程中，随着时间的推移，整体上创新产出的不断增长是毋庸置疑的。

5.3.2 企业种群DEA数据包络分析数据实证测度

企业种群选取指标体系如表5-26所示。

表5-26　　　　　　　　　企业种群指标体系

企业创新研发	科研经费人员投入	规模以上工业企业研发经费	万元
		规模以上工业企业研发全时当量	人年
	创新成果产出	新产品销售收入	万元
		有效发明专利数量	件
		新产品开发项目数量	项

在进行企业种群的DEA分析之前，我们有必要对选取的相关指标数据作一个界定。

规模以上工业企业研发经费：试验与研发管理经费的投入量是衡量一个企业科研投入水平的核心要素之一。规模以上工业企业的衡量标准在2011年进行了调整，代指年主营业务收入在2000万元及以上的全部工业企业，39个大类的全部工业企业均计算在内。研发经费指的是研究与试验发展经费，即企业在生产研发新技术、新产品、新工艺的过程中产生的各类支出。主要包括：研究活动中直接产生的成本消耗，如研发材料的消耗、燃气水电费用、研发工作人员的薪资、补贴、福利保障以及社会保险待遇、外聘兼职研发人员的劳务费等。在众多文献研究中，该指标都作为衡量企业科技创新能力与效率的重要测度指标。该指标为有研发活动的工业企业（规模以上）经费投入之和，其在2010年以后的国家统计年鉴20-7中有直接计算结果（分行业、分地区）。本次指标选取范围为河北、天津、北京三省（市）的省级汇总数据。

规模以上工业企业研发全时当量：指报告期（通常为一个年度）内试验与管理人员实际从事研发活动的工作时间，它的计量单位是"人年"。与研发经费投入相同，研发人员全时当量投入是衡量企业研发投入水平的另一个核心要素，为国际上比较科技人力投入而制定的可比指标。研发人员指报告期内研发活动单位中从事科研活动的人员，包括所有基础研究、实验研究以及发展研究的工作人员。需要注意的是，该指标不仅包括直接参与科研活动的人员，而且也包括为该研发活动进行管理和服务的人员，如文献资料的查找人员、生产设备的维修维护人员、材料资源的提供人员，但是不包括为科研活动提供间接服务的服务人员，如提供餐饮服务的餐厅服务人员以及提供安保服务的后勤人员等就不属于研发人员的范畴。该指标在 2010 年以后的《国家统计年鉴》20-7 中有直接计算结果（分行业、分地区）。本次指标选取范围为河北、天津、北京三省（市）的省级汇总数据。

新产品销售收入：指企业在主营业务收入和其他业务收入中销售新产品实现的收入。为了数据的可比性与连续性，本研究约定新产品销售收入的企业选取范围仍然为规模以上工业企业。新产品是经过政府认定并且处于有效期内的产品，也包含企业研发的，虽然未经政府认证，但已经进入生产环节，且时间在一年内的产品。对于新产品的具体范围，一般认为是采用新的技术、新的思路、新的原料、新的工艺来研发的，能明显看出改善了企业生产经营能力，提高了企业生产水平，提高了企业市场地位或者给企业带来了一定经济利润的产品。该产品在企业周边乃至全国都应具有一定先进型、新颖性和实用性。该指标在 2010 年以后的国家统计年鉴 20-10 中有直接计算结果（分行业、分地区）。本次指标选取范围为河北、天津、北京三省（市）的省级汇总数据。

有效发明专利数量：有效是对发明专利数量的时间限制。根据著作权法规定，我国发明专利保护期限为 20 年，实用性外观专利保护期限为 15 年。超过保护期限，便失去法律保护效力。有效发明专利数量一方面进一步增强了报告期内专利的准确性，排除了超过保护期或因个人原因提前放弃的专利，减少了专利计算的计量误差。另一方面，从有效发明专利的数量也可以看出我国企业及个人对发明专利的重视程度。因此，有效发明专利数量不论在科研研发领域还是专利保护研究领域都是一个极为重要的衡量指标。

新产品开发项目数量：新产品开发是一个动态过程，从研究项目可行性，到项目分析,再到立项申请,最后到项目成果研发成功并投入市场。在中国统计年鉴中,并未规定具体新产品开发项目的具体阶段,是否应满足到达某一阶段,为满足数据的可获取性以及尽量减少指标选取的工作量,本指标直接在《国家统计年鉴》20-10中选取。本次指标选取范围为河北、天津、北京三省(市)的省级汇总数据。

(1) 北京市2010~2020年企业种群投入产出效率DEA分析。

北京市历来是科学技术产业研发核心区域之一,2020年北京市新经济增加产值13654亿元,占2020年北京市地区生产总值的37.8%;战略性新兴产业增加产值8965.4亿元,占地区生产总值的24.8%;高技术产业增加值9242.3亿元,占地区生产总值的25.6%。中关村国家自主创新示范区企业收入72276.4亿元,其中技术收入16027.4亿元。因此研究北京市工业企业的科技研发情况对北京市经济综合健康发展具有重要意义。

本次企业种群指标数据共5项,其中规模以上工业企业研发经费、规模以上工业企业研发人员全时当量属于投入指标;新产品销售收入、有效发明专利数量、新产品开发项目数量属于产出指标。每项指标截取2010~2020年共11个样本数据,累计指标数据55项,每项指标描述统计量如表5-27所示。

表5-27　　　　　　　　北京市企业描述统计

项目	样本量	平均值	标准差
规模以上工业企业研发经费	11	2308658.409	572837.314
规模以上工业企业研发全时当量	11	52773.000	13625.150
新产品销售收入	11	39190883.364	8166603.294
有效发明专利数量	11	26703.545	16894.075
新产品开发项目数量	11	10763.000	2329.553

接下来通过DEA数据包络分析软件,我们详细分析北京市近11年企业种群科技创新的投入产出效率情况,如表5-28所示。

表 5-28　　　　　　　　　北京市企业有效性分析

年份	技术效益 TE	规模效益 SE(k)	综合效益 OE(θ)	松弛变量 S-	松弛变量 S+	有效性
2010	1.000	1.000	1.000	0.000	0.000	DEA 强有效
2011	1.000	1.000	1.000	0.000	0.000	DEA 强有效
2012	0.945	0.985	0.931	0.000	0.000	非 DEA 有效
2013	1.000	1.000	1.000	0.000	0.000	DEA 强有效
2014	0.915	0.985	0.902	0.000	47013.081	非 DEA 有效
2015	0.880	0.956	0.841	0.000	944614.620	非 DEA 有效
2016	0.851	0.998	0.850	0.000	0.000	非 DEA 有效
2017	0.866	0.970	0.840	0.000	0.000	非 DEA 有效
2018	0.953	0.972	0.926	0.000	4909734.946	非 DEA 有效
2019	1.000	1.000	1.000	0.000	0.000	DEA 强有效
2020	1.000	1.000	1.000	0.000	0.000	DEA 强有效

技术效益反映由生产研发的技术水平影响的效率，该值等于1时说明企业技术水平先进，投入要素得到了合理利用；该值小于1时，与1的差距越大说明技术水平越低，就有越多的投入要素因技术原因未得到合理利用。根据表5-28，2012年、2014年、2015年、2016年、2017年、2018年技术效益均小于1，要素技术效率未达到最优状态。技术效益在近十年的波动变化引起我们的思考，北京市作为科学技术高度发达的城市，入驻企业的科研水平也必然在国内乃至世界具备一定地位，正常情况下不会出现间歇性的技术效益不足的情况。唯一可能是在近年来创新驱动战略引领下，北京市众多企业逐渐将部分重点投入世界领先的一些科研创新领域的研发中去，导致在科研探索中不可避免地出现技术效益的波动。

规模效益是测度企业生产要素投入产出效率的重要指标。当规模报酬=1时，表示企业生产要素投入增长的百分比与产出增长的百分比相同，投入要素完全被转化为成果产出，这时规模效益处于不变状态，是最优的企业投入产出状态；当规模报酬大于1时，表示规模报酬递减，即投入要素的增长率大于产出增长率，此时需要适当减少生产要素的投入，使其恢复规模报酬不变状态；

第 5 章 政产学研协同创新的效应评估

当规模报酬小于 1 时，企业处于规模报酬递增阶段，仍有生产研发的巨大潜力，此时应着力扩大生产规模，推动科研成果的转化。上表 5-27 中 2012 年、2014 年、2015 年、2016 年、2017 年、2018 年北京市规模以上工业企业规模效益处于非最佳状态。在这里需要注意，规模报酬的状态并不取决于规模效益，而是取决于规模报酬系数，这里的规模效益值仅表示是否处于规模报酬最佳状态。

综合效益反映决策单元 DMU 要素的效率情况，为技术效益与规模效益的乘积，应小于等于 1。

结合综合效益指标、松弛变量 S- 和松弛变量 S+ 共 3 个指标，可判断 DEA 有效性，如果综合效益等于 1 且松弛变量 S- 与松弛变量 S+ 均为 0，则 DEA 强有效，如果综合效益为 1 但松弛变量 S- 或松弛变量 S+ 大于 0，则 DEA 弱有效；如果综合效益小于 1 则为非 DEA 有效。在表 5-28 中可以很清晰地看到，在提到的所有技术效益、规模效益、综合效益偏低的年份，DEA 处于无效状态，或称为"非 DEA 有效状态"。

接下来对表 5-28 中涉及的要素分别进行分析。

根据表 5-29 可知，2012 年、2014 年、2015 年、2016 年、2017 年、2018 年均处于规模报酬递增，即规模过小阶段，仍可以通过扩大规模实现最优配置。2010~2020 年北京市规模以上工业企业规模报酬呈现上下波动状态。根据波动变化的时间节点。推测工业企业出现波动的原因可能有如下几点：①2012 年欧洲债务危机爆发，随着全球化的深入，北京市作为世界中心之一，与世界的联系交流日益密切，欧洲债务危机迫使部分工业企业管理者减少生产研发投入，避免造成生产产品的积压等企业危机。②2016 年以来，北京市制定了非首都核心功能的"去中心化"战略，许多工业企业被疏通到河北、天津，首都工业企业格局处于动态调整阶段，由此呈现出了规模报酬的上下波动。③企业研发效率总体良好。虽然北京市规模以上工业企业在 2010~2020 年中有 6 年规模效益未处于最佳状态，但是近十年平均技术效益达到最优状态的 94.7%，规模效益达到 98.8%，综合效益也达到了 93.6% 的水平，说明北京市作为历史悠久、底蕴深厚的城市，其辖区内工业企业科研能力强大，且动态调整适应能力较强。因此在京、津、冀产学研协同的链条中，京津冀三个地区的企业、高校、科研院所的互利共生极为重要。北京市作为三个地区中的龙头老大,要发挥好引领带动作用,积极推动产学研联盟建设,促进科研成果更快更好转化。

表 5-29　　　　　　　　北京市企业规模报酬分析

年份	规模报酬系数	类型
2010	1.000	规模报酬固定
2011	1.000	规模报酬固定
2012	0.898	规模报酬递增
2013	1.000	规模报酬固定
2014	0.935	规模报酬递增
2015	0.830	规模报酬递增
2016	0.955	规模报酬递增
2017	0.855	规模报酬递增
2018	0.896	规模报酬递增
2019	1.000	规模报酬固定
2020	1.000	规模报酬固定

由于 2012 年等几个年份均处于规模报酬递增阶段,面临的问题是投入不足,故表 5-30 中的数据均为 0。我们将视线重点放在产出不足分析上。

表 5-30　　　　　　　　北京市企业投入冗余分析

年份	松弛变量 S-分析			投入冗余率	
	规模以上工业企业研发经费	规模以上工业企业研发全时当量	汇总	规模以上工业企业研发经费	规模以上工业企业研发全时当量
2010	0.000	0.000	0.000	0.000	0.000
2011	0.000	0.000	0.000	0.000	0.000
2012	0.000	0.000	0.000	0.000	0.000
2013	0.000	0.000	0.000	0.000	0.000
2014	0.000	0.000	0.000	0.000	0.000

续表

年份	松弛变量 S - 分析			投入冗余率	
	规模以上工业企业研发经费	规模以上工业企业研发全时当量	汇总	规模以上工业企业研发经费	规模以上工业企业研发全时当量
2015	0.000	0.000	0.000	0.000	0.000
2016	0.000	0.000	0.000	0.000	0.000
2017	0.000	0.000	0.000	0.000	0.000
2018	0.000	0.000	0.000	0.000	0.000
2019	0.000	0.000	0.000	0.000	0.000
2020	0.000	0.000	0.000	0.000	0.000

根据表5-31，在2014年，需增加45319.409万元新产品销售收入及约1694项发明专利产出才能达到规模效益状态。2015年，需增加942012.465万元新产品销售收入及约2602项发明专利产出才能达到目标效率，以此类推，2016~2018年均有不同程度的产出空缺。虽然在2019年以来北京市规模以上工业企业已经重新回到规模效益状态，但仍需要注意自身资源投入的数量，避免再次出现2012年以来因投入过少导致的产出不足现象。

表5-31　　　　　　　　北京市企业产出不足分析

年份	松弛变量 S + 分析				产出不足率		
	新产品销售收入	有效发明专利数量	新产品开发项目数量	汇总	新产品销售收入	有效发明专利数量	新产品开发项目数量
2010	0.000	0.000	0.000	0.000	0.000	0.000	0.000
2011	0.000	0.000	0.000	0.000	0.000	0.000	0.000
2012	0.000	0.000	0.000	0.000	0.000	0.000	0.000
2013	0.000	0.000	0.000	0.000	0.000	0.000	0.000
2014	45319.409	1693.672	0.000	47013.081	0.001	0.090	0.000
2015	942012.465	2602.155	0.000	944614.620	0.026	0.110	0.000
2016	0.000	0.000	0.000	0.000	0.000	0.000	0.000

续表

年份	松弛变量 S + 分析				产出不足率		
	新产品销售收入	有效发明专利数量	新产品开发项目数量	汇总	新产品销售收入	有效发明专利数量	新产品开发项目数量
2017	0.000	0.000	0.000	0.000	0.000	0.000	0.000
2018	4909734.946	0.000	0.000	4909734.946	0.119	0.000	0.000
2019	0.000	0.000	0.000	0.000	0.000	0.000	0.000
2020	0.000	0.000	0.000	0.000	0.000	0.000	0.000

需要注意的是，新产品、新工艺的研发本身就是一个摸索实践的过程，对于一个未知的新事物，我们很难通过已有统计模型实现非常精准的计算。再投入研发方面出现一定范围内的过剩与不足是正常的，问题在于出现不足后，应如何在最短的时间内整合资源，优化配置，最大化科研研发的效率。在这个过程中，需要企业、高校、科研院所与政府高度配合，技术的投入、人员的分配、资金的布局以及政策的支持都会影响产学研协同研发的效率与水平。

(2) 天津市 2010~2020 年企业种群投入产出效率 DEA 分析。

天津市近年来不断整合科技资源，累计投资 100 多亿元。涵盖高档钢铁制品制造、新能源汽车、IC 系统设计等多个产业技术研发项目，2020 年，天津每万人口发明专利拥有量达到 24.03 件，全市研发强度及科技创新支出均位居全国前列，且具备与北京市邻近的天然优势，两市之间学术交往频繁，技术交流密切，彼此技术互补对天津市的科研水平提高具有重大推动作用。天津市景景抓住了北京市及本土企业的技术溢出资源，强化高校与所在区域的双主体作用，积极发挥高校的基础学科优势，保障高校学科研究与所在区经济发展密切衔接，提高高校研发水平与辖区的经济发展水平。

天津企业种群指标数据同样为 5 项，其中规模以上工业企业研发经费、规模以上企业研发人员全时当量属于投入指标；新产品销售收入、有效发明专利数量、新产品开发项目数量属于产出指标。每项指标截取 2010~2020 年共 11 个样本数据，累计指标数据 55 项，每项指标描述统计量如表 5-32 所示。

表 5-32 天津市企业描述统计

项目	样本量	平均值	标准差
规模以上工业企业研发经费	11	2606866.845	654209.628
规模以上工业企业研发全时当量	11	54232.909	23554.425
新产品销售收入	11	45195349.455	9246383.540
有效发明专利数	11	15657.091	8426.502
新产品开发项目数	11	11740.727	2345.382

接下来我们关注有效性分析。

通过表 5-33，我们可以轻松得出以下信息：①技术效益状况良好。在 11 个样本数据中，仅 2012 年与 2018 年技术效益低于 1，说明天津市规模以上企业在研发投入方面较为合理，资源冗余浪费现象较少。②规模效益潜力巨大。2010~2020 年，天津市规模以上工业企业仅有 4 年达到了规模效益状态，尤其在 2015 年，规模效益值仅为 0.786，远低于往年平均水平，说明天津市规模以上工业企业在科技研发方面尚有进步空间，可通过进一步扩大规模来实现科技水平的进一步提升。③科技投入产出效率波动较大。在截取分析的 11 年中，天津市规模以上工业企业在科技投入效率上经历了 2010~2011 年连续两年 DEA 强有效，接着五年 DEA 非有效，之后又出现 DEA 强有效的动态波动情况，说明这些工业企业在科技研发领域政策较为不稳定，变化频繁，没有长期且稳定的科研投入规划，在面临突然出现的政策风向变化或者贸易环境变幻时，容易大幅增加或减少科研投入，造成科技投入产出效率的不足或过剩。

表 5-33 天津市企业有效性分析

年份	技术效益 TE	规模效益 SE(k)	综合效益 OE(θ)	松弛变量 S-	松弛变量 S+	有效性
2010	1.000	1.000	1.000	0.000	0.000	DEA 强有效
2011	1.000	1.000	1.000	0.000	0.000	DEA 强有效
2012	0.926	0.916	0.848	5575.798	0.000	非 DEA 有效
2013	1.000	0.842	0.842	6510.067	105.141	非 DEA 有效

续表

年份	技术效益 TE	规模效益 SE(k)	综合效益 OE(θ)	松弛变量 S−	松弛变量 S+	有效性
2014	1.000	0.809	0.809	10978.871	0.000	非 DEA 有效
2015	1.000	0.786	0.786	10690.346	4609.192	非 DEA 有效
2016	1.000	0.815	0.815	6861.005	4816.854	非 DEA 有效
2017	1.000	1.000	1.000	0.000	0.000	DEA 强有效
2018	0.860	0.991	0.852	2661.112	1240.823	非 DEA 有效
2019	1.000	0.990	0.990	2903.826	0.000	非 DEA 有效
2020	1.000	1.000	1.000	0.000	0.000	DEA 强有效

通过表5-32还可以看出，天津市规模以上工业企业的科技创新的综合效益在2011~2015年处于持续下滑的状态。即使在近几年出现回暖攀升，但仍然有小幅度的波动起伏。在2016~2018年天津市工业企业的规模效益出现了较大波动，联系北京市2016年的"去中心化"战略，我们推测：在2016~2017年，众多北京工业企业搬迁入驻天津，给天津市经济发展带来了一定机遇，这些拥有成熟研发经验的企业给天津市原有工业企业带来了一定经验借鉴，企业间相互合作也提高了天津市本土企业研发水平。而到了2017年以后，搬迁企业站稳脚跟，面临与天津市原有企业的市场竞争，天津整体企业交流在竞争消磨下出现一定程度下滑。直到政府出台政策，规模效益重回最优。

接下来仍然分别从投入冗余与产出不足两个方面来探讨天津市近11年规模以上工业企业科技投入产出效率情况。

从表5-34可以看出，近11年来天津市规模以上工业企业在研发经费投入方面并无浪费冗余现象。但研发人员全时当量几乎每年都出现了冗余过剩，在2014年和2015年，甚至达到了五位数，冗余率超过10%。天津市作为京津冀经济圈核心城市之一，便利的生活条件、发达的城市经济以及优厚的人才待遇促使天津市积累了大量优秀人才资源，但城市经济发展不可能仅靠科研研发，可以适当减少研发工作人员，或减轻他们的工作量。一方面可以合理利用人力资源，使其可以在更需要他们的岗位上工作，另一方面也可以避免人力资源的浪费，保障规模效应的最优。

表 5-34　　　　　　　　　天津市企业投入冗余分析

年份	松弛变量 S-分析			投入冗余率	
	规模以上工业企业研发经费	规模以上工业企业研发全时当量	汇总	规模以上工业企业研发经费	规模以上工业企业研发全时当量
2010	0.000	0.000	0.000	0.000	0.000
2011	0.000	0.000	0.000	0.000	0.000
2012	0.000	5575.798	5575.798	0.000	0.092
2013	0.000	6510.067	6510.067	0.000	0.095
2014	0.000	10978.871	10978.871	0.000	0.139
2015	0.000	10690.346	10690.346	0.000	0.127
2016	0.000	6861.005	6861.005	0.000	0.088
2017	0.000	0.000	0.000	0.000	0.000
2018	0.000	2661.112	2661.112	0.000	0.050
2019	0.000	2903.826	2903.826	0.000	0.064
2020	0.000	0.000	0.000	0.000	0.000

从表 5-35 可以看出，天津市规模以上工业企业在 2010~2020 年间，新产品销售收入与有效发明专利数满足最优产出，说明在这方面，企业已经做到资源利用最大化。但是从 2013 年、2015 年、2016 年和 2018 年数据来看，天津市规模以上工业企业新增了过多的新产品开发项目，虽然它们的初衷可能是为了加快实现企业转型升级，提高企业科技创新水平，但在投入资源限制下，过多的新产品开发项目会造成科技研发活动的无效率，因此企业在确定研发项目之前，应理性分析现有资源状况，避免新开发项目因资金与人力限制无法推进的尴尬局面。

表 5-35　　　　　　　　　天津市企业产出不足分析

年份	松弛变量 S+分析				产出不足率		
	新产品销售收入	有效发明专利数量	新产品开发项目数量	汇总	新产品销售收入	有效发明专利数量	新产品开发项目数量
2010	0.000	0.000	0.000	0.000	0.000	0.000	0.000
2011	0.000	0.000	0.000	0.000	0.000	0.000	0.000

续表

年份	松弛变量 S+ 分析				产出不足率		
	新产品销售收入	有效发明专利数量	新产品开发项目数量	汇总	新产品销售收入	有效发明专利数量	新产品开发项目数量
2012	0.000	0.000	0.000	0.000	0.000	0.000	0.000
2013	0.000	0.000	105.141	105.141	0.000	0.000	0.009
2014	0.000	0.000	0.000	0.000	0.000	0.000	0.000
2015	0.000	0.000	4609.192	4609.192	0.000	0.000	0.470
2016	0.000	0.000	4816.854	4816.854	0.000	0.000	0.447
2017	0.000	0.000	0.000	0.000	0.000	0.000	0.000
2018	0.000	0.000	1240.823	1240.823	0.000	0.000	0.105
2019	0.000	0.000	0.000	0.000	0.000	0.000	0.000
2020	0.000	0.000	0.000	0.000	0.000	0.000	0.000

(3) 河北省2010~2020年企业种群投入产出DEA效率分析。

从科技部发布的《中国区域创新能力检测报告2020》数据来看，区域创新能力排名方面，河北省位列第19位，仅为23.03。北京市、天津市高校与科研机构研发经费占研发经费支出的半壁江山，但河北省研发经费支出远低于北京市和天津市，且河北省研发经费支出80%以上由企业承担，高校与科研院所尚未完全发挥其创新主体的作用。

2021年是"十四五"开局之年，河北省经济结构仍然处于重大调整期，作为东北10个沿海省市之一，河北省在产业结构方面"偏科"严重，第二产业占比居高不下，第三产业发展进展缓慢。在化解落后产能、产业机构升级、整治环境污染等方面，河北省尚需进一步加大调整力度。与河北省高度发达的重工业结构相对的是河北省较为孱弱的科研投入水平。因辖区内传统工业企业较多，高新技术企业偏少，且辖区内高水平大学较少，河北省近10年在科研经费投入、科研人员研发以及创新成果转化方面与北京市和天津市尚有较大差距。因此河北省自2019年以来接连出台一系列创新发展规划，不断加大对科技创新发展的支持力度，加强企业创新主体地位，促进产学研协同创新，提高科研成果转化率，深入实施创新驱动发展战略。

第5章 政产学研协同创新的效应评估

河北省样本数据抽取方式与北京市和天津市一致:指标数据为5项,其中规模以上工业企业研发经费、规模以上工业企业研发人员全时当量属于投入指标;新产品销售收入、有效发明专利数量、新产品开发项目数量属于产出指标。每项指标截取2010~2020年共11个样本数据,累计指标数据55项,每项指标描述统计量如表5-36所示。

表5-36 河北省企业描述统计

项目	样本量	平均值	标准差
规模以上工业企业科研经费	11	2917703.409	1165335.767
规模以上工业企业科研全时当量	11	65296.727	15262.815
新产品销售收入	11	35410417.455	21328823.621
有效发明专利数	11	10634.818	8373.606
新产品开发项目数	11	9582.364	4513.368

接下来是对河北省近11年规模以上工业企业的科技研发投入产出效率进行有效性分析。

根据表5-37,河北省规模以上工业企业除2020年外,全部处于非DEA有效状态。在2013~2017年,技术效益处于低效状态,在2010~2019年,规模效益处于低效状态。河北省规模以上工业企业的科技效率研发情况不容乐观。从传统的河北省经济格局来看,河北省是唯一一个第二产业比重达到37%的沿海省份,城市经济高度依赖工业经济。而行政区域内的工业又以首钢等重工业为主,科技创新投入严重不足,产出水平也并未达到最佳。

表5-37 河北省企业有效性分析

年份	技术效益TE	规模效益SE(k)	综合效益OE(θ)	松弛变量S-	松弛变量S+	有效性
2010	1.000	0.900	0.900	24806.838	1529010.249	非DEA有效
2011	1.000	0.952	0.952	34661.527	3379600.723	非DEA有效
2012	0.952	0.960	0.914	33929.780	2235971.261	非DEA有效

续表

年份	技术效益 TE	规模效益 SE(k)	综合效益 OE(θ)	松弛变量 S-	松弛变量 S+	有效性
2013	0.909	0.931	0.846	36296.365	7075.573	非 DEA 有效
2014	0.813	0.929	0.755	38023.525	5295.573	非 DEA 有效
2015	0.865	0.949	0.821	42918.368	6608.888	非 DEA 有效
2016	0.950	0.868	0.824	44194.686	33362028.896	非 DEA 有效
2017	0.922	0.972	0.897	41032.212	4300.914	非 DEA 有效
2018	1.000	0.956	0.956	31184.100	1801381.322	非 DEA 有效
2019	1.000	0.998	0.998	34318.804	4337.313	非 DEA 有效
2020	1.000	1.000	1.000	0.000	0.000	DEA 强有效

河北省近年来在不断尝试转型升级，调整产业结构，也是出于改善经济格局的考虑，但从目前的科技成果来看，河北省规模以上工业企业科技研发情况并不一帆风顺。在未来的战略制定中，政府、企业都应加大对科技创新的重视力度与投入力度，推动河北省工业企业转型升级，促进城市转型发展。

因为河北省仅有1年处于规模效益状态，因此我们单独列出河北省近11年规模以上工业企业规模效益，如表5-38所示。

规模报酬系数等于1说明规模报酬不变，即投入资源的数量与产出品的数量同比增加，这是企业研发活动的最理想状态；规模报酬小于1说明处于规模报酬递增阶段，即投入品的数量都以相同的百分比增加，并促使产量增加的百分比大于该百分比，就是规模收益递增的。扩大生产规模，会使规模收益递增。通过表5-38可以看出，河北省在11年中，有10年处于规模报酬递增阶段，直到2020年达到规模报酬固定。不难推测，河北省规模以上工业企业近年来也在不断扩大科技研发规模，努力达到规模效应状态，这是一个可喜的变化过程，但是研究一个研发活动的效率，并不能仅仅看投入情况，产品的产出同样重要，下面我们分别从投入与产出两个方面来探析河北省规模以上工业企业的科研效率情况。

第5章 政产学研协同创新的效应评估

表 5-38　　　　　　　　河北省企业规模报酬分析

年份	规模报酬系数	类型
2010	0.200	规模报酬递增
2011	0.311	规模报酬递增
2012	0.373	规模报酬递增
2013	0.406	规模报酬递增
2014	0.406	规模报酬递增
2015	0.483	规模报酬递增
2016	0.524	规模报酬递增
2017	0.648	规模报酬递增
2018	0.752	规模报酬递增
2019	0.902	规模报酬递增
2020	1.000	规模报酬固定

通过投入冗余分析，河北省规模以上工业企业近11年研发经费投入适度，未出现冗余过剩现象。规模以上工业企业人员研发全时当量全面冗余，这与我们前面分析的天津市情况类似，可以考虑尝试适当减少科研人员的工作量，或缩减科研人员，合理分配科研任务。

表 5-39　　　　　　　　河北省企业投入冗余分析

年份	松弛变量 S-分析			投入冗余率	
	规模以上工业企业研发经费	规模以上工业企业研发全时当量	汇总	规模以上工业企业研发经费	规模以上工业企业研发全时当量
2010	0.000	24806.838	24806.838	0.000	0.656
2011	0.000	34661.527	34661.527	0.000	0.673
2012	0.000	33929.780	33929.780	0.000	0.606
2013	0.000	36296.365	36296.365	0.000	0.558
2014	0.000	38023.525	38023.525	0.000	0.506
2015	0.000	42918.368	42918.368	0.000	0.540

续表

年份	松弛变量 S-分析			投入冗余率	
	规模以上工业企业研发经费	规模以上工业企业研发全时当量	汇总	规模以上工业企业研发经费	规模以上工业企业研发全时当量
2016	0.000	44194.686	44194.686	0.000	0.533
2017	0.000	41032.212	41032.212	0.000	0.519
2018	0.000	31184.100	31184.100	0.000	0.452
2019	0.000	34318.804	34318.804	0.000	0.451
2020	0.000	0.000	0.000	0.000	0.000

通过表 5-40 可以看出，在 2010~2012 年新产品销售收入不足，在 2010~2019 年有效发明专利数不足。

表 5-40　　　　　　　　河北省企业产出不足分析

年份	松弛变量 S+分析				产出不足率		
	新产品销售收入	有效发明专利数量	新产品开发项目数量	汇总	新产品销售收入	有效发明专利数量	新产品开发项目数量
2010	1525236.536	3773.713	0.000	1529010.249	0.119	3.098	0.000
2011	3374442.865	5157.858	0.000	3379600.723	0.178	1.983	0.000
2012	2230030.222	5941.038	0.000	2235971.261	0.091	1.769	0.000
2013	0.000	6066.483	1009.091	7075.573	0.000	1.498	0.140
2014	0.000	5116.483	179.091	5295.573	0.000	1.024	0.022
2015	0.000	4318.842	2290.046	6608.888	0.000	0.558	0.306
2016	33359854.613	0.000	2174.283	33362028.896	7.706	0.000	0.258
2017	0.000	1423.285	2877.629	4300.914	0.000	0.096	0.281
2018	1797176.390	0.000	4204.933	1801381.322	0.034	0.000	0.382
2019	0.000	1008.069	3329.243	4337.313	0.000	0.047	0.223
2020	0.000	0.000	0.000	0.000	0.000	0.000	0.000

我们将北京市、天津市和河北省近年来的规模效益、综合效益与技术效益

综合起来，探析这三地科技投入产出效率的差异。

通过对京津冀地区企业种群的科技投入产出效率分析可以发现：北京市作为经济最发达地区之一，虽然部分年份企业规模效益未达最优，但与规模报酬不变状态差距较小，不需要政府过多投入政策予以矫正，企业自身通过调整生产研发战略即可改善。天津市在科研人员投入方面需要作出一定调整，以实现科研资源的合理利用。河北省作为工业大省，面临的情况要比北京市和天津市严峻，需要政府出台专项政策支持，企业制定专门战略，才能尽快实现科技研发效率的最大化。

在本章，我们用投入产出数据分别测度了企业、高校、科研院所近10年分地区的科技研发投入产出效率。从数据结果来看，企业、高校等自身的科技投入与产出均出现了不同程度的冗余与不足。但是无论是企业还是高校、科研院所，它们的研发与生产活动都不是独立存在的，在政产学研协同的链条下，企业的新产品研发、高校及科研机构的基础学科研究以及政府的政策支持交织在一起，彼此相互影响。我们假设一个情景，假如政产学研之间是一个封闭的系统，科技研发的投入与产出不会消失，只会相互转化。那么政产学研系统之间整体的投入产出效率又会怎样？下面我们将用两个例子来测度在政产学研相互影响的情况下的科技研发投入产出的效率情况。

（1）以北京市为例的2010~2019年政产学研投入产出效率。

本次DEA测度共选取规模以上工业企业研发经费投入等7项投入指标以及规模以上工业企业新产品销售收入等9项产出指标，每项指标选取10个样本，共计160个样本指标，如表5-41所示。

表5-41　　　　　　　　北京市政产学研综合描述统计

指标	样本量	平均值	标准差
规模以上工业企业研发经费	10	2242108.600	557200.283
规模以上工业企业研发全时当量	10	49416.600	8281.511
高校研发内部经费支出	10	1654949.000	505628.464
高校研发全时当量人员投入	10	35881.200	9803.399
科研院所研发内部经费支出	10	6564491.790	1837825.414

续表

指标	样本量	平均值	标准差
科研院所研发全时当量人员投入	10	96175.900	9312.145
政府科技支出占总财政支出比重	10	5.585	0.597
规模以上工业企业新产品销售收入	10	38749828.400	5560614.085
规模以上工业企业有效发明专利数量	10	24190.100	14263.899
规模以上工业新产品开发项目数量	10	10959.500	1305.536
高等院校专利授权数量	10	35233.600	14557.885
高等院校发表论文数量	10	118041.900	8910.413
高等院校出版科技著作数量	10	5216.000	407.779
科研院所专利授权数量	10	28635.300	17352.768
科研院所发表论文数量（科技）	10	54532.500	5984.020
科研院所出版科技著作数量	10	5542.200	10919.516

通过表5-42的有效性分析，我们惊奇地发现，北京市在2010~2019年的所有年份均实现了DEA强有效，技术效益、规模效益及综合效益全部处于最优状态。与之前的北京市企业单种群及高校单种群相比，所有冗余及产出不足均得到了弥补。例如，北京市规模以上工业企业在2015年新产品销售收入不足942012.465万元，科研机构专利授权数缺乏18022.341项，高校专利著作权缺乏233.384项。但是在产学研投入产出数据整合后，产出不足得到补足。

表5-42　　　　　　　北京市政产学研综合有效性分析

年份	技术效益 TE	规模效益 SE(k)	综合效益 OE(θ)	松弛变量 S-	松弛变量 S+	有效性
2010	1.000	1.000	1.000	0.000	0.000	DEA强有效
2011	1.000	1.000	1.000	0.000	0.000	DEA强有效
2012	1.000	1.000	1.000	0.000	0.000	DEA强有效
2013	1.000	1.000	1.000	0.000	0.000	DEA强有效

续表

年份	技术效益 TE	规模效益 SE(k)	综合效益 OE(θ)	松弛变量 S−	松弛变量 S+	有效性
2014	1.000	1.000	1.000	0.000	0.000	DEA 强有效
2015	1.000	1.000	1.000	0.000	0.000	DEA 强有效
2016	1.000	1.000	1.000	0.000	0.000	DEA 强有效
2017	1.000	1.000	1.000	0.000	0.000	DEA 强有效
2018	1.000	1.000	1.000	0.000	0.000	DEA 强有效
2019	1.000	1.000	1.000	0.000	0.000	DEA 强有效

说明在政产学研联盟中存在技术及知识的流动链条。企业人才投入的不足在高校的投入冗余上可以得到补足。高校的新产品研发弱势也可以通过企业强势的市场地位上实现快速增长。政产学研之间形成了一个彼此互利共生的关系。高校、企业、研发机构及政府之间的良性循环将推动以上主体的科技研发成果转化。

北京市所拥有的高校及企业研发实力雄厚，且投入冗余与产出不足本就偏低，我们再以相比之下问题较严峻的河北省为例进行政产学研整体的科研效率测度研究。

（2）以河北省为例的 2010~2019 年政产学研投入产出效率。

与北京市相同，河北省政产学研协同的 DEA 分析也抽取 7 项投入指标、9 项产出指标，共 160 个样本进行数据包络分析测度，描述统计如表 5-43 所示。

表 5-43　　　　　　　　河北省政产学研综合描述统计

项目	样本量	平均值	标准差
规模以上工业企业研发经费	10	2724019.400	1024889.696
规模以上工业企业研发全时当量	10	67209.200	14633.312
高校研发内部经费支出	10	146113.900	66631.478
高校研发全时当量人员投入	10	9837.400	1911.178
科研院所研发内部经费支出	10	355155.830	111952.162

续表

项目	样本量	平均值	标准差
科研院所研发全时当量人员投入	10	8469.200	1639.603
政府科技支出占总财政支出比重	10	1.05	0.11
规模以上工业企业新产品销售收入	10	31760476.700	18510536.772
规模以上工业企业有效发明专利数量	10	9203.800	7271.813
规模以上工业企业新产品开发项目数量	10	8517.700	2963.087
高等院校专利授权数量	10	2764.100	1380.445
高等院校发表论文数量	10	32836.500	2836.868
高等院校出版科技著作数量	10	1095.800	339.471
科研院所专利授权数量	10	1184.700	781.128
科研院所发表论文数量（科技）	10	2411.900	277.592
科研院所出版科技著作数量	10	241.100	470.575

通过表5-44可以发现，河北省的高校、企业以及科研院所也实现了全规模效应化。说明在政产学研协同共生的模式下，一方面，冗余数据可以得到及时补足转移，避免投入资源的浪费。另一方面，产出不足可以实现快速补偿。

表5-44　　　　　　　　　河北省政产学研综合有效性分析

年份	技术效益TE	规模效益SE(k)	综合效益OE(θ)	松弛变量S-	松弛变量S+	有效性
2010	1.000	1.000	1.000	0.000	0.000	DEA强有效
2011	1.000	1.000	1.000	0.000	0.000	DEA强有效
2012	1.000	1.000	1.000	0.000	0.000	DEA强有效

续表

年份	技术效益 TE	规模效益 SE(k)	综合效益 OE(θ)	松弛变量 S−	松弛变量 S+	有效性
2013	1.000	1.000	1.000	0.000	0.000	DEA 强有效
2014	1.000	1.000	1.000	0.000	0.000	DEA 强有效
2015	1.000	1.000	1.000	0.000	0.000	DEA 强有效
2016	1.000	1.000	1.000	0.000	0.000	DEA 强有效
2017	1.000	1.000	1.000	0.000	0.000	DEA 强有效
2018	1.000	1.000	1.000	0.000	0.000	DEA 强有效
2019	1.000	1.000	1.000	0.000	0.000	DEA 强有效

5.4 本章小结

在本书第 4 章，我们研究了企业、高校、科研机构以及政府的多种群共生演化模式，并将其分为了独立生产、竞争、互利共生等 5 个演化模式。本章通过对北京市、河北省的政产学研科技研发协同测度结果可以发现，互利共生的政产学研协同模式有利于政产学研各主体科研投入产出效率的最大化，各主体优势互补促使政产学研协同整体呈现出良好发展状态，这对政产学研周边地域经济发展具有重要带动作用。当然，在具体的政产学研协同实践中，很难实现投入产出资源的完全相互转化利用。企业除科研活动外，还要将更多精力放在正常生产经营中，高校及科研院所也要承担自身的教学管理与其他科研任务。但是，政产学研协同作为一个被多次实践过的成熟技术知识互补模式，对科研成果的快速转化具有重要意义。因此，我们需要关注的重点就不应该仅是政产学研协同的投入产出效率本身。主体之间的协同、运行机制的建立、政府政策的激励以及绩效考核的机制等都应该是我们关注的问题。在接下来一个章节，我们将针对以上问题作详细探析，分析推进政产学研协同的具体运行路径。

第6章　政产学研协同效应提升的建议

　　我国的产学研协同创新研究始于 20 世纪 90 年代。1992 年原国家经贸委、教育部和中科院联合组织实施了"产学研联合开发工程",引发了大量有关产学研合作的动因及影响因素、组织模式与治理机制、组织间关系及演变、交易成本和制度安排、合作效果评价的研究。近年来,通过前期产学研机制的模式发展和经验积累,我们已经逐渐认识到,国家自主创新能力的提升,并非政府、企业、高校和科研机构几个创新主体能力要素的简单叠加和组合,而是需要各类主体的互补性要素之间的协同及其整合创新。

　　从总体上来看,目前,我国产学研围绕项目进行的短期合作较多,而且团队的个性化趋势明显,流动性强,不利于解决制约产业发展的重大技术问题。高校、科研单位与企业合作关系仍然比较松散,特别是他们结成的战略合作组织和联盟,在总体规划、产品开发、平台建设、人才培养、监督监察等方面的机制还需要进一步探索。

　　第 6 章内容主要基于本书第 4 章和第 5 章政产学研的动态演化和效应评估部分的分析结论进行经验总结和对策建议,结合京津冀政产学研协同创新路径经验和案例,试图提出部分可行的举措,为政产学研的深入融合和长效发展提供一些思路和借鉴。

第6章 政产学研协同效应提升的建议

6.1 强化主体协调关系

6.1.1 政府主导建立产学研合作体系

产学研协调创新互动体系是指由企业、高校、科研机构或其他组织机构，以企业的发展需求和各方的共同利益为基础，以提升产业技术创新能力为目标，以具有法律约束力的契约为保障，形成的联合开发、优势互补、利益共享、风险共担的技术创新合作组织。它是实施国家技术创新工程的重要载体。推动产业技术创新战略联盟的构建和发展，是整合产业技术创新资源，引导创新要素向企业集聚的迫切要求，是促进产业技术集成创新，提高产业技术创新能力，提升产业核心竞争力的有效途径。

在政产学研协同创新主体之中，降低交易成本的根本还是合作成员之间的彼此信任。这种建立在相互信任基础上的合作氛围，有利于合作成员在面对未来不确定性的情况下仍然全力投入，尽可能集中精力攻克技术难关，缩短创新周期，实现创新收益最大化。

隐性知识是迈克尔·波兰尼（Michael Polanyi）在1958年从哲学领域提出的概念。波兰尼认为："人类的知识有两种。通常被描述为知识的，即以书面文字图表和数学公式加以表述的，只是一种类型的知识。而未被表述的知识，像我们在做某事的行动中所拥有的知识，是另一种知识。"他将前者称为显性知识，而将后者称为隐性知识，隐性知识是指那种我们知道但又难以言述的知识。

此前已有学者提出了隐性知识转化为显性知识的各种方法，并根据企业和高校提供的记录和文件逐步挖掘细节信息，展望了提取隐性知识的构思和方法。但是，具有隐性知识的经验丰富者难以准确、客观地将隐性知识转化为显性知识，并维持知识的质量。

产学研各自在组织内部进行隐性知识共享时，知识提供者和被提供者之间必然已存在最基本的信任。以此信任为基础，各成员间进行隐性知识共享，随着共享次数的增加，在交流和互动中各成员间会更进一步了解对方，进而增加成员内部相互的信任感，从而促进各自的隐性知识共享。

因此政府应做好总揽全局，统筹兼顾，充分发挥其职能地位。首先，应该加强我国产学研协同创新知识产权保护力度，利用创新驱动发展战略，完善国家知识产权保护力度，通过设立各级知识产权法庭和知识产权保护平台，有效遏制知识侵权案件。其次，应注重科技成果时效性和转化成功率，地方政府可以通过完善构建协会、建设众创空间等方式构建转化平台，科创平台和协会都是创新外溢效应输出的重要制度保障。本土企业技术协同能促进企业和科研院所先进技术的交流、提供学习先进技术的机会。需要地方政府协调各方的利益，制定规模化、有利于各方良好健康发展的制度体系。

北京市科技开发交流中心依托首都高校院所、中央企业等创新资源，积极开展科技交流、技术对接等，推动科技成果转移转化和预期协同创新发展。该中心已与23个省（市）共计35个地区建立了合作关系，重点开展了京津冀区域的科技合作与交流等工作，在京津冀协同创新共同体建设中发挥了桥梁和纽带作用。

6.1.2 强化企业在政产学研合作体系中的地位

作为产学研合作中成果的需求方，政府部门在征集科技研发项目建议和需求时，可以直接面向企业征集意见和建议，由企业牵头，联合学研机构开展产学研合作，以企业的需求为导向，共同开展产品研发、项目攻关等产业链条任务和举措，要时刻强化企业在产学研合作体系中创新主体的创新地位和主体定位，从而提高企业自主创新能力以及科研成果转化率。

由企业与高等院校或科研院共建实验室、工程研究中心或研究院等研发平台，为产学研各方提供一个相对固定的交流平台，促进产学研各方人才、技术、信息的交流和融合。如宝钢集团先后与上海交大、东北大学、钢铁研究总院等8所院校开展了战略合作。从企业中长期发展来看，发挥产学研战略联盟和企业设立联合研发平台是今后政产学研协同创新努力的一个远期目标和方向。

发挥龙头企业带动作用，完善产业配套环节。围绕生物医药、智能装备、新材料等产业方向,结合在京津冀企业自身发展需求和疏解要求,引导企业在京津冀地区布局一批产业带动性较强的骨干项目,吸引一批以骨干项目为配套的上下游企业集聚,搭建平台支持龙头企业在京津冀打造供应链体系。积极推动具备条件的头部企业尤其是供应链核心企业,在京津冀区域搭建公共服务平台、技术交流平台、产销对接平台等协同平台,完善所在产业领域的研发设计、生产制造、售后服务等全链条供应链体系,为上下游企业提供供需精准匹配。

6.1.3 强化不同责任主体的利益共享体系

习近平总书记指出,当前和今后一个时期,京津冀协同发展"进入到滚石上山、爬坡过坎、攻坚克难的关键阶段"。产业协同作为京津冀协同发展的重要组成内容,在新时期要加快突破跨区域机制体制障碍,探索协同创新方法,产出一批先试先行政策,促进三地产业实现真正的融合,创造产业协同发展的典范。

利益共享、风险共担展开来说具体指的是联合开发、优势互补、利益共享、风险共担,这是产业技术创新战略联盟的目标,包括制定产学研合作风险共担办法,完善有利于产学研各方发展的利益共享机制,建立健全规范化的知识产权保护法规政策体系,消除合作障碍,充分保证各方的合法利益。

信任在产学研协同创新体系中会伴随产学研协同创新的不断展开从低层次的认知信任升华为高层次的情感信任,还会从企业内部扩散到整个产学研体系中,良好的信任基础是建设产学研协同创新体系的前提。影响产学研各创新主体间合作的因素中,最具有代表性的就是信任。信任说小则小,说大则大,它是各个主体之间产生责任互信的前提,也是构建责任互信、责任共担、资源共享平台的基础。责任互信体系的构架和建立能够在明确各主体之间分工的同时避免责任的推诿,有利于构建和谐稳定的信息交流和知识共享环境,为成果输出奠定坚实的基础。

一般的产学研协同创新体系中,都尚未形成各主体间的利益共享体系和风险共担的多元合作体系,大多是通过建立合作平台后简单进行知识交流和信息共享,而主体之间的利益分配和资源分配各不相同,代表的群体也都不尽相同,这就导致它们互相之间对于关键问题和核心信息的有意识保留和隐瞒,进而导致问题的关键部分不能在各主体之间得到充分的讨论和交流,从而减缓整体协作的效率和质量。若从各个主体之间的利益出发构建利益共享关系,它们就能从同一利益角度出发进行措施准备和政策实施,从而实现统一协调和一致调度。

目前,产业技术创新战略联盟作为一种重要的产学研结合的组织形式,在我国还处于初级发展阶段,对于如何具体运用联盟这一手段来推进产业技术创新工作,还有待进一步探索。在我国,产学研合作是协同创新的主要表现形式,但除了协同创新的直接参与主体——企业和高校外,政府在协同创新中也发挥了重要的作用。政府作为实施监督和提供激励的一方,会获得企业研发新产品的税收收益。

监督是维护体系稳定的基础,通过构建政产学研协同创新监督体系可以有效监督各个主体的行为和准则,以防止权力的僭越和沟通的不足。通过沟通,企业、高校、政府之间的关系能够形成一个友好互动、交流共享的良性循环系统。企业追求经济利益最大化,违约金和收益分配会引起其参与意愿的快速变化;高校则以人才培养、科学研究和社会服务为目标,对学术价值和社会利益更加敏感。

企业比高校对惩罚力度和收益分配的敏感程度更高。因此,适当加大对企业的惩罚力度,通过负向激励作用来引导企业协同创新;制定合理的收益分配机制,通过正向激励作用来提升企业协同创新的积极性。政产学研协同创新的各个主体在整体关系中都具备独特的优势和资源。协同创新的前提首先就是明确各个主体间的优势和劣势,并且让各个主体都明晰这一特点,这样彼此合作才能更有针对性和具体性,在提高各主体交流效率的同时也能带动各主体的密切合作。

对于政府而言,政府在制定政策和区域间的发展规划以及在协调创新主体之间关系等方面具有优势,尤其是在政产学研整体关系中,政府充当的是一个宏观环境的管理者和各主体关系的协调者角色,政府要对自身角色进行综合定位和整体评价,要通过政策倾斜和行政放权使其他各个角色主体有充分的灵活性和自由度,要维护好知识共享、人才共享等平台的稳定性和持续性。

6.1.4 善于利用利好政策实施保障

政策的倾向性对于政产学研协同创新主体的影响和重要性是不言而喻的，地区的经济发展目标要从当地实际情况和现实需求出发。德国为提高中小企业技术水准，为中小企业提供科研人员或由企业派人到科研机构从事研究，并为此提供津贴；德国教科研技部设立"小型企业参与基金"，每年提供约 6 亿马克（约占科研促进总额的 36%）促进中小企业实施技术革新计划。联邦和各州提出类似扶持中小企业的政策大约有 600 项。

为区域科技创新协同发展提供制度保障。京津冀地区应不断完善科技创新管理体制，力求在有限的资源投入下，实现整个产业的精益布局。另外，通过税收减免、强化天使基金等对科技创新的支撑作用、支持金融机构开发"科研租赁贷"等措施，为京津冀区域创新协同发展保驾护航。

6.2 搭建资源共享平台

6.2.1 搭建智慧共享的"云平台"——知识共享

知识共享云平台，指的是一种基于互联网的云计算服务平台，政产学研机构使用者可以从该平台自由使用资源和获取信息，从而为政产学研各方提供实时高效的知识创新协同服务保障。为各个主体之间的信息共享和资源交流提供便利。

如前所述，迈克尔·波兰尼将人类的知识分为显性知识和隐性知识。以利益为出发点，隐性知识属于更愿意在主体内部分享和利用，对外则要注意保密工作的一类知识，所以构建政产学研协同创新体系所要面临的主要问题就是怎样推动在政产学研协同创新体系内部完成隐性知识的共享，通过构建相互信任的关系主体，可以实现隐性知识的传递与交流，那么构建一个可供知识共享的"云平台"就显得尤为重要和关键。

知识共享云平台的构建可以解决学研机构在知识积累阶段的基础知识、专业知识、操作流程、途经路线等方面的问题困惑，也是对学校和科研院所资料库的一个有益补充，可以使各方各取所需，相互借鉴，从而大大减少时间成本和交流成本，进一步提高学研部门的成果转化效率和转化比率，具有便利性、操作性和实用性。同时，还可以使学研企业及时掌握平台上研究领域内最新动向和政策热点方向，使得成果建设和转化更有针对性和前沿性。

京津冀地区以北京、天津两个大城市为依托，结合自身的特色资源和产业优势，学研群体本身就具备良好的知识素养和资源优势，加上企业提供的多重便利的资源和条件，云平台的建立可以大大增强京津冀地区的校企合作和产业协同，对河北和天津高校协同资源共享具有极强的改善作用。

6.2.2　建设人才共享的"输送平台"——就业导向

近年来，随着我国高校毕业生就业制度改革和高等教育规模迅速扩大，高校毕业生的数量迅速增加，就业问题日益严重和突出。按照教育部公布的数据计算，2021届高校毕业生总数量高达909万人，同比增加35万人，毕业生人数又上了一个新台阶。加上因新冠肺炎疫情导致的留学生大规模回国，工作岗位竞争更加激烈，毕业生就业压力越来越大。高校毕业生人数与就业岗位需求明显供大于求，待就业人数与社会有效需求和增幅有限的供需之间的矛盾日益突出，尤其是在新冠肺炎疫情常态化的背景之下，许多企业缩减招工指标和规模，纳新标准和难度日益提升，岗位选择和人员定位也更加谨慎，对广大面临就业的大学生而言，既增加了就业难度，也增加了大学生群体在择业过程中的心理负担。

政产学研协同创新则可以有效缓解高校学生的就业难问题，政府与科研机构和产业相联系，构建了一条相对完整的产业链条和供需闭环，与一般的校企合作不同，政产学研协同创新体系的构建，可以使优秀人员在完成基础课程之后就直接与企业直接对接，使其参与到学习、研发、创新体系之中。从而使大学生群体对就业现状和岗位有更明确的现实导向，以便提高学习的针对性和专业性，大学生群体也能够对企业整体的运营模式、现实需求、评价指标、业务范围等方面有更深入的了解，能够更加全面整体地认识企业的整体运转流程和基本构造，有利于提高大学生群体的学研素质和实践能力。

对于高校而言，将大学生群体与科研院所和企业直接对接，相对于简单的校企融合而言，人才输送平台的建立可以使大学生的知识结构更加完善，并且可以使他们更早地接触到企业的各项日常活动和事项，培养周期更长的同时综合素质以及业务水平也更高，即使最终没有实现人才的输送，也能使绝大多数学生了解目前市场上对待不同专业的现实要求和最新市场动向，有利于大学生群体适应社会。

另外，让大学生群体参与到对政产学研协同创新的体系当中，有利于发挥他们的自主创新能力和能动性，从而促进企业和科研机构不断改进和完善培训方式和创新评价体系。有利于提高各主体的合作效率和对接程度，促进政产学研体系的深度融合。

从企业角度考虑，通过疏通学生群体与企业之间的人才输送和交流渠道，有利于降低企业对新员工的培训成本和额外费用，对他们的工作能力和优势都有更深入的了解，也有利于企业内部的人员调配和工作安排。可以根据适合对接的学生数量设置相应指标和岗位安排，或者设置专门的"高校—企业"人才培养直通车，遵从高校和企业的双重选择要求，促进人才流通和校企合作，也有利于促使各类人才发挥专长，促进企业间的人才资源流通。

拓展人才输送渠道可以降低大学生就业和择业风险，京津冀地区高校和企业数量众多，打通学研机构之间的直接通道能够在一定程度上缓解京津冀地区的就业难和招工难问题，利于高校和企业间加强合作，为京津冀经济协同创新体系的构建贡献力量。

6.2.3 设立资源共享的"数据平台"——科研便利

现代社会科技发展迅速，竞争越发激烈，数据在政产学研协同创新主体中的重要性是不言而喻的，未来商业市场的竞争更多地将成为信息的竞争和人才的竞争。

随着竞争的加剧，企业需要综合考虑各种因素达到最佳经营效果。这就要求企业必须要时刻关注市场动态，实施精确的市场调研，把握最新的消费热点和消费趋势，因地因时制定恰当的营销策略和经营模式。实时了解最新市场上的各项数据和信息,这是企业决策的前提和基础。

决策的开始首先就需要实施数据采集工作,数据可以帮助企业预测市场未来的发展趋势,以及未来大众的消费变化,通过市场调研精确了解市场信息,可以更好地连接企业客户和公众,也有利于确定产品的营销策略。

那么在政产学研协同创新的体系构建中,数据平台的构建就显得同等重要,政产学研协同创新体系的构建可以有效沟通不同主体之间的数据隔阂以及差异化问题,有利于数据的实时性与精确性的提高,同时避免无效数据和过时数据对科研整体性的影响。

对于政府部门来说,通过对产学研整体路径内各项数据的准确了解,可以对企业的生产现状、产品拓展路径以及未来规划有一个更加细化的判断和预测。并提前做好应急预案处理工作,为政产学研协同创新保驾护航。尤其是当经济处于下行趋势或者企业的生产经营出现状况和突发情况时,政府可以根据数据的实时变化进行整体的宏观调控,妥善处理精准施策,降低风险决策的比重,减少责任共同体的经济损失。也便于政府部门把握未来某一领域的发展形势,调整政策和规划,形成带动区域内产业发展的新动力。还有利于形成高效协同效应,有利于企业和高校与政府之间的关系,营造阳光政府和服务型的政府形象。

对于高等院校来说,通过与企业和科研机构间数据平台的搭建,可以使高校的教学目标和人才培养方案更加精确和贴近实际,能够促进高校内部人才培养的精细化和专业化,有利于进一步精进高校大学生的科研素质和知识素养,能够让大学生群体立足实际需求进行技能学习和专业积累,提高大学生群体的综合素质,进一步提高高校向企业间的人才输出质量和科技创新水平。

对于产业部门和企业来说,产品的设计和研发过程都需要与政府和高校、科研机构等各个主体间密切配合和合作,通过共享数据的方式可以极大提高沟通的效率和成果转化率,进一步提高政产学研协同创新的效果,也有利于产业与高校间加强合作,提高合作的整体效率与水平。

6.2.4 筹划经验共享的"交流平台"——学研互动

前文提及的共享云平台数据平台等都是从共用同一套评价指标的角度出发

论述共享平台对不同主体带来的优势，而交流平台是线下互动的交流形式，可以使交流和协同更加深入。企业通过线下宣讲会和专业课程演讲的形式与在校大学生进行面对面的沟通交流，能够使企业生产经营与教学内容更加贴近，同时也容易拉近企业与高校之间的距离。线下的学研交流互动可以更加清楚理论与实践的差距，可以促进学研机构的人员对专业知识和企业技术有更准确的热点定位，通过将热点问题和难点问题进行重点宣讲和解读，可以促进企业更加及时地了解当前大学生群体的人员定位。对于企业而言，可以更加准确地选拔人才为后续学研合作提前进行人才储备，也有利于更直观地反映校企联动的成果。

通过开展技术研讨会、产品展销会、行业联络会等涉及各个环节的学研互动活动，可以充分展示企业产品制造和生成的理论依据和实现路径，能够更加生动具体地向高校群体展示各个阶段科研交流可能会面对的问题和困难。线下的学研互动可以让高校内部大学生和教师群体深入企业的生产研发部门进行参观学习，在借鉴科研思路和研究模式的同时，也能通过学习借鉴实际操作流程和工序发现高校内部学术培养和知识积累的漏洞，使学术积累的实时性和针对性更强，推动高校内部制度和模式的改进创新，从而探索出一条既与自身的科研水平和师资队伍相适应，又与当前领域发展热点和逻辑相适应的新型创新体系。

2020年9月，河北交通职业技术学院与长城汽车股份有限公司共同建成"长城汽车产业学院"，以推进产学研协同创新和产品创造，构建深度融合、协同育人的办学方法；开发校企合作课程、打造产教融合实训基地、建设高水平教师队伍、搭建产学研服务平台、完善管理体制机制等方面深度合作，提高技术技能型人才培养的针对性和适应性，提升校企合作办学的层次和水平。

长城汽车产业学院是长城汽车股份有限公司在全国建立的首家产业学院，它的正式成立，是推进科教融合、产教融合和校企协同育人的重要成果，也是河北地区产学研协同创新成果的又一成功案例，为京津冀地区校企合作和交流互信提供了良好的范本。

6.2.5 谋篇成果分享的"展示平台"——成果展示

21世纪是以创新为主的知识经济时代，分享与展示在整个政产学研协同创新体系中也是一个十分重要的主题，以研发产品是否能产出产品为限，产品研发后的成果展示部分是直接与市场对接的重要环节，是直接关系到产品是否能够生产销售的关键环节，在整个流程化生产体系中也占据着重要的部分。

展示平台就是将政产学研各主体对目标产品的共性理解和个性解读相结合，在统筹参与研发主体的各项意见和建议的基础上，进行推广和宣传。以产品生产和研发的各类真实照片、视频等影像资料为蓝本，进行同步的宣传和推广，增强产品可信度的同时也可以避免虚假宣传，用产品打动受众。

归根结底，成果展示的优劣直接决定着产品是否有销路及其发展前景，决定着市场的直接需求高低和产品层次的优劣。而产学研成果展示方法——构建成果分享的展示平台和协同的展示平台与以往单纯的展示平台的最大区别就是，政产学研主体都可以参与到成果展示平台的宣发过程之中，可以通过多个主题的视角和层次来进行成果展示，可以从理论层面、价值层面、技术层面、创新层面等路径角度出发对原有的宣发形式进行有益补充，使用户群体可以更加清晰地了解产品的创新点和独特之处，可以使意向群体精确把握产品定位，使宣传更注重内容和实质，而不是博人眼球。在避免过度宣传的同时也可以使成果展示的角度更宏大、层次更分明、推广更创新。

6.3 畅通成果转化渠道

6.3.1 政府主导各方参与构建需求评价平台

国内目前的科技中介服务机构的规范化、职能化、制度化还有待进一步加强，建立形式多样的科技中介服务机构和需求评价平台，可以进一步提高政产学研协同创新主体的合作效率和交流深度。将各方纳入需求评价体系可以使对接销售的宣传部门视角更多元，也有利于企业综合各方意见，准确施策。

政府所处的独特地位使其在建立完备的科技中介服务体系中具有不可替代的地位，优化产学研合作的外部环境，提高成果转化率，都离不开政府的主导。政府主导建立的科技中介服务体系是政产学研创新体系的重要组成部分，在政产学研合作中，将企业与学研主体机构和要素市场建立紧密联系，在不同利益主体之间发挥纽带作用，可极大提高高校、科研机构科技成果转化的效率，加速科技成果的生产力转化。

6.3.2 校企简化办事流程

高校是政产学研主体中的重要阵地和中心，在人才培育和教学知识培养方面都肩负重任，属于对内教育学生、对外接纳企业的中转站和转接口，那么信息怎样传达效率才能更高效，知识怎样学习才能更加对口，人才怎样培育才能更贴近现实，成为高校必须思考和研究的问题。

然而，在政产学研协同主体创新的环节中，"校"往往易成为流程审批缓慢和进程拖沓的部分，这除了与高校的责任主体定位也有一定关系之外，也与其行政主体和办事部门权责不够清晰有一定关系。随着高等教育管理体制改革的深化，不少高校的内部管理体制逐渐呈现滞后和被动的现象，机构繁杂，人员较多；各部门之间缺乏密切的联系沟通，管理方法缺乏科学性；行政管理工作人员缺乏服务意识；学术本位思想严重，更多以指标为准、以绩效为准、以产出速度为准，对基础学科的经费投入不足，更多的资金聚集在成果转化率高的产业当中，一味以知名度和高期刊标准去要求创新成果的转化，这对政产学研协同创新体系的建立形成了阻力和障碍。

那么简化校内事项审批流程就显得尤为关键。怎样能让办事人"松绑"，怎样逐步改善高校内部的学术本位思想和僵化的行政设置就成为我们要思考的重要问题之一。这就要求高校各部门要简化行政单位和审批手续，让高校学生和教师有更多的话语权和干预权限，分清协同创新的实质主体，让学生和教师拥有更多的自主权限和学习空间，学校还可以结合各自具体情况，针对处于不同部门、不同环节、不同岗位的教师和学生群体进行政策补贴和岗位设置，提高与"产""研"机构的交流力度，提高吸收知识和知识积累的效率和水平。

逐步改变学术本位的旧有观念，可以在科技创新领域也实行"揭榜挂帅"的制度设计，激发高校创新创造活力和动力，更充分地发挥师生的灵感和创造性。同时也要重视基础行业的经费培养和人员投入，不能一味追求产品产出率和转化率，而忽视基础知识和基础学科的资金投入。

京津冀地区作为科研机构和高等院校云集的区域，要充分利用师资和学生优势，充分发挥师生的能动性，可以通过组建跨区域的高校技术创新学习交流联合体，发挥各个高校之间的资源和人才优势，整合推动京津冀区域整体科技创新能力的提升。

6.3.3 优化知识产权分配

从理论上看，知识产权共享是指在合作开发的项目中，合作各方共同享有他们共同完成的科技成果所取得的知识产权的所有权、使用权或由此获得的荣誉称号和奖金等，是资源共享的表现形式之一。政产学研合作中获得的智力成果依照产生或申请形成各种知识产权。而以往关于产权的争论则主要以高校和科研机构两大主体为主。知识产权一直是困扰政产学研协同创新体系稳定运行的关键和核心问题，一旦处理不及时或者处理不当就会影响各个主体之间的合作关系和利益分配。

著作权共享存在的风险主要表现在署名权的争夺上。根据《中华人民共和国著作权法》第一章第二条："中国公民、法人或者其他组织的作品，不论是否发表，依照本法享有著作权。"那么，诸如学术论文、著作、图纸、软件等智力成果一旦产生就形成了权利归属关系。而按照该法第十三条："两人以上合作创作的作品，著作权由合作作者共同享有。没有参加创作的人，不能成为合作作者。"而高校或科研机构作为创新主体的合作成员均可能要求享有署名权，尤其是第一署名权。因为高校内部对于专利权和第一作者的追求，就易导致高校和企业之间出现关于知识产权的纠纷与矛盾。

知识产权的划分作为产学研合作研发纠纷产生的关键问题，其根本解决途径还需依靠国家完善《专利法》和《著作权法》的相关法规，明晰各主体在政产学研协同创新中知识产权利益分配关系。如果从非核心知识产权的角度思考问题，也可以在很大程度上缓解企业和高校的矛盾。核心知识产权在政产学研协同创新的主体关系中占比较小，若能按照贡献率、参与程度、人员资金投入等方面进行综合评估，从而根据非核心知识产权的适合主体进行恰当分类，在一定程度上就能缓解企业和高校之间的紧张关系。

6.3.4　引入第三方评估机构，对成果进行综合评估

第三方评估也称为社会评估。通常是由专家学者、社会组织、中介组织等根据自身的评价指标体系，按照一定的程序对社会组织进行评价。第三方评估以第三方的独立性作为保证评价结果公正性的出发点，以第三方的专业性和权威性作为保证评价结果公正性的依据。由于第三方既没有任何行政隶属关系，也没有任何利益关系，因此独立性较高。

将第三方评估引入政产学研协同创新主体中，可以在一定程度上完善产品的价值和创新性。而中介机构作为知识产权转移过程中各方参与者的黏结剂和商业化的催化剂，就能够发挥更重要的作用。产学研协同创新的实质就是企业利用高校及科研机构所产出的部分难以转化的科技知识（隐性知识）进行"创新"，而这种"创新"的首要前提就是对众多外部知识（企业现有知识以外的知识）进行搜索。

独立的第三方评估机构可以作为一种有效的外部制衡对产品的公正性提供一定保证。科技成果从产生到面向市场，各部门必然对产品的定位和价值有一个明确的判断和总体评价，这涉及产品的产出率和适应性等特征。然而一般的政产学研协同主体之间由于利益代表群体、过程参与程度、专业知识层次等方面的不同，在成果评估时极易出现对成果的实际需求和市场定位不合理的现象，从而导致产品的定位和生产效率得不到保障，影响各主体之间的合作关系。

引入一个专业且具有公信力的评估机构就可以很好地避免这一问题的发生，一个具备专业评估经验和评价能力的评价机构不仅能从专业的角度进行分析和判断，而且可以结合其丰富的评估经验对产品的不足提出改进和完善建议。

6.3.5　善用法律法规保障产权关系

法律法规，指中华人民共和国现行有效的法律、行政法规、司法解释、地

方法规、地方规章、部门规章及其他规范性文件以及对于该等法律法规的不时修改和补充。在知识产权的处理问题上，由于涉及不同方面的利益和意见，在产生产权争论时难免会采用法律手段进行处理和解决。

但是知识产权问题涉及的范围和途径较一般民事诉讼或者刑事诉讼又有所区别，所以，处理难度大、耗时较长，这就要求政产学研机构要善于利用法律的公正性和对知识产权的准确理解，这样才能缩短审理周期和降低诉讼成本。

2016年6月，国家知识产权局与京津冀三地政府《关于知识产权促进京津冀协同发展合作会商议定书》的签署，不仅让"一局三地"知识产权合作会商机制"落地生根"，更让打造区域知识产权协同发展示范区，推动京津冀成为全国知识产权支撑创新驱动发展重要发展极的伟大设想"开花结果"。

6.4 健全绩效评估制度

政产学研的协同创新一般自各方达成资源共享协议开始，实现单个或若干项目合作，开展跨机构多项目协作，建立战略联盟。协同创新活动主要有两种动力，一种是政府调控下引导外部需求推动，主要在中国、日本、韩国和多数欧洲国家发展；另一种是参与各方主要靠内在利益契约驱动，美国和少数欧洲国家使该种方式，这种方式在中国处于起步状态。在政产学研协同创新活动中，政府追求社会福利，企业追求最大利润，高校与研究机构追求科研成果，加上创新必然存在的风险，价值观的分歧影响各方对合作成果与利益分配的期待，当某一方的收益和投入差距过大时，成员之间容易产生矛盾，影响合作的效率；政产学研各方利益协调至关重要，须依规确认各自权责利边界，健全绩效考核制度，以避免在后续利益分配中可能出现的纠纷。

6.4.1 完善绩效评估原则

健全绩效考核制度首先应确认绩效考核的原则，根据高校或研究所的研究方向、业务范围、服务对象确认其评价标准。

德国四大研究院中的弗劳恩霍夫协会（Fraunhofer – Gesellschaft）更重视

第6章 政产学研协同效应提升的建议

应用导向研究，在健康、环境、防护、安全、移动、运输、能源和材料、生产、服务、通信和知识领域都有牢固的基础和丰硕的成果。弗劳恩霍夫协会采用审查研究所年报、每五年评估科研成果以及综合评估项目成果的方式考核其研究团队的绩效。弗劳恩霍夫协会的研究开发工作始终坚持以市场、以客户实际需求为导向，重视研究团队获得企业项目委托的能力，为其量身定制系统性解决方案，增加其产品在市场上的核心竞争力，从产品需求分析到设计，再到开发原型，根据市场需求继续改进，弗劳恩霍夫协会主要以科研委托的方式服务于企业，期间产生的研究成果会授予客户独家或排他性许可权，或者规定具体应用范围的使用期限。这样的模式让弗劳恩霍夫协会在每五年进行的定期评估中主要以战略计划完成情况、重点课题实施进度、科研人员素质与结构、科研设施水平与利用率、"竞争性资金"的比例与组成、成果转让数量和收益、客户结构与满意度等为考量，发表论文数量只做参考，不是主要指标。聚焦于支撑产业发展的共性技术研发的弗劳恩霍夫协会在绩效考评中也以科研成果的转化率高低为主要考评依据。

德国马普学会，全名为马克斯·普朗克科学促进学会（Max Planck Gesellschaft，MPG），是一个独立的非营利性研究组织，其致力于自然科学、生命科学和人文科学等领域的基础研究工作。马普学会的前身是成立于1911年1月11日的威廉皇帝科学促进学会（Kaiser Wilhelm Gesellschaft，KWG）。自成立以来，马普学会凭借其自由的学术环境、深厚的科研积累、强大的后备人才、充足的科研经费、高效的管理体制和对基础研究的不懈追求成为德国乃至全世界最成功的大型科研机构之一，2020年机构病原学研究室主任Emmanuelle Charpentie因"开发了一种基因组编辑方法"而获得诺贝尔化学奖，太空物理学研究所所长Reinhard Genzel因"在银河系中心发现了一个超大质量的致密天体"获得诺贝尔物理学奖，至此，马普协会已经有20位获得诺贝尔奖的成员，其被称为"诺贝尔的摇篮"当之无愧。马普学会监督评估机制的核心是同行评议，但对评价者的身份做出了限制，只有在同一学科领域有显著成绩的科学家才有资格对研究成果作出评价审议，且这一评议过程是公开透明的。从研究理念、研究团队和研究个体这三个要素出发，马普学会对其科研工作做出全方位、全过程的评估，并根据其动态的评估不断进行机构和人事调整。

我国的中国科学院2011年至今使用的是以重大成果产出为导向评价体系。

"重大成果产出"是受到政府重视、学界关注、产业界需要的研究成果。当今社会，我国正在面临的经济转型、高校与科研机构需要的科研突破、产业界需要解决的技术壁垒都迫切需要重大成果的产出。从1999年的《中共中央国务院关于加强技术创新发展高科技实现产业化的决定》到2016年中共中央、国务院印发《国家创新驱动发展战略纲要》，我国政府陆续出台了多部政策文件，鼓励科技创新，深化科技体制改革。2012年发布的《关于深化科技体制改革加快国家创新体系建设的意见》提出：要深化科技评价和奖励制度改革；根据不同类型科技活动特点，注重科技创新质量和实际贡献，制定导向明确、激励约束并重的评价标准和方法；基础研究以同行评价为主，特别要加强国际同行评价等，并明确要求开展重大成果产出导向的科技评价试点。作为我国学界科技创新的中坚力量，带领中国科学走到世界前沿的主力，20世纪90年代初，中科院在SCI论文及Science、Nature等高水平论文发表方面，与德国马普学会和法国国家科研中心等国际一流科研机构相比，差距较大；到2005年，中科院SCI论文总量已超过以上两家机构。多年来，中科院一直走在科技体制改革前列，重视发挥科技评价在明确导向、激励创新、衡量绩效、支撑决策中的重要作用。"创新2020"战略实施以来，中国科学院进一步改革科技评价，着力构建以重大成果产出为导向的新型评价体系，在科技评价改革中进行先行探索。2011年起，中国科学院赋予研究所更多自主权，将研究所评价体系调整为"两个环节、一个基础"的重大成果产出导向评价体系，这开启了对重大产出导向项目评估的探索，中国科学院设立了国际专家诊断、目标完成情况验收两个环节，年度关键定量指标监测一个基础。2012年底，中国科学院又开启了重大产出导向项目评估的探索，在战略性先导科技专项的策划和立项阶段，强化了同行专家和用户专家独立的咨询评议环节，设计了函评、会评和国家部门咨询评议三个阶段。其中，函评侧重同行对科技内涵和质量的评议；会评侧重战略科技专家对项目的整体战略评估；国家部门咨询评议侧重接受国家有关部门的指导，使研究工作更紧密地与国家需求相衔接，防止重复布局，加强协同创新。

总的来说，政产学研协同创新中绩效评估指标体系设计的原则也是构建其他类似指标体系的基本原则，应当遵循科学性、全面性、系统性、可行性、稳定性的原则。

科学性原则，是指政产学研协同创新绩效评估指标体系设计应该充分尊重社会和经济发展的规律，能客观地反映出各个指标之间的真实关系，依据科学发展规律，真实有效地做出评价。选择的指标应是能够通过观察、测试明确得出结论的定性或定量指标，尽量没有误差地反映出客观现实。

全面性原则，是指选取的指标应该尽可能反映研究对象的各个方面，为了确保指标选取的全面性，所选取的指标应该具有代表性，从研究对象——政产学研协同创新的各个方面着手，尽管最后可能由于数据的获取难度或其他原因放弃部分指标，但是最初构建备选指标池时应该尽可能考虑到各个方面，为后续确定指标留下选择的余地。在确保指标选取全面的同时也应注意指标间的独立性。指标间独立性是指指标之间没有相互影响，在理想状态下，自指标池中选出构建成的指标体系既没有信息遗漏——满足全面性又没有信息重叠——满足独立性，但在现实中几乎不可能实现这样的状态，一般来说，一个指标只能选择被研究对象某个方面的信息，需要更多的信息即需要增加指标数量，但在增加指标数量的过程中，信息重叠的风险也同时增加。选取指标的过程应该尽量平衡选取的指标个数与涉及更全面信息之间的关系。

系统性原则，是指在政产学研协同创新绩效评估指标体系设计过程中，应具有全局意识和整体观念，要注意各个指标是整个大模块中的子系统，指标体系不但要充分反映各个子系统的主要特征，还要反映各个子系统之间的内在联系，每一个子系统由一组指标构成，各指标之间相互独立又彼此联系，构成一个具有层次性的有机整体，从上到下，从宏观到微观，通过一定的分层准确反映指标间的关系，形成一个紧密联系的评价体系。

可行性原则，是指在指标选择过程中应特别注意总体范围内的一致性，指标体系的构建应服务于区域政策制定和科学管理，要注意保持所选取的指标的计算量度和计算方法的统一，还要注意指标的获取和处理的难易度，以便进行统计学分析。

稳定性原则，是指随着社会的发展以及经济的进步，许多指标的内涵和状态处于持续性的变化之中，这要求我们在指标的选取过程中考虑到这些变化，尽量选择具有稳定性或变化具有统计学意义的指标，使指标体系不随着时间流逝而失去效果。

在依据以上原则构建政产学研绩效评估指标体系过程中，政府更应主动调节企业、高校和科研院所之间的关系，确保各方按照做出贡献的大小获取相应的利益。

6.4.2 科学设计绩效评估指标

战略发展是绩效管理的基础。战略发展为单位的发展提供了明确的目标,绩效管理的所有其他方面都是为实现战略目标服务的。评估单位应根据其愿景和价值观,确定其战略目标和实现这些目标的关键成功因素,这为制定关键绩效指标和目标提供了方向和基础。

制定关键绩效指标是绩效管理的起点和核心。关键绩效指标是基于单位所设定的各种战略目标的可量化的目标。一旦确定了战略目标,关键绩效指标就可为各政府部门、企业或学研机构衡量战略目标的实现情况提供一种清晰而直观的方法。

在政产学研体系下设计绩效考核评估指标时,应该将绩效考核主体按照政府、企业与学研机构分别确定指标,深入思考各个主体的发展目标,把握实现这些目标的关键因素,全面、科学、系统地设计和建立绩效评价指标体系。

如表 6-1 所示,在政产学研协同创新中,政府主要负责提供政策支持,出台针对学研机构与企业有关科技创新的优惠政策并提供足够的资金支持。所以其一级指标为政府政策供给,二级指标为政府政策资金投入,三级指标为政策文件数量和政府科技支出占总财政支出比重。

表 6-1　　　　　　　　　绩效评估指标

一级指标	二级指标	三级指标
政府政策供给	政府政策资金投入	政策文件数量(个)
		政府科技支出占总财政支出比重(%)
企业创新研发	科研经费人员投入	规模以上工业企业研发经费(万元)
		规模以上工业企业研发全时当量(人年)
	创新成果产出	新产品销售收入(万元)
		有效发明专利数量(件)
		新产品开发项目数量(项)

续表

一级指标	二级指标	三级指标
学研机构创新研发	科研经费人员投入	研发内部经费支出（万元）
		研发全时当量人员投入（人）
	创新成果产出	专利授权数量（件）
		发表论文数量（篇）
		出版科技著作数量（部）

企业在政产学研协同创新中的需求是开发出创新型产品，提高净利润。所以其一级指标为企业创新研发，二级指标为科研经费人员投入和创新成果产出，三级指标为规模以上工业企业研发经费、规模以上工业企业研发全时当量和新产品销售收入、有效发明专利数量以及新产品开发项目数量。

高校与科研院所需要的科研经费与成果产出，其中的成果产出包括技术成果的转化和论文的发表。所以其一级指标为学研机构创新研发，二级指标为科研经费人员投入和创新成果产出，三级指标为研发内部经费支出、研发全时当量人员投入以及专利授权数量、发表论文数量和出版科技著作数量。

政府、企业与学研机构的绩效是互相影响的，且决定因素就是利益分配机制。提前制定程序，妥善分配可能获得的收益，可以规避后期可能因利益分配问题产生的矛盾，以便政府、企业与学研机构未来的发展与合作更加顺畅。

6.4.3 完善绩效评估程序

（1）年度自评与检测。

进行年度自评与检测的目标是掌握学研机构与企业年度研究与生产进展情况，年度自评与检测是项目阶段性评估过程的重要构成部分。评价内容包括进展报告（年度）和检测数据（年度）两部分。进展报告的内容包括重要任务的落实阶段、组织实施情况和标志性成果展示，其重点核实存档具体项目年度计划的完成情况、经费使用情况以及各项改革成效；检测数据包括重要任务、人员团队、学生培养、资源共享、成果产出以及经费来源与使用六个模块的数据。第三方评估机构将密切监测年度数据的变化趋势，实施动态跟踪评估。同时年度检测数据通过绩效评估信息系统生成相关数据库,该数据库可作为后期的周期评估阶段中开放式社会化评估的主体。

(2) 中期诊断与调整。

中期诊断与调整要达到的目的是对项目运行时间过半时的情况进行评估与诊断,通过评估发现问题并提出改进意见,用以做出调整。长期项目目标的实现情况以及相关阶段性指标的完成程度,包括重大创新任务组织实施、完成质量与贡献水平,机制体制改革整体推进情况与实施效果,协同运行管理效能以及可持续发展能力四个方面。由第三方评估机构根据项目类型与研究领域遴选专家组成中期检查评估小组,评估小组首先对项目前期的年度自评与检测数据进行审阅,再听取各项目组的汇报,根据数据与汇报,做出中期检查评估结果并给出评估意见,各项目组根据专家组评估意见及时做出优化与调整。教育部、财政部可根据中期诊断结果,及时调整经费拨付。

(3) 周期评估。

周期评估的目标是对项目在评估周期内的建设和运行成效进行总体评估,并根据评估结果进行相应的奖励或处罚。项目完成后,项目组应向第三方机构提交总体自评报告,第三方机构成立专家评估小组,根据年度检测数据与中期评估建议,考察项目针对中期建议的改进情况、标志性成果的转化率以及重要任务的完成度,得出专家评估结论。再选择相关方作为调查对象,采用问卷调查的方式启动社会化评价工作。结合第三方评估机构综合专家评估结果(占80%)和社会评估结果(占20%)得出周期评估结论,将结论公示上网,教育部、财政部可根据周期评估的最终结果为项目组制定激励或惩罚方案。

6.5 营造良好的创新生态环境

政产学研协同创新过程需要创新主体之间频繁和反复的互动,其中学研机构与企业居于核心位置。对于作为决策者的政府而言,大学与产业合作是创新组合的关键组成部分,成功利用研发成果是增强竞争力的根本性因素。政府需要成为政产学研协同创新生态系统的参与者、服务者和引导者。有效设计和实施基于地方特点的创新政策,最大程度地联合产业界、高校与研究所的力量,打造具有竞争力、效率高的人才、技术、资本生态。

6.5.1 打造有竞争力的人才生态

获得高质量的人才大致有两种途径：一是高薪挖掘其他机构精英，二是建立全面系统的人才培养输出通道，这两种方式用时采用，可以取得更好的效果。

高薪挖掘精英耗时短、见效快；但花费巨大，机构需要衡量两者之间的平衡，组建机构需要保持人才来源与输送的持续性，最终还是需要自行培养人才，打造全面的人才培养输出通道。

首先应确保其管理研究人员的方式灵活高效，并保持科研人才队伍多元化及年轻化。与高等院校密切合作，可以将研究机构设在大学内部，应确保既熟悉学术动态又能了解并满足工业界的实际需求的高校教授在领导层中占据一定的比例，德国著名的弗劳恩霍夫协会作为全球研究机构中与政府和产业界配合的最为默契的场所之一，其研究所所长以及主要负责人通常是合作高校中的全职教席教授（Lehrstuhl），这一方面保障了研究所的人才供给，另一方面也为大学的基础科研提供了一个直接面向客户的实践平台。同时，还要及时吸纳学校中的人才，比如优秀的高年级学生，高校的技术实力和基础研究优势也可以通过这样的方式平稳顺利地完成向产业界的转化。同样有必要的是保持人才研究人员的流动性与项目化，实行流动岗和固定岗相结合的用人制度，为科研队伍保持高效竞争力、新人辈出、有序流动提供制度基础。科研团队中应既有核心的资深科研人员，也有具有一定流动性的合同制研发人员，鉴于经常与企业合作的情况，可以要求人员常驻企业内部开发项目。这种方式的人才共享方式本质上保障了创新人才的培养和转移，而"政产学研"最本质的目标就是创新科研人才的培养和转化。

培养人才应注重通过实践实习提升学生的综合素质，实践才是掌握知识的最佳方式，以此全方位提高学生的社会竞争力，竭尽全力营造一个最有利于学生思索、实践和创新的学术氛围。绝大多数的理工科研究生是在工业界实习时完成学位论文的。这样的合作方式可以使学生获得大量的实践经验，从实践中挖掘选题从而展开研究。事实上，很多硕士、博士生的课题对企业创新具有带动作用，有的还申请到了专利。因此，学生成为企业与高校和科研机构开展协同创新的联系纽带，可以带动学研机构和企业间的沟通与交流，实现"政产学研"相结合。

另外，对于不想继续深造攻读研究生学位的本科生，也可以由教育机构和企业联合开展职业教育。学校负责传授理论知识，企业为学生安排一线实习和培训，由政府制定毕业考核标准，以确保教学和人才质量的评判水准合格，这样完成高等教育与产业界间的人才输送，利用学校和企业的各自条件和优势，强化理论与实践相结合，培养既具有专业理论知识又具有专业技术和技能的高素质技术人才，也保证学生在学校学到的知识与实践中需要用到的技能接轨。

培养有竞争力的人才，打造有竞争力的人才生态更是政产学研协同创新的核心，为培养基础研究和应用研究领域后备军，高校与研究机构可以在科学、技术、工程和数学教育链层面设立基础入门到核心专业的各个级别项目，从幼儿园开始，到小学、初中、高中直至大学阶段，基础知识掌握扎实的本科生、硕士生、博士生也可以作为基础课的教学导师或助教，传授知识的过程也能帮助他们完成对知识更牢固的吸收。自2006年以来已经有数千名青少年参加了德国"弗劳恩霍夫人才学校"，针对大学生的"人才起飞"项目也有千名参与者。

此外，2016年，弗劳恩霍夫智能分析和信息系统研究所与谷歌公司开展合作推广"Roberta计划"：将免费编程平台"Open Roberta"开设在整个德国的学校和提供硬件支持的学习地点。这样的人才培养模式使研究机构、高校、企业之间的沟通协作更加高效，产出更丰硕。德国弗劳恩霍夫协会于2016年发起的面向工业大数据的旗舰项目：工业数据空间，即由十二个协会旗下研究所共同来承担研发任务，目的在于凝聚各方的研发力量解决工业4.0的数据共享的重大难题。例如，位于慕尼黑的弗劳恩霍夫应用集成信息安全研究所（AISEC）负责提供工业4.0跨领域数据可信任共享和信息安全、北莱因圣奥古斯汀郡的智能分析和信息系统研究所（IAIS）则负责智能大数据分析的课题研究等。

德国弗劳恩霍夫协会为我国尤其是京津冀地区提供了政产学研协同创新中与政府、企业合作的典范。德国工业在国际市场上一直以来保持着较强的创新能力，这得益于德国推崇的机构创新原则，其中"弗劳恩霍夫模式"是一种特殊的、面向具体的应用和成果的企业创新模式，它的科研使命在于为市场提供科研创新服务，使得科技成果能够迅速地转化为市场成熟产品，在德国有着"科技搬运工"之称。我国京津冀地区汇集了大量本土培养的优质人才，2008年"海外高层次人才引进"开始施行，杰出的科研学者被请回国，帮助改变国内的科研现状，劳动力的跨地域流动带来了新的知识和网络架构，吸引国际研究人员到企业工作无疑能给创新带来良好机会。新冠疫情的全球暴发导致人员流动的便利性大幅度降低，但过去两年中互联网逐渐成为跨地域招聘的重要途径。京津冀拥有提供优质基础教育的条件，也拥有优秀的高校群，这些都是与产业界协同开展高质量创新的先天土壤，在学习其他机构的优势与长处的同时，可以结合自身特点，发挥京津冀地域、经济、政策方面的优势，将高校联盟打造成研究机构。

6.5.2 打造高效率的技术生态

技术生态系统是依据生态学理论、方法对功能性技术系统所做的知识迁移，高校与科研院所的研究能力是衡量一个国家基础研究和高新技术前沿领域创新能力的重要标志，其中的基础研究能力更是决定自主创新能力高低的关键因素。

工业界作为开放科学体制的受益者，不断吸收和利用高校与科研院所基础研究的成果，这些不会直观地反映在产品生产中。基础研究是指为了发现基本知识或重新定义基本知识的研究，也被称为纯学理研究。它是科学家提出一个假设，通过设计实验和观察来检验它，以尝试解释世界的运作方式的研究。基础研究不以任何专门或特定的应用或使用为目的，它只是通过试验分析或理论性研究对事物的特性、结构和各种关系进行分析，加深对客观事物的认识，解释现象的本质，揭示物质运动的规律或提出和验证各种设想、理论和定律，它是产生大规模知识创新和技术创新重大理论突破的关键，往往会带来产业和经济结构的巨大变革。因此，高校与科研院所的基础研究重大创新能够促进新兴学科交叉成果的产生，进而转化为代表未来产业发展方向的高新技术群体，这是国家自主创新能力取之不尽、用之不竭的力量源泉。也就是说，高校、科研院所与企业通过开放知识边界的交流协同创新必须以足够的基础研究作为后盾。回顾历史，如果没有1703年建立的现代二进制，那么二百年后的机器语言就无从谈起；如果没有1874年布劳恩发现物理上的整流效应，那么就没有大半个世纪后晶体管的发明和应用；而等离子物理、气体化学，更是刻蚀机等关键设备的必备基础。但由于基础研究耗时长、花费巨大、成果产出慢、转化率低、收入少，难以受到研究者的青睐。从事基础研究无疑需要有"十年磨一剑"和甘于坐"冷板凳"的精神，我国高校在基础研究方面的投入比例虽然在不断增加，但是一直未能完成高校作为的研究创新机构的职责。"十三五"期间，我国陆续出台了《关于全面加强基础科学研究的若干意见》《加强"从0到1"基础研究工作方案》《新形势下加强基础研究若干重点举措》等一系列支持基础研究的政策文件。2019年，我国高等院校基础研究经费所占比重已达到40%，2020年全国范围内基础研究、应用研究和试验发展经费所占比重分别为6.0%、11.3%和82.7%，基础研究费用占比历史上首次突破6%，而欧美国家的比例多年来保持在13%~25%，美国大学基础研究比例一直保持在70%左右，这也是美国科技创新引领全球的重要原因。我国高校为了确定基础研究成果的可能用途，或确定实现特定和预定目标的新方法的应用研究经费比例一直处于较高水平，基本保持在50%左右。

政府可以继续发布对学研机构开展基础研究的鼓励政策，设立专门为基础研究开放的长期申请项目，区分于一般的国家社科基金、国家自然基金的结项标准，降低申请门槛，延长费用发放周期，提高结项难度，不以发表文章的字数或同行评议的结果为标准，而是关注研究结果是否能为应用研究提供帮助，成功转化为产业界可以利用的成果。学研机构也应该配合推广项目的进行，对进行不同研究的学者实行双轨制。从事基础研究的学者难以在两三年内发表成果，在高校与科研院所"非升即走"的压力下，从事基础研究似乎变成了"亏本买卖"，减少了新鲜血液流入基础研究项目的机会，也降低了基础研究产出成果的概率。产业界应与学研机构及时交流，设立项目供有能力的团队申请，或将学研机构已有的研发成果添加到产业链中，开发新产品或提高生产效率、降低生产成本。

打造高效率技术生态的第一步是加强学研机构对收集关于自然和人是如何结合在一起的信息的基础研究的投入，基础研究可以扩大人类对世界的认知，更能够引领创新，为重大研究发现打下基础。完成高效率的技术生态的最后一步是完成研究结果到实用新型的转化，技术成果转化是一项复杂的工作，技术成果转化的各个环节容易由于各种原因中断。根据《2019年我国高等学校R&D活动分析》显示，我国高等学校在技术市场中作为卖方成交的技术合同金逐年下降，且总比重不超过全国的6%，解决大学科技成果成功产业化的"最后一公里"问题刻不容缓。

提高技术成果转化不能只靠科研人员自行努力，学研机构可以聘请专业的技术转化经理，这要求技术经理人不仅对相关知识具有一定程度的了解，还需要其对市场情况有深刻的认知。技术经理人要做到在产品研发阶段就清晰地感知技术的应用场景、产品或服务形态的状况，配套的技术方案如何，以及目标受众群体情况和市场规模，这些知识在研发阶段或许重要性不明显，但它们其实是技术成果转化成功率高低的关键。四川大学科技园就依托校友与地方合作政府，尝试打造技术经理人团队，包括科研院所工作人员、科技园服务人员、市场运营人员等多种人才，通过一系列持久跟进的组合服务，协助中自环保自动涂覆项目从初创到中试到实现最终产业化，目前该项目已实现年产值25亿元，并正式启动科创板上市工作，极大提高了科技成果转化的效率。

6.5.3 打造高效能的资本生态

政产学研协同创新中，资金的重要性不言而喻，资金能够推动科技成果与资本市场对接，促进科技型企业借力资本市场发展，加快科技成果、现代金融、产业项目有机结合。我国目前的研发经费占国内生产总值的2.4%，基本达到中等发达国家水平。但其中基础研究经费占研发经费的比例只达到6%，与发达国家（15%~20%）相比有较大差距。我国科技研究经费从1995年的348.69亿元增长到2020年的2.44万亿元，约为美国的1/5，研究经费的投入不足是我国政产学研合作科学技术研发成果不尽如人意的主要原因之一。

大多数产学研合作是由企业出资，高校或科研院所提供人才力量和科研设备。哈工大机器人集团旗下天愈康复医疗机器人公司一方面借助高校科研力量进行成果转化，另一方面又依托资本注入迅速发展。经过4年多的努力，目前该公司已经拥有3个研发和数据中心、17个销售中心，产品不但覆盖我国30个省份，还顺利销往新加坡、韩国、以色列、意大利、泰国等国家。这样的成果也进一步激励企业继续对领域内的研究进行投资。日本企业1970年以来从技术革命中获得了丰厚的回报，极大地激发了企业资助高校、研究所科研的积极性。自2000年以来日本所获得的诺贝尔奖项，离不开高端仪器的制造和使用。但考虑到有意愿和能力支持研发的企业实属少数，尤其是基础研究、关键核心技术和前瞻性技术难题研发耗时更长、花销更多、风险更大，企业单独出资面临较大困难，政府可通过设立专项资金的方式，为政产学研协同创新提供资金来源，推动技术研发和创新，降低企业单独进行技术创新的风险，提升企业参与创新的意愿。

要分配、管理和使用好政府的专项资金，确保科学分配、规范管理和安全合法有效使用，最大限度地发挥其经济效益和社会效益。首先要明确界定政府专项资金的管理范围是高校、科研院所、企业促进产学研协同创新的项目。也要严格分配预算，政府的专项资金分配应与各高校、科研院所上一年度的科研成果、完成企业委托的百分比、上一年度完成的政府各级别项目等指标挂钩，以此为基准进行资金分配，而不是平均分配。习近平主席在2021年9月召开的中央人才工作会议上强调，在科研经费使用中，应赋予科学家更大技术路线决定权、经费支配权、资源调度权。探索赋予科研人员职务科技成果所有权和长期使用权，有利于科技人才潜心研究。但这并不意味着完全放松对科研经费的管制，学研机构需要建立政府专项资金项目责任追究制度。政府专项资金管理，不论是在资金拨付环节还是在项目资金使用环节，都必须建立责任追究制度，理顺财政部门管资金、主管部门管项目的双约束机制，明确双方权力与责任。财政部门要规范拨款程序，完善监督稽核手续，权力到人，责任到人。项目主管部门对已审批的项目必须实行公示制，定期把项目建设情况和内容公布于众，接受群众监督和自我监督；对完工项目实行验收制度，严格实行项目管理责任制，做到项目未完不换人，不验收不换岗，强化项目责任单位财经纪律观，将每一项目专款落实到具体责任人。对于审计查出的违规行为，上级单位不能以减少项目资金、审计部门不能以单位罚款作为一种处罚手段，形成惩罚对象的偏差错位，最好的解决办法是直接追究当事人责任。如何解决对政府专项资金的有效监管与将科研人员从使用、报销经费时面临的困境中解放出来之间的矛盾，是政府、高校、科研院所在实践中需要逐步探索的难题。

各地政府在对高校与科研院所给予直接的资金支持之余，还可将资金用于对完成研发成果的企业的奖励。天津市政府为鼓励全市科技型中小企业扩大发展规模、提高销售收入、形成高新技术企业集群设立了"科技小巨人成长计划"。"科技小巨人成长计划"内的企业可根据研发成果转化程度向政府申请奖励,这笔资金的发放可以改善科技型企业尤其是中小型科技企业创业初期的资金困境,更能大幅激励研发人员创新的积极性。大型企业内部也设有给员工的创新奖励,百度 CEO 李彦宏提出了"百度最高奖",对公司总监级别以下的对公司做出卓越贡献的基层员工进行高达百万美元的股票奖励。不仅如此,奖励对象还都是 10 人以下的小团队,这也是迄今为止国内互联网企业中给予普通员工的最高奖励。企业不论规模大小,对已有产品根据用户体验进行不断完善以及创造新产品才是其生存之道。

除了依靠企业直接注资或政府资金投入,股权投资作为实现技术、资本、人才等创新要素与创业企业有效结合的投融资方式,是推动科技创新转化的"助推器"和创新发展的"加速器",政产学研协同创新无疑需要集聚更多优质资本,应充分利用其由政府牵头的优势,打造股权基金管理中心等平台,以市场化、专业化力量优化对私募基金的招引和服务,打通项目资本良性循环渠道,完善基金多元化退出机制,围绕产业链配置资金链,推动股权投资基金与主导产业企业、新型研发机构孵化企业与学研机构实验室的高效对接,让股权投资方式成为中小企业和创新型企业发展的重要推动力量,为政产学研协同创新提供稳定的现金流,打造良好的资本生态。这不仅是股权投资产业本身发展的需要,更是打造"产业+科技"资本生态的终极目标。

6.6 本章小结

本章主要针对我国政产学研现实情况,并结合京津冀地区政产学研协同创新实际经验和措施,从创新经费投入、人才培养、合作科研、成果交流转化、知识产权保护的现状等维度进行简要分析和概括,根据本书第 4 章、第 5 章政产学研的动态演化和效应评估部分数据列举和模型推演的分析结论,并结合当前政府、产业界、高校与科研院所在合作创新中亟须解决的问题,提出了一些具有针对性的解决措施,并对今后京津冀地区政产学研协同创新提出了可供参考的举措和思路。

通过分析概括，我们应该更加清晰地认识到，政产学研协同创新的体系维系和良好运行离不开各个主体之间的充分信任与合作，也离不开强化主体协调关系、搭建资源共享平台、畅通成果转化渠道、第三方监督和构建利益共享体系、健全绩效评估制度、营造良好的创新生态环境等策略。

第7章 结论与展望

本书通过对政产学研协同创新历史脉络、基本逻辑、形成动因、动态演化及影响效应的评估，得出以下结论：

（1）对于政产学研协同创新系统的形成动因及运作机制，从外部来看，市场需求与竞争、宏观政策支持、技术创新能力等是影响政产学研协同创新体系形成的重要驱动因素；从内部来看，各主体之间的顺畅沟通、利益与风险的共担共享、激励机制的约束等都对政产学研协同创新系统的生成具有重要影响。在此基础上，政产学研协同创新系统在运作过程中形成了动力发展、知识转移、风险控制、利益分配、激励保障、绩效评价等运行机制。

（2）对于政产学研协同创新的动态演化，通过 Logistic 增长模型、共生演化动力学模型、耦合协调度模型等，基于 matlab 软件，将政产学研协同创新分为独立生存、竞争、寄生、互利共生、偏利共生五种共生模式。以京津冀为例测算三地区政产学研协同创新系统共生度，验证了政产学研协同创新系统共生演化模式正是互利共生模式，政产学研的协作对各参与主体是一种互惠互利的关系。

（3）对于政产学研协同创新的影响效应，本书基于 DEA 数据包络分析模型，对京津冀地区各主体科技投入产出效率及京津冀区域政产学研综合科技投入产出效率进行了评估。评估结果显示，在对政产学研各主体的科技投入产出效率的单独测算中，各地各主体均出现了不同程度的非 DEA 有效，规模效益不高。但是在对京津区域综合评估中，绝大部分数据达到了 DEA 强有效状态，说明在政产学研协同状态下，通过对各主体技术、知识、政策等的循环传递，有利于推动政产学研协同创新系统内部科技成果的转化及冗余要素的吸收。

对政产学研协同创新的展望：

(1) 政产学研协同引领科技创新。

教育、科技、人才三大规划三位一体，共同构筑了未来我国竞争力的基石。我国的发展将更加依赖于以政产学研合作为特征的创新驱动。政产学研协作将与国家创新驱动战略完美契合，解放科技生产力，实现科研产出效率的最大化。

(2) 政产学研协同推动产业结构升级。

政产学研各类创新主体在协作过程中的活力将得以充分激发，高校科技创新能力和对经济社会发展的贡献度大幅提升，基本形成与经济新常态下产业结构升级、技术更新换代和大众创业、万众创新的时代需求契合的高校科技创新体系和服务体系，企业自主创新能力进一步提高。

(3) 政产学研协同赋能高质量发展。

高质量发展为政产学研提供了发展契机与方向，政产学研协同创新也将通过高度协同和谐的关系助力高质量发展战略，推动我国经济健康发展，企业转型升级，社会和谐发展。

参 考 文 献

[1] 白列湖. 协同论与管理协同理论 [J]. 甘肃社会科学, 2007 (05): 228-230.

[2] 包晓炜. 创新理论及其现实应用研究 [J]. 科技创新与应用, 2012 (21): 12.

[3] 蔡三发, 缪铮铮. "政产学研用"五位一体模式探究中国高校科技, 2018, 12: 72-75.

[4] 曹武军, 韩俊玲. 政产学研协同创新的演化博弈稳定性分析 [J]. 贵州财经大学学报, 2015 (04): 86-93.

[5] 陈光华, 梁嘉明, 杨国梁. 企业吸收能力、政府研发资助与外部知识获取对产学研创新绩效的影响研究 [J]. 中国科技论坛, 2014 (07): 68-74.

[6] 陈劲. 协同创新 [M]. 杭州: 浙江大学出版社, 2012.

[7] 陈劲, 阳银娟. 协同创新的理论基础与内涵 [J]. 科学学研究, 2012, 30 (02): 161-164.

[8] 陈伟, 王秀锋, 曲慧, 魏轩, 林超然. 产学研协同创新共享行为影响因素研究 [J]. 管理评论, 2020, 11 (11): 92-101.

[9] 陈武. 我国产学研合作创新法制建设的评估与展望 [J]. 中国科技论坛, 2010 (01): 19-24.

[10] 陈昭锋. 国外高校官产学研合作创新的社会化模式分析 [J]. 中国科技论坛, 2008 (02): 44-48.

[11] 迟景明, 李奇峰. 我国区域产学研创新系统耦合协调度评价及时空特征分析 [J]. 国家教育行政学院学报, 2020 (03): 15-25.

[12] 储节旺, 吴川徽. 创新驱动发展的协同主体与动力机制研究 [J].

安徽大学学报（哲学社会科学版），2018，42（03）：148-156.

[13] 丁荣贵，孙涛. 政府投资产学研合作项目治理方式研究框架 [J]. 中国软科学，2008（09）：107-117.

[14] 杜兰英，陈鑫. 政产学研用协同创新机理与模式研究——以中小企业为例 [J]. 科技进步与对策，2012，29（22）：103-107.

[15] 段宇洁. 区域产学研创新系统耦合协调度及影响因素研究 [D]. 中北大学，2019.

[16] 段云龙，乐念，王墨林. 产学研区域共生系统协同创新效率研究 [J]. 中国科技论坛，2019（07）：34-43.

[17] 范钧，郭立强，聂津君. 网络能力、组织隐性知识获取与突破性创新绩效 [J]. 2014，1（01）：16-24.

[18] 方炜，赵洁. 政产学研协同创新治理风险分担机制研究 [J]. 统计与决策，2019，35（05）：64-67.

[19] 冯叶成，刘嘉，张虎. 政府—高校—企业协同的产学研合作模式探索与实践——以清华大学与淮安市产学研合作为例 [J]. 科技进步与对策，2012，29（22）：67-70.

[20] 冯云廷，张娜. 城市产学研协同创新的系统动力学研究方法及提升路径探析——一个理论框架 [J]. 科技管理研究，2018，38（18）：1-8.

[21] 冯云廷，张娜. 基于资源位的城市产学研协同创新的系统动力学建模与应用 [J]. 大连理工大学学报（社会科学版），2021，42（01）：58-67.

[22] 高文豪. 京津冀高等教育协同发展问题及策略研究 [J]. 中国高教研究，2021（02）：23-29.

[23] 龚红，查冰川. 产学研协同创新组织模式演进与优化研究 [J]. 科技进步与对策，2014，31（21）：22-26.

[24]《关于加快众创空间发展服务实体经济转型升级的指导意见》解读 [J]. 中国高新区，2017（01）：49-50.

[25] 郭咏嘉. 政产学研结合推进区域协同创新 [J]. 中国高等院校科技，2017（Z1）：56-58.

[26] 国务院办公厅关于对真抓实干成效明显地方加大激励支持力度的通知 [J]. 中华人民共和国国务院公报，2016（34）：12-14.

[27] 国务院印发《促进科技成果转移转化行动方案》瞄准战略性新兴产业领域建设一批科技成果产业化基地 [J]. 中国战略新兴产业, 2016 (11): 12.

[28] 何郁冰. 产学研协同创新的理论模式 [J]. 科学学研究, 2012, 30 (02): 165-174.

[29] 贺一堂, 谢富纪. 基于量子博弈的政产学研协同创新激励机制研究 [J]. 系统工程理论与实践, 2019, 39 (06): 1435-1448.

[30] 亨利·埃茨科威兹. 国家创新模式大学、产业、政府"三螺旋"创新战略 [M]. 北京: 东方出版社, 2013.

[31] 胡锦涛在庆祝清华大学建校100周年大会上讲话. 人民日报, 2011-04-25 (1).

[32] 胡刃锋, 刘国亮, 杨楠. 云平台环境下产学研隐性知识共享协同机制研究 [J]. 理论研究, 2015, 4 (04): 53-58.

[33] 纪军. 我国政产学研合作运行机制发展路径研究——基于协同创新视角 [J]. 企业科技与发展, 2014 (23): 1-2+5.

[34] 克拉克. 建立创业型大学: 组织上转型的途径 [M]. 北京: 人民教育出版社, 2003.

[35] 孔祥浩, 许赞, 苏州. 政产学研协同创新"四轮驱动"结构与机制研究 [J]. 科技进步与对策, 2012, 22 (11): 15-18.

[36] 雷明镜, 张华, 武卫东, 盛健. "政产学研用"多元协同育人机制探索——以上海理工大学制冷空调产业学院（含山）为例 [J]. 高等工程教育研究, 2020 (06): 81-85.

[37] 李柏洲, 王雪, 苏屹, 罗小芳. 我国战略性新兴产业间供应链企业协同创新演化博弈研究 [J]. 中国管理科学, 2021, 29 (08): 136-147.

[38] 李恩极, 李群. 政府主导的政产学研协同创新的利益分配机制研究 [J]. 研究与发展管理, 2018, 30 (06): 75-83.

[39] 李华晶, 王睿. 知识创新系统对我国大学衍生企业的影响——基于三螺旋模型的解释性案例研究 [J]. 科学管理研究, 2011, 29 (01): 114-120.

[40] 李俊婷等. 国外产学研合作模式的特点分析 [J]. 科技和产业,

2004 (14): 117-121.

[41] 李林, 王艺, 黄冕, 胡芳. 政府介入与产学研协同创新运行机制选择关系研究 [J]. 科技进步与对策, 2020, 37 (10): 11-20.

[42] 李涛. 协同创新过程中多阶段竞争与合作的共生演化研究 [J]. 技术经济与管理研究, 2015 (06): 18-22.

[43] 李卫国, 白岫丹. "政产学研用创"六位一体协同创新模式研究 [J]. 中国高校科技, 2020 (S1): 38-41.

[44] 李向东, 李南, 刘东皇. 高技术产业创新效率影响因素分析 [J]. 统计与决策, 2015 (06): 109-113.

[45] 李晓晓. 政产学研协同创新运行模式、影响机制与评价研究 [D]. 天津大学, 2016.

[46] 李校堃. 国外产学研合作模式概述及其对我国高校的启示 [J]. 现代企业教育, 2014 (10): 172.

[47] 李彦华, 牛蕾, 马洁. 消费者参与视角下产学研用协同创新: 演化博弈及仿真分析 [J/OL]. 系统科学学报, 2022 (01): 87-91 [2021-11-19]. http://kns.cnki.net/kcms/detail/14.1333.N.20210517.1523.036.html.

[48] 李阳, 原长弘, 王涛, 陈志强. 政产学研用协同创新如何有效提升企业竞争力 [J]. 科学学研究, 2016, 11 (11): 1744-1757.

[49] 李云. 长江经济带高技术产业创新生态系统"共生—协同"发展研究 [D]. 四川省社会科学院, 2021.

[50] 梁帅, 李海波, 李钊. 科研院所主导政产学研联盟协同创新机制研究——以海洋监测设备产业技术创新战略联盟为例 [J]. 科技进步与对策, 2017, 34 (18): 1-6.

[51] 林德发. 我国技术创新金融支持体系的构建研究 [J]. 华北金融, 2012 (02): 27-31.

[52] 刘春艳, 陈媛媛. 政产学研协同创新团队知识转移的特征与内涵研究 [J]. 科技管理研究, 2018, 38 (01): 184-190.

[53] 刘红华. 创新、协同创新与融通创新内涵的探究 [J]. 中小企业管理与科技 (中旬刊), 2020 (10): 64-65.

[54] 刘力. 走向"三重螺旋": 我国产学研合作的战略选择 [J]. 北京

大学教育评论, 2004 (04).

[55] 刘民婷, 孙卫. 基于DEA方法的产学研合作效率评价研究——以陕西省制造业为例 [J]. 科学学与科学技术管理, 2011, 32 (03): 11-15.

[56] 刘平峰, 张旺. 创新生态系统共生演化机制研究 [J]. 中国科技论坛, 2020 (02): 17-27.

[57] 柳光强. 税收优惠、财政补贴政策的激励效应分析——基于信息不对称理论视角的实证研究 [J]. 管理世界, 2016 (10): 62-71.

[58] 卢艳秋, 叶英平. 产学研合作中网络惯例对创新绩效的影响 [J]. 科研管理, 2017, 38 (03): 11-17.

[59] 吕海萍, 龚建立, 王飞绒, 卫非. 产学研相结合的动力—障碍机制实证分析 [J]. 研究与发展管理, 2004 (02): 58-62.

[60] 罗化, 郭丽芳. 基于区块链技术的政产学研信息共享模式研究 [J]. 管理现代化, 2020, 40 (06): 42-45.

[61] 毛汉英. 京津冀协同发展的机制创新与区域政策研究 [J]. 地理科学进展, 2017, 36 (01): 2-14.

[62] 2020年全国高等学校名单 [EB/OL]. (2020-06-30) [2020-11-09]. http://www.moe.gov.cn/jyb_xxgk/s5743/s5744/202007/t20200709_470937.html.

[63] 潘琳, 饶敏. 协同创新中心激励机制构建研究——基于委托—代理理论 [J]. 高教探索, 2015 (09): 22-26.

[64] 皮建才, 薛海玉, 殷军. 京津冀协同发展中的功能疏解和产业转移研究 [J]. 中国经济问题, 2016 (06): 37-49.

[65] 齐斌华. 湖北政产学研协同创新: 现状分析与对策研究 [D]. 武汉科技大学, 2020.

[66] 祁云. 基于Logistic模型的创新集群共生机制仿真研究 [D]. 燕山大学, 2018.

[67] 秦瑞. 产学研战略联盟动力机制研究 [D]. 内蒙古大学, 2012.

[68] 韩丹, 屈延. 不同财政政策对企业研发投入与绩效的影响研究 [J]. 上海市经济管理干部学院学报, 2018, 16 (02): 15-24.

[69] 盛彦文, 马延吉. 区域产学研创新系统耦合协调度评价及影响因素

[J]. 经济地理, 2017, 37 (11): 10-18+36.

[70] 施海燕. 协同创新中心生成机理与实证研究 [D]. 浙江工业大学, 2017.

[71] 史烽, 陈石斌, 蔡翔. 论协同创新的内涵及空间效应 [J]. 技术经济与管理研究, 2017 (03): 32-36.

[72] 宋春艳. 产学研协同创新中知识产权共享的风险与防控 [J]. 科学管理研究, 2016, 2 (01): 18-21.

[73] 孙福全. 国外科技战略规划（计划）的新动向值得关注 [J]. 科技中国, 2020 (06): 1-3.

[74] 孙福全. 主要发达国家的产学研合作创新基本经验及启示 [M]. 北京: 经济管理出版社, 2007.

[75] 孙凯, 李煜华. 我国各省市技术创新效率分析与比较 [J]. 中国科技论坛, 2007 (11): 8-11.

[76] 唐斌, 杜洁, 余华. 湖南省产学研协同创新的现状、问题与对策 [J]. 中国科技论坛, 2015 (04): 24-29.

[77] 唐文献, 李莉敏, 管瑞良. 知识驱动协同创新的产品开发模型 [J]. 计算机集成制造系统, 2005 (06): 757-761.

[78] 田善武, 许秀瑞. 基于共生演化理论的区域创新系统演化路径分析 [J]. 未来与发展, 2019, 43 (10): 36-39+20.

[79] 田甜. 地方高校政产学研协同创新模式及实现机制研究——评《地方高校政产学研合作研究》 [J]. 中国油脂, 2021, 46 (03): 161.

[80] 万涛. 隐性知识转化为显性知识的评价判断规则研究 [J]. 技术与创新管理, 2015 (07): 66-75.

[81] 王海军, 祝爱民. 产学研协同创新理论模式: 研究动态与展望 [J]. 技术经济, 2019, 38 (02): 62-71.

[82] 王海涛, 梅雪松, 许睦旬. "三位一体、多元驱动"政产学研模式的探索与实践 [J]. 实验技术与管理, 2019, 36 (05): 28-32+41.

[83] 王建明, 钟静. 江苏省协同创新绩效影响因素的灰色关联分析 [J]. 南京工业大学学报（社会科学版）, 2015, 14 (01): 116-120.

[84] 王进富, 兰岚. 产学研协同创新路径研究——基于知识产权归属视

角 [J]. 科技管理研究, 2013, 33 (21): 123-128.

[85] 王庆金, 田善武. 区域创新系统共生演化路径及机制研究 [J]. 财经问题研究, 2016 (12): 108-113.

[86] 王秀丽, 王利剑. 产学研合作效率的 DEA 评价 [J]. 决策与统计, 2009 (03): 54-57.

[87] 王旭, 何玉. 政府补贴、税收优惠与企业研发投入——基于动态面板系统 GMM 分析 [J]. 技术经济与管理研究, 2017 (04): 92-96.

[88] 魏巍. "高位推动"模式下区域协同治理政策的时空演进——以 2014-2019 年京津冀协同发展的政策文本分析为例 [J]. 长白学刊, 2021 (01): 82-90.

[89] 吴洁, 车晓静, 盛永祥, 陈璐, 施琴芬. 基于三方演化博弈的政产学研协同创新机制研究 [J]. 中国管理科学, 2019, 1 (1): 162-173.

[90] 吴琨, 殷梦丹, 赵顺龙. 协同创新组织模式与运行机制的国内外研究综述 [J]. 工业技术经济, 2016, 35 (04): 9-16.

[91] 吴玫. 京津冀一体化背景下的产学研合作机制研究 [J]. 河北工业大学学报, 2013, 4 (5): 7-12.

[92] 习近平. 为建设世界科技强国而奋斗——在全国科技创新大会、两院院士大会、中国科协第九次全国代表大会上的讲话 [2016-05-31]. http://news.xinhuanet.com/politics/2016-05/31/c_1118965169.html.

[93] 徐国兴, 贾中华. 科技成果转化和技术转移的比较及其政策含义 [J]. 中国发展, 2010, 10 (03): 45-49.

[94] 徐梦丹, 朱桂龙, 马文聪. 产学研协同创新动力机制分析——基于自组织特征视角 [J]. 技术经济与管理研究, 2017 (06): 9-13.

[95] 徐泽, 张正峰, 李储. 基于彼得斯治理理论的京津冀协同发展路径重构 [J/OL]. 资源开发与市场: 1-13 [2021-11-20]. http://kns.cnki.net/kcms/detail/51.1448.N.20211104.1102.008.html.

[96] 薛合庸. 京津冀产学研合作机制的建立及河北省的对策 [J]. 产业与科技论坛, 2007 (02): 41-43.

[97] 薛莉, 陈钢. 政府引导对产学研协同创新的促进效应研究——基于演化博弈的数值仿真视角 [J]. 江苏社会科学, 2021 (02): 58-68.

[98] 杨宏山, 孙杰. 京津冀教育协同发展的引导机制 [J]. 前线, 2020 (09): 58-61.

[99] 杨柳, 王元明. 基于复合系统协同度模型的京津冀区域产学研协同发展研究 [J]. 科技和产业, 2019, 10 (10): 17-25.

[100] 杨玉桢, 李姗. 基于因子分析的产学研协同创新绩效评价研究 [J]. 数学的实践与认识, 2019, 49 (03): 21-28.

[101] 杨玉桢, 任正君, 宋春瑛. 基于三螺旋视角的高校科技成果转化问题研究 [J]. 河北工业大学学报（社会科学版），2016, 8 (01): 16-23.

[102] 杨玉桢, 宋文松, 李姗. 生态科技创新能力对绿色经济增长的影响研究——基于省级面板数据的分析 [J]. 广西社会科学, 2019 (05): 72-79.

[103] 姚东旭. 京津冀协同创新是否存在"虹吸效应"——基于与珠三角地区对比分析的视角 [J]. 经济理论与经济管理, 2019 (09): 89-97.

[104] 姚云浩, 高启杰. 我国区域产学研合作效率评价——基于省际数据的 DEA-Tobit 分析 [J]. 科技和产业, 2014, 14 (01): 1-6+64.

[105] 叶斌, 陈丽玉. 区域创新网络的共生演化仿真研究 [J]. 中国软科学, 2015 (04): 86-94.

[106] 叶堂林. 京津冀蓝皮书京津冀发展报告 (2020): 区域协同治理 [J]. 中国工业经济, 2020, 389 (08): 2-2.

[107] 韩依洲. 产学研协同创新的组织模式和动力机制研究 [D]. 合肥工业大学, 2015.

[108] 余东华, 张鑫宇. 知识资本投入、产业间纵向关联与制造业创新产出 [J]. 财经问题研究, 2018 (03): 38-47.

[109] 袁纯清. 共生理论——兼论小型经济 [M]. 北京: 经济科学出版社, 1998

[110] 袁立科, 孙福全. 德国建设世界科技强国的经验及启示 [J]. 科技中国, 2021 (05): 24-28.

[111] 原长弘, 张树满. 以企业为主体的政产学研协同创新: 管理框架构建 [J]. 科研管理, 2019, 40 (10): 184-192.

[112] 臧欣昱, 马永红. 协同创新视角下政产学研合作行为决策机制研究 [J]. 运筹与管理, 2018, 27 (03): 93-103.

[113] 臧欣昱. 区域创新系统多元主体协同创新机制研究 [D]. 哈尔滨工程大学, 2018.

[114] 曾文斌. 产学研协同创新外溢效应研究 [D]. 哈尔滨工程大学, 2017.

[115] 张寒. 意大利国家创新体系的特点及对我国的启示 [J]. 学理论, 2017 (11): 110-113.

[116] 张俊霞. 经济新常态下政产学研协同创新问题研究 [J]. 科技进步与对策, 2015, 32 (14): 27-30.

[117] 张雷勇, 冯锋, 肖相泽, 付苗. 产学研共生网络效率测度模型的构建和分析: 来自我国省域数据的实证 [J]. 西北工业大学学报 (社会科学版), 2012, 32 (03): 43-49.

[118] 张雷勇. 我国产学研共生网络治理研究 [D]. 中国科学技术大学, 2015.

[119] 张梦迪. 粤港澳大湾区政产学研协同创新生态系统价值共创研究 [D]. 广东省社会科学院, 2020.

[120] 张鹏, 高晓娜. 政产学研协同创新的演化路径研究 [J]. 大连大学学报, 2017, 38 (02): 115-119.

[121] 张钦朋. 产学研协同创新政府引导机制研究——基于"2011 计划"实施背景 [J]. 科技进步与对策, 2014, 31 (05): 96-99.

[122] 张喜才, 房风文. 美国"研究三角园"对京津冀高等教育与产业协同发展的启示 [J]. 中国高教研究, 2017 (02): 60-63+68.

[123] 张笑楠. 战略性新兴产业创新生态系统共生演化仿真研究 [J]. 系统科学学报, 2021, 29 (02): 64-69.

[124] 张艺, 许治, 朱桂龙. 协同创新的内涵、层次与框架 [J]. 科技进步与对策, 2018, 35 (18): 20-28.

[125] 张永凯. 改革开放 40 年中国科技政策演变分析 [J]. 当代中国史研究, 2019, 26 (03): 152-153.

[126] 章立群, 翁清光. 政校企三位一体的政产学研协同创新机制研究——基于近年福州市的调查状况分析 [J]. 中国高校科技, 2020 (09): 67-70.

[127] 赵炎. 创新管理 [M]. 北京: 北京大学出版社, 2017.

[128] 赵雨凡, 宗晨晓, 杨琪, 李珊珊. 基于 Cite Space 的多系统耦合协调模型应用研究综述 [J]. 中国林业经济, 2021 (03): 49 – 51 + 55.

[129] 中华人民共和国科学技术部. 科技部成果转化与区域创新司 教育部科学技术与信息化司关于首批高等院校专业化国家技术转移机构建设试点启动的通知 [EB/OL]. http://www.most.gov.cn/xxgk/xinxifenlei/fdzdgknr/qtwj/qtwj2021/202110/t20211009_177191.html. 引用时间 [2021 – 11 – 22].

[130] 周喜英. 论地方政府在区域协同创新中的作用发挥 [J]. 现代营销 (下旬刊), 2019 (11): 104 – 105.

[131] 周正, 尹玲娜, 蔡兵. 我国产学研协同创新动力机制研究 [J]. 软科学, 2013, 27 (07): 52 – 56.

[132] 朱桂龙, 张艺, 陈凯华. 产学研合作国际研究的演化 [J]. 科学学研究, 2015, 33 (11): 1669 – 1686.

[133] 朱怀念, 张光宇, 张成科, 刘贻新, 杨诗炜. 机会主义下协同创新行为的演化博弈仿真分析 [J]. 科技管理研究, 2016, 36 (04): 13 – 18.

[134] AGF, BGM. Irreversible investment and R&D spill overs in a dynamic duopoly [J]. Journal of Economic Dynamics and Control, 2011, 35 (7): 1061 – 1090.

[135] Andrea Bonaccorsi, Andrea Piccaluga. A theoretical framework for the evaluation of university-industry relationships [J]. R&D Management, 1994, 24 (3).

[136] Chan's, Sheng's, Song, et al. Government intervention and investment efficiency: Evidence from China [J]. Journal of Corporate Finance, 2011, 17 (2): 259 – 271.

[137] Din, Jaskov J, Hesmer A, et al. Towards a Framework for Collaborative Innovation [C]//Computer – Aided Innovation (CAI). BIBA – Institute for Production and Logistics GmbH, Hochschulring 20, D – 28359 Bremen, Germany; Learning Lab Denmark, Copenhagen, Denmark, 2008.

[138] I Łącka. Evaluation of the Effectiveness of Relations in Network Organizations [J]. Springer International Publishing, 2015.

[139] Janet E. L. Bercovitz, Maryann P. Feldman. Fishing upstream: Firm innovation strategy and university research alliances [J]. Research Policy, 2007, 36 (7).

[140] John P. Walsh, You – Na Lee, Sadat Nagoya. Openness and innovation in the US: Collaboration form, idea generation and implementation [J]. Research Policy, 2016, 45 (8).

[141] Michael, D, Santoro Shanti, et al. Relationship Dynamics between University Research Centers and Industrial Firms: Their Impact on Technology Transfer Activities [J]. The Journal of Technology Transfer, 2001.

[142] Motohashi K. University-industry collaborations in Japan: The role of new technology-based Firm's intrans forming the National Innovation System [J]. Research Policy, 2005, 34 (5): 583 – 594.

[143] Nieces, Quintana, Osorio J. Organization acknowledge and collaborative human resource practices as determinant so innovation [J]. Knowledge Management Research & Practice, 2016, 14 (3): 237 – 245.

[144] Smrkolj, Greg, and Wagener, et al. Dynamic R&D with spillovers: Comment [J]. Journal of Economic Dynamics and Control, 2016, 73 (Dec.): 453 – 457.

[145] So hail M S. Sustaining competitiveness through information technology outsourcing: Evidence from an emerging nation [J]. Competitiveness Review, 2011, 21 (4): 369 – 381.

[146] Spiros H. Matsoukis, Eleftherios Zacharias. Real option games with R&D and learning spillovers [J]. Omega, 2013, 41 (2).

[147] Szabolcs Blazek, Alvaro Escribano. Patent propensity, R&D and market competition: Dynamic spillovers of innovation leaders and followers [J]. Journal of Econometrics, 2016, 191 (1).

[148] Technology – Technology Transfer; Reports Summarize Technology Transfer Study Results from Tokyo University of Agriculture and Technology (What type of obstacles in innovation activities make firms access university knowledge? An empirical study of the use of university) [J]. Journal of Technology & Science,

2017.

[149] Tobias Woolen, Henry W. Chesbrough. Engaging with Startups to Enhance Corporate Innovation [J]. California Management Review, 2015, 57 (2).

[150] Tsung – YiChen, Mercian Stain, Yun – Min Chen. A knowledge-commercialized business model for collaborative innovation environments [J]. International Journal of Computer Integrated Manufacturing, 2010, 23 (6): 543 – 564.

[151] Veronica Serrano, Thomas Fischer. Collaborative innovation in ubiquitous systems [J]. Journal of Intelligent Manufacturing, 2007, 18 (5).

后　　记

本书基于高质量发展战略，以京津冀地区政产学研协同创新实践为出发点与落脚点，对政产学研协同创新过程的创新效率不高、成果转化不顺畅、协同机制不健全等问题进行深入剖析，系统梳理高质量发展视域下政产学研协同创新的历史逻辑、形成动因、运行机制、动态演化及影响效应，深入分析探讨京津冀地区政产学研协同创新的突破方向。

政产学研协同创新是突破制约行业发展关键技术、推动科技成果转化、提升产业基础能力和产业链现代化水平的重要战略举措。随着北京市非首都功能企业外移及河北省、天津市的政策支持，京津冀地区政产学研协调取得了长足发展与重大进步，但仍存在一些问题需要解决。希望本书能为政产学研协同创新研究带来一点启示，为政产学研协同创新的进一步发展贡献一份力量。

本书是我已有研究成果的新突破，如《我省科技型中小企业发展政策支持与创业环境研究》（河北省科技计划16455301D），《基于三螺旋视角的高校科技成果转化问题研究》(2016)，《生态科技创新能力对绿色经济增长的影响研究——基于省级面板数据的分析》(2019) 等，这些成果为本研究奠定了重要基础。此外，在研究过程中，华北理工大学管理学院赵艳霞教授在内容补充与完善、天津财经大学杨雅明博士在模型构建与数据分析等方面提供了宝贵建议。对华北理工大学管理学院研究生团队在调查研究、资料收集、数据分析、指标选择、审核校对、参考文献梳理等方面给予的支持和帮助表示由衷的感谢，他们是陈泽华、李怡宁、张则艺、张然、陈曲、李海华、吴嘉琳、陈茜、张宏霄、吴晓静、翟怀技、刘佳男、付明喆。本次编撰工作对提高研究生科研能力素养与促进他们科研思维的形成具有重要意义。

值此付梓之际，衷心地感谢经济科学出版社领导及编辑的大力支持、热情关心和认真负责，同时感谢所有为此书出版给予过帮助与指导的同志们。

杨玉桢

2021 年 11 月 30 日